Promesas de ALIENTO y ÁNIMO

PARA **CADA DÍA**

Promesas
de ALIENTO y ÁNIMO
PARA CADA DÍA

365 LECTURAS *Devocionales*

C. H. SPURGEON

Editorial CLIE
www.clie.es

EDITORIAL CLIE
C/ Ferrocarril, 8
08232 VILADECAVALLS
(Barcelona) ESPAÑA
E-mail: clie@clie.es
http://www.clie.es

LIBRO DE PROMESAS DE ALIENTO Y ÁNIMO
ISBN: 978-84-17131-62-3
Depósito Legal: B 17823-2019
Vida cristiana
Devocionales
Referencia: 225084

Impreso en USA / *Printed in USA*

26 27 28 29 30 TRM 7 6 5 4 3

PREFACIO *

Una promesa de Dios puede compararse a un cheque pagadero a la orden del portador. Esta promesa ha sido otorgada al creyente con el propósito de que reciba una gracia, no para que la lea superficialmente y después prescinda de ella. El cristiano ha de considerarla como algo real, del mismo modo que lo es un cheque para el comerciante.

El cristiano debe tomarla en sus manos, poner al pie de ella su firma, aceptándola personalmente como verdadera. Por fe la acepta y se la apropia, declarando así que Dios es verdad y que también lo es por lo que atañe a esta su promesa. En consecuencia, se cree en posesión de la bendición que le ha sido prometida, y por anticipado entrega el recibo firmado en su nombre acreditando haber recibido dicha bendición. Hecho esto, presenta a Dios esta promesa, de la misma manera que se presenta un cheque al cajero del banco, y ora en la seguridad de que tendrá cabal cumplimiento. A fecha fija recibirá la gracia prometida. Si la fecha de pago no hubiese llegado todavía, espera pacientemente hasta que llegue; entre tanto, debe considerar la promesa como si fuera dinero, ya que cuenta con la certidumbre de que el Banco le pagará a su debido tiempo.

Personas hay que olvidan estampar su firma de fe en el cheque, de suerte que nada reciben; otros lo firman, pero no lo presentan, y tampoco reciben. La culpa no es de la promesa, sino de quienes no saben utilizarla de un modo práctico y sensato.

---

* Nota de la editorial:

Queremos informarles que la obra que usted tiene en sus manos es, con un título más actual, el gran clásico *Libro de cheques del banco de la fe*.

Dios no ha empeñado su palabra para después no cumplirla, ni alienta una esperanza para dejarla fallida. He preparado este librito con el fin de ayudar a mis hermanos a creer en su fidelidad. La contemplación de estas promesas es un acicate que estimula la fe; cuanto más estudiemos y meditemos en las palabras de gracia, mayor y más abundante será la gracia que obtendremos de las palabras. A las afirmaciones alentadoras de la Sagrada Escritura he añadido mi testimonio personal, fruto de la prueba y de la experiencia. Creo firmemente en todas las promesas hechas por Dios; pero muchas de ellas las he experimentado por mí mismo, y reconozco que son verdaderas porque han tenido en mí perfecto cumplimiento. Estoy cierto de que esto servirá de aliento para los jóvenes y consolará a los más ancianos. La experiencia de uno puede ser de gran utilidad para los otros. Por eso, en otro tiempo escribió un siervo de Dios: «Busqué al Señor y me oyó». Y en otro lugar: «Este pobre clamó al Señor, y Él le oyó».

Comencé a escribir estas meditaciones cotidianas en una época de mi vida en que me creía lanzado contra la escollera de la controversia. Desde entonces me vi sumergido «en las aguas que no se podían pasar sino a nado», y si no fuera por el brazo de Dios que me sostuvo, habrían sido para mí las aguas donde nadie puede nadar. Fui herido y quebrantado por muchos azotes: violentos dolores físicos, decaimiento de espíritu, y la pérdida del ser más querido de mi vida. Ola tras ola, pasaron sobre mí las aguas de la tribulación. No refiero estas cosas para atraerme la simpatía de los demás, sino para demostrar que no soy marino en la tierra. He atravesado estos océanos que no son precisamente océanos pacíficos. Conozco el rugido de las olas y la violencia de los vientos, y jamás han sido para mí tan preciosas las promesas de Dios como en la hora presente. Algunas de ellas no las he comprendido hasta ahora; no había llegado aún para mí la época de su madurez, porque no estaba yo maduro para comprender su significado.

¡La Biblia me parece ahora mucho más admirable que antes! Obedeciendo al Señor, y llevando su oprobio fuera del campo, no he recibido nuevas promesas; sin embargo, para mí el resultado ha sido el mismo, porque estas promesas me han proporcionado riquísimos tesoros. Las palabras de Jehová dirigidas a su siervo Jeremías han sido muy gratas a mis oídos. Su misión fue hablar a quienes no querían oír, o que oyendono querían creer. Decidido a permanecer en el camino del Señor, su mayor deseo hubiera sido apartar a su pueblo de la senda del error. Las palabras alentadoras que encontró en el libro de Dios impidieron que desfalleciera su ánimo cuando, abandonado a sus propias fuerzas, habría sucumbido. Con estas palabras y con otras muchísimas promesas he procurado enriquecer las páginas de mi libro.

¡Ojalá pudiera yo consolar a muchos servidores de mi maestro! He procurado escribir lo que siente mi propio corazón con el fin de fortalecer su corazón. En medio de sus pruebas quisiera decirles: hermanos, Dios es bueno y misericordioso; no os abandonará, El os sacará ilesos de todo. Para todas vuestras necesidades presentes tiene una promesa, y si sabéis usar de ella para presentarla ante el trono de la gracia por medio de J esucristo, veréis cómo se extiende la mano del Señor para protegeros y ayudaros. Podrán fallar todas las demás cosas, empero la Palabra de Dios nunca fallará. Para mí ha sido tan fiel en innumerables circunstancias de mi vida, que yo no puedo por menos que exclamar: ¡Confiad en El! El no hacerlo así sería una ingratitud para mi Dios y una falta de caridad para con nosotros.

Que el Espíritu Santo, el Consolador, inspire una nueva fe al pueblo del Señor. Sin su poder divino, de nada servirá cuanto yo os diga. Pero con su vivificadora influencia, el testimonio más humilde servirá para sostener las rodillas vacilantes y fortalecer las manos que languidecen. Dios es glorificado cuando sus siervos confían plenamente en El. Nunca seremos demasiado hijos de nuestro Padre Celestial. Nuestros hijos cesan de hacernos preguntas acerca de nuestra voluntad y poder, cuando han recibido la promesa de su padre, y se alegran de su cumplimiento, del que no dudan porque lo creen más cierto que el sol que nos alumbra. ¡Quiera Dios que muchos de mis lectores a quienes no conozco puedan comprender mientras lean estas porciones, que he preparado para cada día del año, que esta confianza filial en Dios es un deber y una alegría!

Estas lecturas de cada día han sido sacadasde diversos y variados asuntos, y ciertamente serán muy provechosas porque en ellas se trata de doctrinas, experiencias y de otros problemas. Son una especie de aperitivo que en nada perjudica el alimento sustancial; antes por el contrario, estimulan nuestro deseo de nutrirnos más de la Palabra de Dios.

Quiera el Señor Jesús aceptar este mi servicio destinado para sus ovejas y corderos por medio de su indigno siervo.

C. H. SPURGEON

1 Enero

Génesis 3:15

"Y pondré enemistad entre ti y la mujer, y entre tu simiente y la simiente suya; ésta te herirá en la cabeza, y tú le herirás en el calcañar."

Mis notas:

Tal es la primera promesa hecha al hombre caído. En ella está contenido todo el Evangelio y la esencia del pacto de la gracia. En gran parte, ya ha sido cumplida: la simiente de la mujer ha sido herida en su calcañar en la persona de nuestro Señor Jesucristo. Y ¡qué herida más espantosa! Mas ¡cuán terrible será también el quebrantamiento final de la cabeza de la serpiente! Esta profecía, virtualmente, tuvo cumplimiento por primera vez cuando Jesucristo llevó sobre sí el pecado del hombre; venció a la muerte y quebrantó el poderío de Satán; pero se cumplirá total y definitivamente en la segunda venida del Señor y en el juicio final.

Para nosotros esta promesa constituye una profecía, a saber: heridos en el calcañar también seremos afligidos en nuestra corrompida naturaleza por el poder del mal; empero podremos triunfar en Cristo, el cual aplastó la cabeza de la antigua serpiente. Durante el año, tendremos ocasión de experimentar la primera parte de esta promesa ante las tentaciones con que nos acechará Satanás, y ante los ataques de los impíos, que son su simiente. Tal vez saldremos heridos y maltrechos de la lucha, mas no desmayaremos si sabemos acogernos a la segunda parte del versículo. Alegrémonos por anticipado en la seguridad de que reinaremos con Cristo que es la simiente de la mujer.

***La Biblia** en un año:*

- *Génesis 1 - 3*
- *Mateo 1*

"Y el Dios de paz aplastará en breve a Satanás bajo vuestros pies."

Romanos 16:20

2 Enero

Mis notas:

He aquí una promesa que viene a completar la que meditábamos ayer. Nuestra conformidad con nuestro divino modelo y cabeza no ha de manifestarse únicamente en ser heridos en el calcañar, sino en la victoria sobre el maligno. La antigua serpiente debe ser aplastada bajo nuestros pies. Los creyentes de Roma se vieron afligidos por luchas internas, pero su Dios, «el Dios de paz», les proporcionó el descanso del alma. El enemigo capital consiguió hacer vacilar los pies de los imprudentes y que los sencillos fueran engañados; pero, al final, quedó vencido, y por aquellos mismos entre quienes había sembrado la confusión. Esta victoria la consiguió el pueblo de Dios por su sabiduría y poder; Dios mismo desbaratará el poder de Satanás. Aun cuando los creyentes logren quebrantarlo, sin embargo la herida le será infligida únicamente por Dios.

¡Acometamos con valentía al tentador! Y no sólo los espíritus malignos, sino el mismo príncipe de las tinieblas, huirán ante nosotros. Contemos con una inmediata victoria si confiamos plenamente en Dios. «Presto». ¡Bienaventurada palabra! «Presto» lograremos aplastar la cabeza de la antigua serpiente. ¡Cuán grande será nuestro gozo al vencer a Satanás, y qué deshonra para él cuando su cabeza sea quebrantada por nuestros pies! Por la fe en Jesús aplastemos al tentador.

***La Biblia** en un año:*

- *Génesis 4 - 6*
- *Mateo 2*

3 Enero

Génesis 28:13

"La tierra en que estás acostado te la daré a ti."

Mis notas:

No hay promesa alguna que sea de interpretación particular: las promesas no van dirigidas a un santo solamente, sino a todos los creyentes. Si tú, hermano mío, puedes apoyarte en esta promesa y descansar en ella como en una almohada, tuya será. El lugar que «encontró» Jacob y donde descansó, es el mismo del cual tomó posesión más tarde. Cuando sus miembros fatigados reposaron en la tierra, cuando las piedras le sirvieron de almohada, no se imaginaba que estaba tomando posesión de aquel país. Sin embargo, así fue. Durante el sueño, vio una maravillosa escala que para el verdadero creyente une los cielos con la tierra. Indudablemente, tenía derecho a poseer la tierra donde descansaba el último peldaño de la escala; de otro modo no era posible alcanzar la divina escala. En Jesús, todas las promesas son «Sí» y «Amén». Y así como Cristo es pertenencia nuestra, así también nos pertenece su promesa si en Él descansa toda nuestra fe.

Ven, alma cansada; acepta las palabras del Señor como tu almohada. Reposa en paz. Piensa únicamente en Él. Jesús es la escala luminosa. Mira cómo suben y bajan los ángeles sobre Él, entre tu alma y Dios; ten la seguridad de que la promesa es la porción que Dios te da; si la tomas, como si fuera hecha exclusivamente para ti, no la robarás; es cosa tuya.

***La Biblia** en un año:*

- *Génesis 7 - 9*
- *Mateo 3*

"Te haré dormir seguro."

Oseas 2:18

4 Enero

Mis notas:

Sí, los santos tendrán paz. El pasaje de nuestro texto nos habla de una alianza «con las bestias del campo, y con las aves del cielo y con las serpientes de la tierra». Tal es la paz en medio de los enemigos de este mundo, de las pruebas misteriosas y pequeñas contrariedades. Todas estas cosas pueden quitarnos el sueño, mas ninguna de ellas lo logrará. El Señor destruirá todo cuanto amenace a su pueblo y «quebrará arco y espada y batalla de la tierra». La paz será inquebrantable, cuando sean rotos los instrumentos de iniquidad.

Con esta paz habrá descanso. «A su amado dará Dios el sueño». Los creyentes podrán entregarse al reposo abundantemente proveidos y tranquilos.

Este descanso será seguro. Una cosa es acostarse y otra «dormir seguro». Hemos sido introducidos en la tierra de la promesa, en la casa del Padre, en la cámara del amor y en el seno de Cristo; ahora sí que podemos «dormir seguros». Para un creyente es mucho más seguro acostarse en paz, que permanecer levantado e intranquilo.

«En lugares de delicados pastos me hará yacer». Nunca podremos descansar hasta tanto que el Consolador nos haga «dormir seguros».

La Biblia *en un año:*

- *Génesis 10 - 12*
- *Mateo 4*

5

Enero

Isaías 41:10

"Yo soy tu Dios que te esfuerzo."

Mis notas:

Cuando somos invitados al servicio de Dios o al sufrimiento, medimos nuestras fuerzas y vemos que son menores de lo que juzgábamos y que no están en proporción con nuestras necesidades. Empero no nos dejemos llevar del abatimiento mientras podamos apoyarnos en una promesa que nos asegura todo aquello de que tenemos necesidad. La fuerza de Dios es omnipotente, y esa fuerza puede comunicárnosla, así lo ha prometido. Él será alimento de nuestras almas y salud de nuestros corazones; por tanto, Él nos fortalecerá. No es posible ponderar cuán grande sea el poder que Dios puede infundir en el hombre. Cuando llena el poder divino, la debilidad humana deja de ser un obstáculo.

¿No recordamos aquellos tiempos de dolor y prueba en que recibimos una fuerza tan especial que nos maravillamos de nosotros mismos? En el peligro, tuvimos calma; en el dolor de haber perdido seres queridos, permanecimos resignados; en la calumnia, pudimos contener nuestro enojo; y en la enfermedad, fuimos pacientes.

Dios, en efecto, nos comunicó una fuerza insospechada ante las pruebas extraordinarias, de suerte que pudimos levantarnos de nuestra flaqueza. Los cobardes se tornan valientes, los insensatos se truecan en sabios, y a los mudos se les inspira lo que han de hablar en aquella hora. Nuestra propia debilidad nos atemoriza, mas la promesa de Dios nos infunde valor. ¡Señor, fortifícame «según tu palabra»!

***La Biblia** en un año:*

- *Génesis 13 - 15*
- *Mateo 5:1 - 26*

"*Siempre te ayudaré.*"

Isaías 41:10

6 Enero

Mis notas:

La promesa de ayer nos aseguró las fuerzas para cumplir con nuestro deber; la de hoy nos asegura la ayuda de Dios cuando no podemos trabajar solos. El Señor dice: «te ayudaré». La fuerza interior es perfeccionada por el socorro exterior. Dios puede, si tal es su voluntad, proporcionarnos aliados en nuestra guerra. Él estará a nuestro lado en la lucha, lo cual es mucho mejor. «Nuestro Aliado Augusto» vale más que legiones de seres humanos.

Su socorro es oportuno: «nuestro pronto auxilio en las tribulaciones». Su socorro es sabio: Él sabe prestar a cada uno aquella ayuda más apropiada a las circunstancias en que se encuentra. Su socorro es eficacísimo, «aunque vana es la salud de los hombres», porque él lleva sobre sí todo el peso de la carga y suple nuestra flaqueza. «El Señor es mi ayudador, no temeré lo que me hará el hombre».

Habiendo sido nuestro socorro, podemos confiar en Él en lo que atañe a nuestro presente y futuro. Nuestra oración es: «Jehová, sé Tú mi ayudador». Nuestra experiencia: «El Espíritu ayuda nuestra flaqueza». Nuestra esperanza: «Alzaré mis ojos a los montes de donde vendrá mi socorro». Y nuestra canción será algún día: «Tú, Jehová, me ayudaste».

***La Biblia** en un año:*

- *Génesis 16 - 17*
- *Mateo 5:27 - 48*

7 Enero

Juan 1:50

"Cosas mayores que éstas verás."

Mis notas:

Estas palabras fueron dirigidas a un creyente que se hizo como niño y que estaba dispuesto a aceptar a Jesús como el Hijo de Dios y Rey de Israel con un solo argumento decisivo. Quienes quieren abrir los ojos, ven. Permanecemos tristemente ciegos porque nos obstinamos en cerrar los ojos.

Por lo que a nosotros se refiere, hemos visto muchas cosas; el Señor nos ha revelado misterios inescrutables por los cuales podemos celebrar su nombre; sin embargo, en su Palabra se encierran verdades más profundas, experiencias más hondas y de mayor utilidad, descubrimientos maravillosos de su amor, de su poder y sabiduría. Todo esto lo veremos ciertamente si creemos en nuestro Señor. Cosa nociva es inventar falsas doctrinas, mas el don de discernir la verdad es una bendición. El cielo se nos abrirá de par en par; el camino que nos conduce a él en la persona del Hijo del hombre nos será más fácil, y más evidente la comunión angelical entre el cielo y la tierra. Fijemos nuestros ojos con mayor atención en las cosas espirituales y veremos cada vez con mayor claridad cosas más importantes. No pensemos que nuestras vidas son algo efímero y baladí; antes por el contrario, siempre irán creciendo y viendo cosas de mayor importancia hasta que contemplemos cara a cara al mismo Dios y no podamos ya perderle de vista.

***La Biblia** en un año:*

- *Génesis 18 - 19*
- *Mateo 6:1 - 18*

"Bienaventurados los de limpio corazón, porque ellos verán a Dios."

Mateo 5:8

8 Enero

Mis notas:

La limpieza de corazón es uno de los fines principales que debemos perseguir. Importa mucho que seamos purificados interiormente por el Espíritu Santo y por medio de la Palabra, y en verdad lo seremos exteriormente por una mayor consagración y obediencia. Existe una relación íntima entre el corazón y la inteligencia. Si amamos el mal, jamás podremos comprender el bien. Si el corazón está manchado, el ojo estará oscurecido. ¿Cómo podrán estos hombres ver al Dios Santo, si aman el pecado?

¡Cuán singular es el privilegio de ver a Dios en la tierra! Una sola mirada sobre Él constituye para nosotros un verdadero paraíso. En Cristo Jesús contemplan al Padre los limpios de corazón. En Él vemos a Dios, la verdad, su amor, su santidad, sus designios, su soberanía, su alianza. Empero estas cosas solamente se perciben cuando se impide la entrada del pecado en el corazón. Sólo quienes aspiran a la santidad pueden exclamar: «Mis ojos están siempre hacia Jehová». El deseo de Moisés: «ruégote que me muestres tu gloria», solamente puede tener cumplimiento en nosotros cuando estemos limpios de toda iniquidad. Nosotros «le veremos como Él es»; y «cualquiera que tiene esta esperanza en Él, se purifica». El gozo de la presente comunión y la esperanza de la visión beatífica son dos poderosas razones para que andemos en pureza de corazón y de vida. ¡Crea, Señor, en nosotros un corazón puro para que podamos ver tu rostro!

***La Biblia** en un año:*

- *Génesis 20 - 22*
- *Mateo 6:19 - 34*

9 Enero

Prov. 11:25

"El alma generosa será engordada."

Mis notas:

Si quiero la prosperidad de mi alma, no debo amontonar tesoros, sino repartirlos entre los pobres. El camino de la fortuna, según el mundo, es ser avaro y mezquino; mas no es éste el camino de Dios, porque nos dice: «Hay quienes reparten, y les es añadido más; y hay quienes son escasos más de lo que es justo, mas vienen a pobreza». Según la fe, la manera de adquirir ganancias consiste en dar. Hagamos la experiencia, y veremos que siempre se nos dará en abundancia todo lo necesario en retorno de nuestra liberalidad.

Indudablemente, nunca llegaré a ser rico con este procedimiento. Seré «engordado», mas no en demasía. Tanta abundancia de riquezas podría hacerme pesado, como lo son las personas excesivamente gruesas, y podría causarme una dispepsia mundanal y hasta producirme una degeneración cardíaca. En verdad, puedo darme por satisfecho si, estando lo suficientemente nutrido, gozo de buena salud, y si el Señor me concede lo necesario, puedo darme por contento.

Existe, no obstante, una grosura intelectual y espiritual que en gran manera codicio: la que proviene de nuestros nobles pensamientos acerca de Dios, de su Iglesia y de nuestros semejantes. Que nunca ponga yo límites a mi generosidad para que mi alma no desfallezca de hambre. Que siempre sea liberal y dadivoso, porque así imitaré a mi Señor. Él se dio a sí mismo por mí. ¿Podré yo negarle cuanto me pidiere?

***La Biblia** en un año:*

- *Génesis 23 - 24*
- *Mateo 7*

"El que saciare, él también será saciado."

Prov. 11:25

10 Enero

Mis notas:

Si yo presto interés por los demás, Dios también se interesará por mí, y de algún modo será recompensado. Si pienso en el pobre, Dios pensará en mí; si me ocupo de los pequeñuelos, Dios me tratará como a hijo suyo. Si apaciento su rebaño, Él me alimentará; si riego su jardín, Él hará que mi alma sea a manera de jardín. Tal es la promesa del Señor. A mí me toca cumplir las condiciones para poder esperar su cumplimiento.

Puedo preocuparme de mí mismo hasta enfermar; ocultar mis sentimientos hasta que nada sienta; lamentar mi flaqueza hasta el punto de no sentirme capaz de lamentar nada. De mayor aprovechamiento será para mi el ser desinteresado, y empezar, por el amor de mi Señor, a preocuparme de las almas que me rodean. El agua va menguando en mi cisterna; no ha caído agua suficiente para llenarla. ¿Qué haré? Dejaré abierta la válvula para que el agua corra libremente y riegue las plantas que se marchitan a mi alrededor. Mas, ¿qué veo? Mi cisterna se llena a medida que el agua va saliendo; brota un secreto manantial. Mientras el agua estaba detenida, el manantial dejaba de manar; mas cuando sale para regar las almas, el Señor piensa en mí ¡Aleluya!

***La Biblia** en un año:*

- *Génesis 25 - 26*
- *Mateo 8:1 - 17*

11
Enero

Génesis 9:14

"Y sucederá que cuando haga venir nubes sobre la tierra, se dejará ver entonces mi arco en las nubes."

Mis notas:

El cielo aparece lleno de nubes, mas no tememos que la tierra sea inundada por un nuevo diluvio. El arcoiris trazado en los cielos disipa todos nuestros temores. La alianza hecha por Dios con Noé no ha sido quebrantada; de esto no abrigamos duda alguna. Y siendo esto así, ¿por qué pensamos que las nubes de nuestras tribulaciones, que al presente oscurecen el cielo de nuestra dicha, serán para nuestra destrucción? Desechemos estos temores infundados y bochornosos.

La fe siempre tiene delante de nuestros ojos el arco de la promesa establecida cuando nuestros sentidos perciben la nube del dolor. Dios tiene en sus manos el arco con el cual puede lanzar las flechas de la destrucción; pero ese arco apunta hacia arriba. Es un arco sin cuerda y sin flecha; es un arco de trofeo, inútil para la guerra; un arco de muchos y diversos colores que significa esperanza y amor; un arco que se torna rojo con la guerra y negro con la ira.

Tengamos valor. Dios jamás ensombrece nuestro cielo, de tal modo que no podamos dar testimonio de su alianza. Y aun cuando así lo hiciere, nosotros siempre podremos tener la seguridad de que la alianza de paz se cumplirá. Hasta que nuevamente cubran las aguas toda la tierra, no tendremos motivo para dudar de la promesa de nuestro Dios.

***La Biblia** en un año:*

- *Génesis 27 - 28*
- *Mateo 8:18 - 34*

"Porque el Señor no desecha para siempre."

Lament. 3:31

12 Enero

Mis notas:

Tal vez el Señor nos deseche por algún tiempo, mas no para siempre. La mujer puede prescindir de sus adornos, pero no los olvida, ni los arroja al muladar. No es propio del Señor rechazar a los que ama, porque «como hubiese amado a los suyos que estaban en el mundo, amólos hasta el fin». Algunos dicen estar en gracia o sin ella, como si se tratara de conejos que entran y salen libremente de sus madrigueras; y sin embargo, no es así. El amor de nuestro Salvador para con los suyos es algo más serio y permanente.

Desde toda la eternidad nos escogió, y durante toda la eternidad seguirá prodigándonos su amor. De tal manera nos amó que se entregó a la muerte por nosotros; por donde podemos estar seguros de que su amor nunca tendrá fin. Su honor de tal suerte está ligado con nuestra Salvación, que le es absolutamente imposible desecharnos, como lo sería despojarse de su vestidura de Rey de gloria. ¡No! El Señor Jesús, como Cabeza que es, nunca se separa de sus miembros; como Esposo, nunca repudia a su esposa.

¿Por ventura te creías desechado? ¿Cómo podías figurarte tal cosa del Señor que te ha desposado? Arroja lejos de ti tales pensamientos, y no permitas que aniden en tu corazón. «No ha desechado Dios a su pueblo al cual antes conoció» (Romanos 11:2). «Él aborrece que sea repudiada» (Malaquías 2:16).

***La Biblia** en un año:*

- *Génesis 29 - 30*
- *Mateo 9:1 - 17*

13 Enero

Juan 6:37

"Al que a mí viene, no le echo fuera."

Mis notas:

¿Hay en el Evangelio un solo caso en que veamos que Jesús rechace a quien a Él se acerca? Si lo hubiera, desearíamos saberlo; mas nunca lo hubo, ni lo habrá jamás. Ninguno de los condenados podrá jamás decir: «Vine a Jesús y me echó fuera». No es posible que tú y yo fuéramos los primeros con quienes Jesús ha quebrantado su palabra. Jamás abriguemos tan mezquina sospecha.

Acerquémonos a Cristo con todos nuestros males presentes. De una cosa podemos estar ciertos: jamás nos negará la entrada, ni nos echará fuera. Quienes hemos ido muchas veces, y quienes nunca han ido, acudamos todos juntos, y comprobaremos que a nadie cierra la puerta de su gracia.

«Este a los pecadores recibe», pero a nadie rechaza. Venimos a Él con la debilidad y el pecado, con una fe vacilante, con muy poco conocimiento y con menguada esperanza, y no nos rechaza. Venimos con la oración indecisa, con la confesión incompleta, con la alabanza que no está en armonía con sus merecimientos, y, sin embargo, nos recibe. Venimos enfermos, manchados, desanimados, indignos, mas no nos echa fuera. Acudamos nuevamente a Él, hoy mismo, porque a nadie echa fuera.

***La Biblia** en un año:*

- *Génesis 31 - 32*
- *Mateo 9:18 - 38*

14 Enero

"Venid a mí todos los que estáis trabajados y cargados, y yo os haré descansar."

Mateo 11:28

Mis notas:

Quienes somos salvos encontramos descanso en Jesús; quienes no lo son alcanzarán ese descanso si a Él se acercan, ya que Dios así lo ha prometido. Nada es tan gratuito como un don; aceptemos complacidos lo que libremente nos da. No tienes necesidad de comprarlo, ni pedirlo prestado; te basta recibirlo como se recibe un don. Trabajas bajo el látigo de la ambición, de la codicia, de la pasión y la inquietud: Él te librará de tan dura esclavitud, y te hará descansar. Estás cargado, y sobrecargado con el peso del pecado, del temor, del desasosiego, del remordimiento y del temor de la muerte; mas si acudes a Él, te librará de la carga. Él llevó sobre sí el peso abrumador de nuestros pecados, a fin de que no sucumbiésemos con Él. Se constituyó en el gran portador de cargas, para que todos los cargados dejaran de doblarse bajo tan enorme peso.

Jesús proporciona descanso. Y así es, en efecto. ¿Lo crees tú? ¿Quieres probarlo? ¿Por qué no lo intentas ahora mismo? Acude a Jesús renunciando a toda otra esperanza, pensando en Él, creyendo en el testimonio que Dios da de Jesús, y depositando en Él todos tus afanes. Si con estas disposiciones recurres a Él, el descanso que te dará será profundo, seguro, santo y eterno. Este descanso perdurará hasta tu entrada en el cielo, y dispuesto está el Señor a concedérselo a cuantos a Él se alleguen confiadamente.

***La Biblia** en un año:*

- *Génesis 33 - 35*
- *Mateo 10:1 - 20*

15 Enero

Salmos 9:18

"Porque no para siempre será olvidado el menesteroso; ni la esperanza de los pobres perecerá perpetuamente."

Mis notas:

La pobreza es una herencia pasada, mas quienes confían en el Señor son ricos por la fe. Saben que Dios no les olvida, y aunque a veces parezca que son pasados por alto en la dispensación de los bienes terrenales, saben que llegará un tiempo en que todas las cosas serán puestas en su punto. Lázaro no siempre permanecerá entre los perros a la puerta del rico; sabe que algún día será recompensado en el seno de Abraham.

Aun ahora se acuerda Dios de sus hijos pobres, pero queridos. «Aunque afligido yo y necesitado, Jehová pensará en mí», dijo uno de ellos. Y así es en efecto. Los santos en su pobreza poseen magníficas esperanzas. Saben que el Señor les proveerá de todo lo necesario para la vida temporal y espiritual. Saben que todas las cosas les ayudarán a bien, y esperan tener una comunión más íntima con su Señor, el cual no tenía donde reclinar la cabeza. Esperan su segunda venida y la participación de su gloria. Esta esperanza es imperecedera porque descansa en Jesús, que es eterno; y porque Cristo vive, la esperanza también vivirá. El creyente pobre entona muchos cánticos incomprensibles para los ricos pobres de este mundo. Por tanto, si nos escasea la comida en la tierra, no olvidemos que allá arriba tenemos abastecida una mesa real.

***La Biblia** en un año:*

- *Génesis 36 - 38*
- *Mateo 10:21 - 42*

"Todo aquel que invocare el nombre de Jehová será salvo."

Joel 2:32

16 Enero

Mis notas:

¿Por qué no invoco su nombre? ¿Por qué recurro a mis vecinos cuando tengo tan cerca a Dios, el cual oirá mi clamor, por débil que sea? ¿Por qué me siento para forjar proyectos y formar planes? ¿Por qué no descargo todo mi peso sobre los hombros de mi Señor? La mejor manera de avanzar es ir siempre adelante en línea recta. ¿Por qué no corro ahora mismo al Dios vivo? En vano buscaré la salvación en otra parte; en Dios ciertamente la encontraré. Su real promesa es una garantía cierta de que así será.

No es preciso preguntar si puedo invocarle o no, porque la palabra «cualquiera» es suficientemente explícita. «Cualquiera» se aplica a mí, porque comprende a todos y cada uno de los que invocan a Dios. Por lo tanto, seguiré las enseñanzas de este versículo, invocando ahora mismo al glorioso Salvador que nos ha dejado una promesa tan magnífica.

Mi caso es urgente. Ignoro cómo podré ser liberado; empero esto no me preocupa. Quien ha formulado la promesa sabrá encontrar los medios para realizarla. A mí sólo me incumbe obedecer sus mandamientos, no dirigir sus consejos. Siervo suyo soy, y no abogado. Le invoco, y él me ayudará.

***La Biblia** en un año:*

- *Génesis 39 - 40*
- *Mateo 11*

17 Enero

Éxodo 3:12

"Y él le respondió: ve porque yo estaré contigo."

Mis notas:

Es evidente que si Dios confió a Moisés una comisión, no le dejaría solo. Ante el riesgo que iba a correr y la fortaleza que le era necesaria para cumplir su cometido, sería ridículo que Dios enviara un pobre hebreo para que se enfrentara con el más poderoso monarca de la tierra y le dejara solo en su empresa. No es concebible que la sabiduría de Dios opusiera un hombre débil como Moisés a Faraón con todo el poderío de Egipto. Por eso dice el Señor: «Yo estaré contigo», para darle a entender que no iba solo.

También conmigo sucederá lo mismo. Si Dios me confía una misión, confiando plenamente en su poder y buscando únicamente su gloria, tendré la seguridad de que Él estará conmigo. Por el mero hecho de enviarme, está obligado a favorecerme. ¿No es esto suficiente? ¿Qué más puedo desear? Aun contando con el poder de sus ángeles y arcángeles, podría sucumbir en la demanda, mas si Él está conmigo, ciertamente saldré victorioso. Lo único que se me exige es que yo obre en consecuencia con esta promesa, que no emprenda el camino con timidez, desanimado, negligente o henchido de orgullo. ¡Tal es la conducta que debe observar una persona que tiene a Dios en su compañía! Así amparado, debo caminar con valentía y, como Moisés, presentarme sin temor delante de Faraón.

***La Biblia** en un año:*

- *Génesis 41 - 42*
- *Mateo 12:1 - 23*

18 Enero

"Cuando haya puesto su vida en expiación por el pecado, verá linaje."

Isaías 53:10

Mis notas:

Nuestro Señor Jesucristo no ha muerto en vano. Su muerte expiatoria constituyó un sacrificio. Murió como nuestro sustituto, porque su muerte fue la paga de nuestros pecados y porque su sustitución fue aceptada por Dios. Él salvó a todos aquellos por quienes entregó su vida. Por su muerte se hizo semejante al grano de trigo que lleva mucho fruto. Con su muerte logró una larga posteridad; es «el Padre del eterno siglo». Él mismo podrá decir: «He aquí, yo y los hijos que me dio Dios».

Un padre es honrado en sus hijos, y Jesús tiene llena su aljaba con estas saetas del valiente. El padre está representado en sus hijos, y Cristo lo es en los cristianos. La vida de un hombre se prolonga y perpetúa en sus descendientes; de la misma manera la vida de Cristo se continúa en la vida de los creyentes.

Jesús vive y ve su linaje; Él fija sus ojos en nosotros y se complace en nosotros y nos reconoce como fruto de sus trabajos. Gocémonos porque el Señor se goza del resultado del sacrificio cruento, y porque nunca cesará de gozarse ante la mies abundante recogida con su muerte. Sus ojos, que en otro tiempo lloraron sobre nosotros, ahora nos miran con regocijo. ¡Nuestros ojos se encuentran! ¡Cuán grande es el gozo de estas miradas!

***La Biblia** en un año:*

- *Génesis 43 - 45*
- *Mateo 12:24 - 50*

19

Enero

Romanos 10:9

"Que si confesares con tu boca que Jesús es el Señor, y creyeres en tu corazón que Dios le levantó de los muertos, serás salvo."

Mis notas:

La confesión de boca es necesaria. ¿La he hecho yo? ¿He manifestado públicamente mi fe en Jesucristo como el Salvador a quien Dios resucitó de los muertos? ¿Lo he hecho como Dios manda? A esta pregunta yo mismo debo responder con toda sinceridad.

También se necesita fe en el corazón. ¿Creo sinceramente en Jesús resucitado? ¿Confío en Él como en mi única esperanza de salvación? ¿Brota de mi corazón esta confianza? La respuesta debo darla en la presencia de Dios.

Si en verdad puedo responder afirma_tivamente que he confesado a Cristo y he creído en Él, soy salvo. El texto no dice que podría ser así. Su afirmación es categórica y tan evidente como el sol que brilla en los cielos: «Serás salvo».

Como creyente y confesor, puedo poner mi mano sobre esta promesa y presentarla delante de Dios, ahora, durante mi vida, en la muerte y en el día del juicio.

Debo ser salvo del castigo del pecado, del poder del pecado, de la mancha del pecado y por último, del pecado mismo. Dios ha dicho: «serás salvo». Lo creo. Seré salvo. Soy salvo. ¡Gloria a Dios por siempre jamás!

***La Biblia** en un año:*

- *Génesis 46 - 48*
- *Mateo 13:1 - 30*

"Al que venciere daré a comer del árbol de la vida, el cual está en medio del Paraíso de Dios."

Apoc. 2:7

20 Enero

Mis notas:

Nadie puede volver la espalda en la batalla, ni negarse a ir a la guerra santa. Si queremos reinar, es forzoso pelear y proseguir luchando hasta vencer a nuestros enemigos; de lo contrario, la promesa no es para nosotros, ya que sólo pertenece «al que venciere». Debemos vencer a los falsos profetas que se han introducido en el mundo y todos los males que acompañan sus enseñanzas. Debemos vencer la cobardía de nuestro corazón y la tendencia a dejar nuestro primer amor. Leed todo lo que el Espíritu dice a la Iglesia de Éfeso.

Si por gracia obtenemos la victoria, y ésta la lograremos ciertamente si seguimos a nuestro Capitán victorioso, seremos admitidos en el mismo centro del paraíso de Dios, y nos será permitido pasar por delante del querubín con su espada de fuego y llegaremos al árbol por él guardado, de cuyo fruto, quien comiere, tendrá vida eterna. De este modo escaparemos de la muerte, que fue la sentencia lanzada contra el pecado, y ganaremos la vida eterna, sello de la inocencia, y coronamiento de principios inmortales de una santidad según Dios. Ven, alma mía, y esfuérzate. Huir del conflicto significa perder los goces del nuevo y más excelente Edén. Pelear hasta vencer es andar con Dios en el Paraíso.

***La Biblia** en un año:*

- *Génesis 49 - 50*
- *Mateo 13:31 - 58*

21

Enero

Éxodo 7:5

"Y sabrán los egipcios que yo soy Jehová."

Mis notas:

Al mundo impío difícilmente se le puede enseñar. Egipto no conoce a Jehová y por eso levanta sus ídolos y se atreve a preguntar: «¿Quién es Jehová?» Pero el Señor quebranta el orgullo de los corazones. Cuando estalla el juicio de Dios sobre sus cabezas, se oscurece su cielo, son destruidas sus cosechas y mueren sus hijos; entonces comienzan a discernir algo del poder soberano de Dios. Cosas tan extraordinarias como éstas sucederán entre nosotros para que los escépticos doblen humillados sus rodillas. No desmayemos ante las blasfemias que profieren sus labios, porque el Señor sabrá velar por la gloria de su nombre, y seguramente lo hará de una manera muy eficaz.

La liberación de su propio pueblo fue un medio poderoso del que se sirvió para que Egipto conociera que el Dios de Israel era Jehová, el Dios vivo y verdadero. Ni siquiera un solo israelita pereció a causa de las diez plagas. Ninguno de los escogidos se ahogó en las aguas del Mar Rojo. Del mismo modo, la salvación de los escogidos y la glorificación de todos los verdaderos creyentes será parte para que aun los más encarnizados enemigos de Dios reconozcan que Jehová es Dios.

¡Ojalá que su poder victorioso y convincente por el Espíritu Santo sea manifiesto en la predicación del Evangelio hasta que todos los pueblos de la tierra inclinen sus frentes ante el nombre de Jesús y le proclamen como su Señor!

***La Biblia** en un año:*

- *Éxodo1 - 3*
- *Mateo 14:1 - 21*

"Bienaventurado el que piensa en el pobre; en el día malo lo librará Jehová."

Salmos 41:1

22 Enero

Mis notas:

Obligación de todo cristiano es pensar en los pobres y tener un corazón compasivo para con ellos. Jesús los puso al lado nuestro, entre nosotros, cuando dijo: «A los pobres siempre los tenéis con vosotros».

Muchos dan limosna a los pobres de prisa para desentenderse de ellos; otros muchísimos no les dan nada. La promesa ha sido hecha para aquellos que se interesan por los pobres, examinan sus necesidades, piensan en los medios de socorrerles y juiciosamente los ejecutan. Mucho más podemos hacer con nuestros cuidados, con nuestra delicada solicitud que con el dinero, y más todavía con ambas cosas a la vez. El Señor promete su bienaventuranza, en los días de apuro, a quienes piensan en los pobres. Él nos librará de nuestra pena si ayudamos a los demás a salir de ella, y nosotros recibiremos una ayuda providencial muy grande si el Señor ve cómo procuramos nosotros proveer a los demás. Por muy generosos que seamos, tendremos días malos; mas si somos benévolos, podremos reclamar del Señor un socorro especial y directo, porque Él ha empeñado su palabra y no podrá negarla. El avaro se preocupa de sí mismo; empero el Señor favorece al creyente compasivo y generoso. Como hayáis tratado a los demás, así hará el Señor con vosotros. Vaciad vuestros bolsillos.

***La Biblia** en un año:*

- *Éxodo4 - 6*
- *Mateo 14:22 - 36*

23
Enero

Levítico 1:4

"Y pondrá su mano sobre la cabeza del holocausto; y será aceptado para expiación suya."

Mis notas:

Tan pronto como el que presentaba el holocausto ponía la mano sobre la víctima, ésta era aceptada. ¡Con cuánta más razón lo será Cristo, nuestra víctima, cuando sobre Él ponemos la mano de la fe!

En ti mi fe se apoya

En ti, Jesús, mi gloria y embeleso

En tanto que afligido y penitente

Mi culpa yo confieso.

Si Dios aceptaba un becerro en expiación del pecado, ¡con cuánto mayor motivo aceptará Dios el sacrificio de Jesús que fue nuestra propiciación completa y suficiente! Discuten algunos la doctrina de la sustitución; para nosotros esa sustitución es nuestra esperanza, nuestro gozo nuestra gloria, nuestro todo. Jesús es aceptado por nosotros, como nuestra expiación, y nosotros somos «aceptos en el Amado».

Lector, pon tu mano, ahora mismo, sobre el sacrificio consumado de Jesús, y recibirás bendición completa. Si nunca lo hiciste, extiende con fe tu mano sin demora alguna. Jesús será tuyo si quieres que lo sea. Apóyate en Él, ahora mismo, con todas tus fuerzas. Tuyo es, no abrigues la menor duda. Estás reconciliado con Dios; tus pecados son borrados, y tú eres pertenencia del Señor.

***La Biblia** en un año:*

- *Éxodo 7 - 8*
- *Mateo 15:1 - 20*

"Él guarda los pies de sus santos."

1 Samuel 2:9

24 Enero

Mis notas:

El camino es resbaladizo y nuestros pies son débiles; mas el Señor guarda nuestros caminos y afirma nuestros pies. Si con fe y obediencia nos entregamos a Él, Él mismo se constituirá en nuestro custodio. No sólo mandará a sus ángeles para que nos guarden, sino que Él mismo guardará nuestras salidas.

Él guardará nuestros pies de toda caída para que no manchemos nuestras vestiduras, ni seamos heridos en nuestras almas, ni la causa de que blasfeme el enemigo.

Él guardará nuestros pies para que no yerren, ni entremos por senderos de mentira o por caminos anchos de locura, o por sendas mundanales.

Él guardará nuestros pies para que no se hinchen con la fatiga del largo caminar, ni se hieran por la aspereza del sendero.

Él guardará nuestros pies de las heridas; de hierro y metal será nuestro calzado, de suerte que aun cuando tuviéramos que poner nuestros pies sobre el filo de una espada, o sobre serpientes ponzoñosas, no se ensangrentarán nuestros pies, ni seremos envenenados.

Finalmente, Él librará nuestros pies de la red. No seremos envueltos en los lazos de seducción que nos tienda el enemigo solapado de nuestras almas.

Fortalecidos con esta promesa, corramos sin cansancio y sin temor. El que guarda nuestros pies los guardará con eficacia.

***La Biblia** en un año:*

- *Éxodo9 - 11*
- *Mateo 15:21 - 39*

25
Enero

Job 33:27-28

"Él mira sobre los hombres; y el que dijere: pequé y pervertí lo recto y no me ha aprovechado, Dios redimirá su alma, que no pase al sepulcro, y su vida se verá en luz."

Mis notas:

Esta es una palabra de verdad sacada de la experiencia de un hombre de Dios y que puede ser considerada como una promesa. Cuanto el Señor ha hecho y está haciendo continuará llevándolo a cabo hasta tanto que el mundo subsista. El Señor aceptará a cuantos a Él acudan confesando sinceramente sus pecados. Dios siempre está atento para descubrir a todos los que están tristes a causa de sus pecados.

¿No podemos nosotros aplicarnos estas mismas palabras? ¿No hemos pecado voluntaria y personalmente, de modo que hemos podido decir con verdad: «He pecado»? ¿No hemos pecado intencionadamente pervirtiendo lo recto? ¿No hemos pecado de suerte que ha sido posible reconocer que de nada nos ha aprovechado y que sólo nos acarreó la muerte eterna? Vayamos a Dios con esta confesión sincera. Dios no nos exige más, pero tampoco nosotros podemos darle menos.

Presentemos su promesa en nombre de Jesús. Él librará nuestra alma del abismo del infierno, cuya boca está abierta para tragarnos; Él nos concederá vida y luz. ¿Por qué desesperar? ¿Por qué dudar? El Señor jamás defrauda a las almas sencillas. Piensa bien lo que dice. Los culpables pueden ser perdonados. Quienes merecen la condenación pueden recibir absolución gratuita. ¡Señor, a ti confesamos nuestros pecados e imploramos tu perdón!

***La Biblia** en un año:*

- *Éxodo12 - 13*
- *Mateo 16*

26 Enero

"Porque en Jacob no hay agüero, ni adivinación contra Israel."

Números 23:23

Mis notas:

¡Estas palabras deberían arrancar de raíz todos los temores pueriles y supersticiosos! Aun cuando hubiese alguna verdad en la hechicería y los agüeros, el pueblo de Dios no debería dejarse afectar por ellos. A quienes Dios bendice no puede maldecir el diablo.

Hombres sin temor de Dios, como Balaam, pueden conspirar astutamente contra el pueblo de Israel, pero su silencio y mentira fracasarán. Su pólvora está húmeda y embotado el filo de su espada. Se juntan en asamblea, pero en vano, porque Dios no está en medio de ellos. Bien podemos permanecer tranquilos y dejarles tender sus redes; a buen seguro que no caeremos en ellas. Aun cuando soliciten la ayuda de Belcebú, y se sirvan de todas sus artimañas, de nada les valdrá; todos sus encantamientos saldrán fallidos y a sí mismos se engañarán. ¡Cuán grande bendición es ésta! ¡Y cómo tranquiliza el corazón!

Los Jacob de Dios pelean con Dios, mas ninguno peleará con ellos y vencerá. Los Israel de Dios tienen poder cerca de Dios y triunfan, mas ninguno podrá prevalecer contra ellos. No temamos al enemigo mortal de nuestras almas, ni a los enemigos ocultos cuyas palabras son mentirosas y cuyos proyectos, insondables. Jamás podrán dañar a quienes confían en el Dios viviente. Nosotros desafiamos al diablo y a todas sus legiones juntas.

***La Biblia** en un año:*

- *Éxodo14 - 15*
- *Mateo 17*

27
Enero

Ezeq. 20:43

"Y allí os acordaréis de vuestros caminos, y de todos vuestros hechos en que os contaminasteis; y os aborreceréis a vosotros mismos a causa de todos vuestros pecados que cometisteis."

Mis notas:

Cuando el Señor nos recibe y gozamos de su favor, de su paz y seguridad, nos conduce al arrepentimiento de nuestros pecados y de nuestra mala conducta para con nuestro bondadoso Dios. El arrepentimiento es tan valioso que bien podemos calificarlo de diamante de primerísima calidad, el cual bondadosamente es prometido al pueblo de Dios como la consecuencia más santificadora de la salvación. Quien acepta el arrepentimiento, también lo da, y no de su «caja amarga», sino de entre las «hojuelas con miel», con las cuales alimenta a su pueblo. El mejor modo de ablandar un corazón de piedra es poseer el sentimiento de un perdón, comprado con sangre, y de una misericordia inmerecida.

¿Somos duros de corazón? Pensemos en la alianza de su amor y dejaremos el pecado, lo lamentaremos y llegaremos a aborrecerlo; más aún, nos sentiremos confundidos por haber pecado contra el amor infinito de Dios. Acerquémonos a Dios con la promesa de penitencia y pidámosle que nos ayude a recordarla, a arrepentirnos de nuestro pecado y volvernos a Él. ¡Ojalá pudiéramos gozar de la dulcedumbre de una tristeza santa! ¡Cuán aliviados quedaríamos si nos fuera dado derramar torrentes de lágrimas! ¡Señor, golpea la roca, habla a la roca y haz que brote el agua!

***La Biblia** en un año:*

- *Éxodo16 - 18*
- *Mateo 18:1 - 20*

"Enjugará Dios toda lágrima de los ojos de ellos."

Apoc. 21:4

28 Enero

Mis notas:

Sí, esto sucederá con nosotros si somos verdaderos creyentes. El dolor cesará y nuestras lágrimas serán enjugadas. Este mundo es un valle de lágrimas, pero éstas cesarán de brotar de nuestros ojos. Habrá un cielo nuevo y una nueva tierra, así dice el primer versículo de este capítulo. Lee el versículo 2, y considera cómo habla de la esposa y de su boda. Las bodas del Cordero serán motivo de regocijo infinito y en ellas no tienen cabida las lágrimas. El versículo 3 añade que el mismo Dios morará con los hombres, y seguramente hay deleites a su diestra para siempre, y las lágrimas no caerán jamás.

¿Qué tal será nuestro estado cuando ya no habrá más llanto, ni clamor, ni dolor? Esto será más glorioso de lo que ahora podemos imaginarnos. ¡Ojos enrojecidos de tanto llorar, dejad vuestro llanto abrasador; dentro de poco tiempo no sabréis qué cosa sean las lágrimas! Nadie como Dios puede secar las lágrimas; para eso ha venido. «Por la tarde durará el lloro y a la mañana vendrá la alegría». ¡Ven, Señor, y no tardes, porque ahora todos tenemos que llorar!

***La Biblia** en un año:*

- *Éxodo19 - 20*
- *Mateo 18:21 - 35*

29
Enero

Deut. 12:28

"Guarda y escucha todas estas palabras que yo te mando, para que haciendo lo bueno y lo recto ante los ojos de Jehová tu Dios, te vaya bien a ti y a tus hijos después de ti para siempre."

Mis notas:

Aun cuando la salvación no es por las obras de la ley, sin embargo las bendiciones prometidas a la obediencia tampoco son negadas a los siervos fieles al Señor. Jesucristo borró todas las maldiciones cuando fue hecho maldición por nosotros; en cambio, ninguna promesa de bendición ha sido revocada.

Deber nuestro es estudiar y escuchar la voluntad de Dios prestando nuestra atención, no únicamente a ciertos pasajes de su Palabra, sino a «todas estas palabras». No hemos de entresacar y escoger, sino que debemos esperar, con imparcialidad todo cuanto Dios nos ha mandado. Tal es el camino de bendición tanto para el padre como para los hijos. La bendición del Señor acompaña a sus escogidos hasta la tercera y cuarta generación. Si andan en rectitud en su presencia, Él hará que todos los hombres conozcan que son simiente bendita de Jehová.

Por el engaño y la hipocresía jamás podrá caer bendición alguna sobre nosotros y sobre los nuestros. Los caminos según el mundo y la impiedad tampoco pueden traernos bien alguno. Todo nos saldrá bien si Dios está con nosotros. Si la integridad no puede prosperarnos, tampoco prosperaremos por medio del engaño. Todo lo que es del agrado de Dios nos proporcionará alegría.

***La Biblia** en un año:*

- *Éxodo21 - 22*
- *Mateo 19*

"He aquí, yo estoy contigo, y te guardaré por dondequiera que fueres."

Génesis 28:15

30 Enero

Mis notas:

¿Necesitamos de alguna gracia especial para algún viaje que debemos emprender? Aquí la tenemos: la presencia y el cuidado de Dios. Siempre necesitamos ambas cosas, y en todo lugar las tendremos si cumplimos con nuestro deber y no nos dejamos guiar por nuestras propias inclinaciones. ¿Por qué consideramos nuestro traslado a otro país como una triste necesidad, cuando tal es la voluntad de Dios? El creyente, dondequiera que viva, es un peregrino y extranjero, y en todas partes Dios será su refugio, como lo ha sido para los santos en generación y generación. Podemos carecer de la protección del monarca de la tierra, empero cuando Dios dice: «Yo te guardaré», no hay por qué temer. Este es el mejor pasaporte para un viajero, y una escolta segura para el emigrado.

Jacob nunca había abandonado la casa de su padre: no teniendo el espíritu aventurero de su hermano, permaneció en casa como el hijo mimado de su madre. Sin embargo, salió de casa y Dios le acompañó. Mezquino era su bagaje, y ningún séquito iba con él, pero ningún príncipe de la tierra se vio tan escoltado. Cuando dormía en pleno campo, los ángeles velaban sobre él, y le habló el Señor. Si el Señor nos manda salir, digamos con Jesús: «Levantaos, y vamos de aquí».

***La Biblia** en un año:*

- *Éxodo23 - 24*
- *Mateo 20:1 - 16*

31 Enero

Miqueas 7:7

"El Dios mío me oirá."

Mis notas:

Nuestros amigos pueden ser desleales, mas el Señor jamás se apartará del alma sincera; al contrario, Él oirá todos sus deseos. Dice el Profeta: «De la que duerme a tu lado, guarda, no abras tu boca. Los enemigos del hombre son los de su casa». Angustiosa es nuestra situación, pero aun en este caso permanece a nuestro lado el mejor Amigo a quien podemos comunicar todas nuestras penas.

Nuestra sabiduría consiste en mirar al Señor, no en discutir con los hombres. Si nuestros llamamientos cariñosos son desatendidos por nuestros parientes mismos, confiemos en el Dios de nuestra salud, porque Él oirá nuestros clamores. Él nos atenderá mejor a causa de la crueldad y opresión de los demás, y pronto podremos exclamar: «Tú, enemiga mía, no te huelgues de mí».

Porque Dios es el Dios viviente, puede oírnos; porque es un Dios de amor, nos oirá; porque es el Dios de la Alianza, se ha comprometido a oírnos. Si cada uno de nosotros podemos llamarle mi Dios, podremos añadir con absoluta certeza: Mi Dios me oirá. ¡Acércate, pues, corazón herido, y cuenta todas tus penas a tu Dios! Yo me arrodillaré en secreto, e interiormente diré: «Mi Dios me oirá».

***La Biblia** en un año:*

- *Éxodo25 - 26*
- *Mateo 20:17 - 34*

"Mas a vosotros los que teméis mi nombre, nacerá el sol de justicia y en sus alas traerá salvación."

Malaq. 4:2

1 Febrero

Mis notas:

Esta promesa alentadora, cumplida ya en la primera venida de nuestro glorioso Salvador, tendrá perfecto cumplimiento en su segunda venida: sin embargo, es una promesa de aplicación cotidiana. ¿Vives, lector, en la oscuridad? ¿Notas que esa oscuridad va haciéndose cada vez más profunda? No desmayes, porque aún tiene que brillar el sol. La noche es más sombría cuando se acerca el alba.

El sol que nacerá no será un sol cualquiera. Es el Sol de Justicia que irradiará santidad. Viene a regocijarnos con los resplandores de su justicia y misericordia, no a quebrantar ley alguna para salvarnos. Jesús es la manifestación de la santidad y amor de Dios. Cuando venga, nuestra liberación será cierta porque es justa.

Nuestra pregunta debería ser esta: ¿Tememos el nombre del Señor? ¿Reverenciamos al Dios vivo y andamos en sus caminos? Si así es, la noche para nosotros será de corta duración, y cuando llegue la mañana, la enfermedad y la tristeza desaparecerán para siempre de nuestros corazones. Nuestra herencia será luz, calor, gozo y claridad; después vendrá la salud de toda dolencia y desaparecerán todas las preocupaciones.

¿Ha resplandecido Jesús sobre nosotros? Gocémonos de este sol. ¿Ha escondido su rostro? Estemos ciertos de que, a manera de sol, resplandecerá sobre nosotros.

***La Biblia** en un año:*

- *Éxodo27 - 28*
- *Mateo 21:1 - 22*

2 Febrero

Malaq. 4:2

"Y saldréis, y saltaréis como becerros de la manada."

Mis notas:

Cuando resplandece el sol, abandonan los enfermos sus habitaciones para respirar el aire fresco del campo. Cuando el sol nos trae la primavera y el verano, dejan los ganados sus establos para buscar los ricos pastos de las altas montañas. Del mismo modo, cuando estamos en plena comunión con nuestro Dios, abandonamos las moradas del temor y salimos al campo de una santa confianza. Escalamos las montañas de la bendición y nos nutrimos de los pastos que crecen más cerca del cielo que entre las provisiones de un mundo carnal.

«Saldréis» y «saltaréis». Esta es una doble promesa. ¡Oh, alma mía! Procura gozar con ansia de ambas bendiciones. ¿Por qué apetecer la cautividad? Levántate y corre con libertad. Jesús dice que sus ovejas entrarán y saldrán y encontrarán pastos. Por lo tanto, sal fuera y aliméntate en las ricas praderas del amor infinito.

¿Por qué quieres seguir siendo niño en la gracia? Crece. Los novillos crecen rápidamente, sobre todo si son cebados en los establos: mas tú gozas de los solícitos cuidados de tu Redentor. Crece, pues, en la gracia y conocimiento de tu Señor y Salvador. No crezcas desmedrado y raquítico. El Sol de Justicia resplandece sobre ti. Abre tu corazón a sus rayos como las rosas abren sus capullos a la luz del sol para que te desarrolles y crezcas en Él.

***La Biblia** en un año:*

- *Éxodo29 - 30*
- *Mateo 21:23 - 46*

3 Febrero

"El que no escatimó ni a su propio Hijo, sino que lo entregó por todos nosotros, ¿cómo no nos dará también con él todas las cosas? Romanos 8:32"

Romanos 8:32

Mis notas:

Si bien no tenemos aquí una promesa formal, sin embargo realmente lo es, y más que una promesa, es un conglomerado de promesas: rubíes, esmeraldas y diamantes engarzados en relicario de oro. La pregunta y respuesta de nuestro texto en manera alguna pueden causar ansiedad en nuestro corazón. ¿Qué cosa podrá negarnos el Señor después de habernos dado a su propio Hijo? Si tenemos necesidad de las cosas que hay en el cielo y en la tierra, ciertamente nos las dará, porque si hubiese habido límite en los dones de su amor, no habría entregado a su Unigénito.

¿De qué estoy necesitado en este momento? Sólo me queda pedírselo. Puedo hacerlo en reiteradas instancias, mas no como si tuviera que arrancar por la fuerza de la mano del Señor un don que se da de mala gana. Dios lo concede gratuitamente. De su propia voluntad nos dio a su propio Hijo. A buen seguro que a nadie se le hubiera ocurrido pedirle semejante don. Sería presuntuoso exigírselo. Él nos ha dado espontánea y libremente a su Hijo amado, y siendo así, ¿puedes, alma mía, desconfiar de que tu Padre celestial te conceda todas las cosas? Si la fuerza fuera necesaria, tu pobre oración sería nula ante su omnipotencia; empero su amor, a manera de manantial, brota de su corazón y es sobreabundante para satisfacer todas tus necesidades.

***La Biblia** en un año:*

- *Éxodo31 - 33*
- *Mateo 22: 1 - 22*

4 Febrero

Juan 14:18

"No os dejaré huérfanos: vendré a vosotros."

Mis notas:

Jesús nos dejó, mas no quedamos huérfanos. Fue nuestro consuelo y se fue, mas no quedamos desconsolados. Nuestro mayor gozo es que vendrá, lo cual es suficiente para que podamos sostenernos y consolarnos durante su prolongada ausencia. Jesús está ya de camino. Él nos dice: «Vengo en breve»: con rapidez se acerca a nosotros. «Vendré», y nadie podrá impedir su venida, o retrasarla ni siquiera un cuarto de hora. «Vendré a vosotros», y así lo hará. Su venida es sobre todo para los suyos. Y esto constituye su consuelo presente mientras lloran la ausencia del Esposo.

Cuando perdemos el gozo sentido de su presencia, nos afligimos; mas no debemos entristecernos como quien no tiene esperanza. Nuestro Señor, en su vía, tal vez nos ha escondido su rostro por algunos momentos; mas pronto se nos revelará con todo su favor. Sólo en un sentido nos deja. Cuando así lo hace, nos deja la garantía de su retorno. Oh, Señor, ven presto. Mientras estés ausente, no puede haber vida en esta terrena existencia. Suspiramos por el retorno de tu dulce sonrisa. ¿Cuándo vendrás a nosotros? Seguros estamos de tu venida.

¡Apresúrate y no tardes, Señor Dios nuestro!

***La Biblia** en un año:*

- *Éxodo34 - 35*
- *Mateo 22:23 - 46*

5 Febrero

"Y veré la sangre y pasaré de vosotros."

Éxodo 12:13

Mis notas:

Ver la preciosa sangre de Cristo es un consuelo, pero lo que importa y me da seguridad es que Dios la ve. Aun cuando yo no pueda verla, estoy cierto de que el Señor la contempla, y a causa de ella me perdona. Si no vivo tan tranquilo como debiera vivir, porque mi fe es débil, no por eso dejo de estar igualmente seguro, ya que los ojos del Señor no están oscurecidos, y ven la sangre del gran sacrificio. ¡Qué alegría!

Dios conoce la plenitud infinita y el hondo significado que se encierran en la muerte de su amado Hijo. Delante de sus ojos tiene siempre el recuerdo de su justicia satisfecha y de sus incomparables atributos por Él glorificados. Al contemplar la creación en su espléndido desarrollo reconoció «que era buena en gran manera»; mas ¿qué dice de la Redención completa?, ¿qué de la obediencia hasta la muerte de su amado Hijo? Nadie podrá jamás expresar cuál sea su satisfacción al contemplar la muerte de Jesús y cuál sea su contentamiento ante el olor suave que en su presencia despidió el sacrificio del Cordero sin mancha.

Por eso vivimos en calma y seguridad, porque tenemos el sacrificio de Dios y su Palabra que nos proporcionan esa perfecta seguridad. Él pasará delante de nosotros como el ángel sobre las casas de los hebreos, puesto que no perdonó a nuestro glorioso sustituto. La justicia y la misericordia juntan sus manos para conceder salvación eterna a todos los que han sido rociados con su sangre.

***La Biblia** en un año:*

- *Éxodo36 - 38*
- *Mateo 23:1 - 22*

6 Febrero

Deut. 28:2-3

"Si oyeres la voz de Jehová, tu Dios, bendito serás tú en la ciudad."

Mis notas:

La ciudad está llena de preocupaciones y quien debe vivir en ella cada día sabe que es un lugar donde se tropieza con grandes fatigas. Toda ella es ruido, movimiento, agitación incesante y trabajo penoso. Muchas son sus tentaciones, pérdidas y molestias de todo género. Mas si entramos en ella con la bendición divina, todas estas dificultades perderán su carácter agresivo. Y si allí permanecemos con esta bendición, hallaremos gozo en el cumplimiento de nuestros deberes y fuerza proporcionada a sus exigencias.

La bendición en la ciudad tal vez no nos haga grandes, pero nos librará del mal. Tal vez no nos enriquezca, pero sí nos mantendrá fieles. Ora seamos porteros, o escribientes, ora directores, hombres de negocios, magistrados, la ciudad nos proporcionará oportunidades para ser útiles. Fácil cosa es pescar donde abunda la pesca, y se puede trabajar con éxito para el Señor en medio de las multitudes. Tal vez prefiramos la apacible quietud de una vida campestre; mas si somos llamados a vivir en la ciudad, ciertamente podemos preferirla, ya que allí encontraremos un campo más propicio para desarrollar nuestras actividades.

Esperemos grandes cosas de esta promesa; y tengamos muy abiertos nuestros oídos para escuchar la voz del Señor, y dispuestas las manos para ejecutar sus mandatos. La obediencia trae consigo la bendición.

«En guardar sus mandamientos hay grande galardón».

***La Biblia** en un año:*

- *Éxodo39 - 40*
- *Mateo 23:23 - 39*

"Si te volvieres al Omnipotente, serás edificado."

Job 22:23

7 Febrero

Mis notas:

Al expresarse así Eliphaz dijo una gran verdad que compendia muchas verdades de la Palabra de Dios. Lector, ¿has sucumbido al pecado? ¿Te has convertido en una verdadera ruina? ¿De tal manera ha caído sobre ti la mano del Señor, de suerte que te veas empobrecido y sin fuerzas? ¿Acaso no fue tu propia locura la que te acarreó tantos perjuicios? En este caso, lo primero que has de hacer es volverte a tu Señor. Retorna de tu apostasía por medio del arrepentimiento y una fe sincera. Ese es tu deber, porque te has apartado de Aquél a quien prometiste servir. Si posees la verdadera sabiduría, has de comprender que es un desatino luchar contra Él y salir aventajado. Además, es una necesidad perentoria porque todo cuanto Él ha hecho no puede compararse con el castigo que puede enviarte, siendo como es omnipotente para castigar.

He ahí su promesa: «Serás edificado». Sólo el Omnipotente puede levantar las columnas caídas y restaurar los muros vacilantes de tu ser moral. Y puede hacerlo y seguramente lo hará si tornares a Él. No tardes. Si perseveras en tu rebelión, tu mente acabará por trastornarse del todo. Una confesión sincera te aliviará, y una fe humilde te consolará. Hazlo así, y todo irá bien.

***La Biblia** en un año:*

- *Levítico 1 - 3*
- *Mateo 24:1 - 28*

8 Febrero

Isaías 41:10

"Siempre te sustentaré con la diestra de mi justicia."

Mis notas:

El temor de caer es cosa saludable: en cambio, la temeridad no es señal de sabiduría. Hay momentos en que por fuerza tenemos que sucumbir, si no contamos con un auxilio muy especial. Este auxilio lo tenemos: la diestra de Dios es un sólido punto de apoyo. Presta atención: ya no es solamente su mano la que sostiene en su puesto los cielos y la tierra, es su diestra, en la que están reunidas la fuerza y la habilidad, la que nos asegura este apoyo. A mayor abundamiento, escrito está. «Siempre te sustentaré con la diestra de mi justicia». Es la mano que utiliza para mantener su santidad y ejecutar sus sentencias reales. Nuestro peligro es digno de temerse, empero nuestra seguridad es gozosa. El hombre sostenido por Dios no puede ser derribado por los demonios.

Podrán ser débiles nuestros pies, pero la diestra de Dios es omnipotente. El camino es arduo, pero el Omnipotente es nuestro sostén. Bien podemos avanzar confiados sin temor de caer. Apoyémonos de continuo en Aquél que sostiene todas las cosas. Dios jamás retirará de nosotros su fuerza, porque su justicia está al lado de su fuerza. Él será fiel a su promesa, fiel a su Hijo, y, por lo tanto, fiel a nosotros.

¡Cuán alborozados deberíamos estar! ¿No lo estamos ya?

***La Biblia** en un año:*

- *Levítico 4 - 5*
- *Mateo 24:29 - 51*

"Y meteré en el fuego la tercera parte, y los fundiré como se funde la plata, y los probaré como se prueba el oro."

Zacarías 13:9

9 Febrero

Mis notas:

La gracia nos trueca en metal precioso: después vienen como consecuencia natural el horno y el fuego. ¿Nos espanta esta visión? ¿Preferimos ser estimados sin valor alguno, como las piedras del campo, con tal de gozar de quietud y descanso? Esto sería escoger la parte más despreciable, como hizo Esaú renunciando a la alianza por un plato de comida. ¡No, Señor, antes ser lanzados al horno que arrojados de tu presencia!

El fuego afina los metales, no los destruye. Seremos pasados por el fuego, mas no quedaremos en él. El Señor estima a su pueblo como a la plata; por eso quiere purificarlo de la escoria. Si somos sabios, sabremos apreciar el proceso de la fundición, antes que rehusarlo. Nuestra oración ha de consistir en pedir, no que seamos sacados del crisol, sino que desaparezca la escoria.

¡Oh, Señor, Tú nos pruebas de verdad! A punto estamos de derretirnos bajo el calor de la llama. Sin embargo, éste es tu camino, y tu camino es el mejor.

Sosténnos en la prueba y perfecciona la obra de nuestra purificación, y tuyos seremos para siempre.

***La Biblia** en un año:*

- *Levítico 6 - 7*
- *Mateo 25:1 - 30*

10 Febrero

Hechos 22:15

"Porque serás testigo suyo a todos los hombres, de lo que has visto y oído."

Mis notas:

El apóstol Pablo fue escogido para ver al Señor y oír cómo le hablaba desde el cielo. Esta elección fue para él un singular privilegio. Sin embargo, la bendición recibida no fue para que únicamente se ciñera a su persona, sino para que influyera en los demás y en todos los hombres. Europa entera debe a san Pablo el evangelio que ahora tiene.

También a nosotros, en la medida de nuestras fuerzas, incumbe la obligación de ser testigos de lo que el Señor nos ha revelado; y esconder esta gloriosa revelación constituiría un peligro para nosotros. Primero, debemos ver y oír; de lo contrario, nada tendríamos que comunicar; mas si hemos visto y oído, debemos sentir ansias de dar nuestro testimonio. Y nuestro testimonio ha de ser personal: «has de ser». Ha de ser para Cristo. «Has de ser testigo suyo». Debe ser constante y absorberlo todo. Ante todas las cosas, y dejando a un lado otras muchas, debemos ser testigos. Nuestro testimonio no ha de dirigirse a unos pocos escogidos que lo aceptarían con agrado, sino a todos, a cuantos podamos alcanzar, lo mismo a jóvenes que ancianos, ricos y pobres, buenos y malos. No hemos de callar, como si estuviéramos poseídos de un espíritu mudo, porque el versículo en cuestión es un mandamiento y una promesa, y debemos cumplirlo. «Has de ser testigo suyo». «Vosotros sois mis amigos, dice Jehová». ¡Cumple, Señor, también en mí tu palabra!

***La Biblia** en un año:*

- *Levítico 8 - 10*
- *Mateo 25:31 - 46*

"Mi espíritu derramaré sobre tu generación, y mi bendición sobre tus renuevos."

Isaías 44:3

11 Febrero

Mis notas:

Nuestros hijos, por naturaleza, carecen del Espíritu de Dios, como podremos comprobarlo. En ellos podemos advertir muchas cosas que nos hacen temer por su porvenir, lo cual debe ser objeto de nuestras súplicas y oraciones. Cuando uno de nuestros hijos se pervierte, clamamos con Abraham: «¡Ojalá Ismael viva delante de ti!» Preferiríamos ver a nuestras hijas humildes y piadosas antes que emperatrices. Este texto debería animarnos mucho. Viene a continuación de estas palabras: «No temas, siervo mio, Jacob», y por tanto no debemos amedrentarnos.

El Señor dará su espíritu y lo dará en abundancia; lo dará eficazmente para que sea una verdadera y eterna bendición. Con esta efusión divina, nuestros hijos avanzarán, y «éste dirá: Yo soy de Jehová; y el otro se llamará del nombre de Jacob».

Ésta es una de las promesas cuyo cumpli_miento quiere el Señor que se lo pidamos. ¿No deberíamos, en determinados momentos, orar por nuestros hijos? Somos incapaces de darles un nuevo corazón, pero el Espíritu Santo puede hacerlo, y quiere que se lo pidamos. El Padre Celestial se contenta mucho de las oraciones de los padres. ¿Está fuera del arca alguno de nuestros seres queridos? No descansemos hasta verlos metidos en ella por la mano del Señor.

La Biblia *en un año:*

- *Levítico 11 - 12*
- *Mateo 26:1 - 25*

12 Febrero

Génesis 13:14-15

"Y Jehová dijo a Abram después que Lot se apartó de él: Alza ahora tus ojos, y mira desde el lugar donde estás hacia el norte y al sur, y al oriente y al occidente; porque toda la tierra que ves la daré a ti y a tu descendencia para siempre."

Mis notas:

Bendición especial en una ocasión memorable. Abraham había dado fin a una contienda familiar: «No haya ahora altercado entre nosotros dos, porque somos hermanos». Por lo tanto, él recibió la gracia prometida a los pacíficos. El Señor y dador de toda paz se complace en manifestar su gracia a quienes buscan la paz y la siguen. Si deseamos gozar de una más íntima comunión con Dios, tenemos que seguir más de cerca los caminos de la paz.

Abraham se comportó de un modo muy espléndido con su pariente permitiéndole escoger la tierra. Si renunciamos a nosotros mismos por amor de la paz, el Señor nos recompensará con largueza. Abraham podía reclamar toda la tierra que alcanzaba su vista, y nosotros podemos hacer lo mismo por la fe. Abraham tuvo que esperar hasta conseguir la posesión que se le prometía, mas el Señor entregó a él y a su posteridad la tierra prometida. Por el don de la alianza nos pertenecen infinitas bendiciones. Todo es nuestro. Cuando nuestra vida es grata al Señor, nos permite mirarlo todo en derredor nuestro y considerar como nuestras todas las cosas; lo presente y lo porvenir todo es nuestro y nosotros de Cristo y Cristo de Dios.

***La Biblia** en un año:*

- *Levítico 13*
- *Mateo 26:26 - 50*

13 Febrero

"Bendito tú en el campo."

Deut. 28:3

Mis notas:

Isaac fue bendito cuando, al atardecer, salió al campo para meditar. ¡Cuántas veces nos ha encontrado el Señor cuando estábamos solos! Las setas y los árboles pueden dar testimonio de nuestra alegría, y abrigamos la esperanza de poder disfrutar nuevamente de esos apacibles momentos.

Booz fue bendito cuando recogió su cosecha, y sus siervos le saludaron con bendiciones. ¡Que el Señor prospere a todos aquellos que siguen el arado! El agricultor que obedece la voz de Dios puede presentar esta promesa en su presencia.

Vayamos al campo a trabajar como lo hizo nuestro padre Adán; desde que la maldición de Dios cayó sobre la tierra a causa del pecado del primer Adán, es un consuelo poder encontrar una bendición en el segundo.

Vayamos al campo para ejercitar nuestros cuerpos, en la esperanza cierta de que Dios bendecirá este ejercicio que fortalecerá nuestra salud y que servirá para su gloria.

Vayamos al campo para estudiar allí las maravillas de la creación porque todo conocimiento de la naturaleza puede ser santificado y utilizado del modo más eficaz para la bendición del Señor.

Finalmente, hemos de ir al campo para enterrar a nuestros muertos, que otros, a su vez irán para dar sepultura a los suyos. También allí encontraremos la bendición de Dios cuando lloremos, o descansemos en Él.

***La Biblia** en un año:*

- *Levítico 14*
- *Mateo 26:51 - 75*

14 Febrero

Salmos 32:10

"El que espera en Jehová, le rodea la misericordia."

Mis notas:

¡Qué galardón tan espléndido para el que confía! ¡Quiera el Señor concedérmelo con abundancia! Quien en Él confía se confiesa el mayor pecador del mundo, y para él está preparada la misericordia de Dios. Sabe que ningún mérito hay en él, mas la misericordia desciende sobre su persona y se le concede con liberalidad. ¡Señor, concédeme esta gracia, porque en ti confío!

Considera, alma mía, la defensa que te rodea. A la manera que un príncipe se halla cercado de soldados, así lo estás tú de la misericordia de Dios. Delante y detrás de ti, por todos los lados, puedes contemplar esta numerosa guardia de la gracia.

Nos encontramos en el centro mismo de la gracia porque estamos en Cristo Jesús.

¡Oh, alma mía! ¡Qué atmósfera te envuelve! Del mismo modo que el aire te rodea por todas partes, así te circunda la misericordia de Dios. Grandes males están reservados para los malos; en cambio, hay para ti tanta abundancia de dones, que ni siquiera merecen mencionarse las tribulaciones. Dice David: «Alegraos en Jehová, y gozaos, justos; y cantad todos vosotros, los rectos de corazón». Obedeciendo este mandato mi corazón triunfará en Dios y manifestará su gozo. De la manera que Tú me has cercado de tu misericordia, así andaré yo alrededor de tus altares, oh mi Dios, con himnos de gratitud por tu liberación.

***La Biblia** en un año:*

- *Levítico 15 - 16*
- *Mateo 27:1 - 26*

"Jehová se acordó de nosotros;
nos bendecirá."

Salmos 115:12

15
Febrero

Mis notas:

En cuanto a mí, podría firmar en mi propio nombre este primer testimonio. ¿Podrías hacerlo tú? Sí, Jehová se acordó de nosotros; nos ha consolado, nos ha liberado y nos ha guiado. En su paternal providencia ha tenido memoria de nosotros, y no nos ha dejado un solo momento de nuestra vida. Siempre nos tiene presentes: tal es el significado de la palabra «acordarse».

Así ha sucedido siempre, y así acontecerá en lo porvenir. Sin embargo, en muchos casos, hemos podido comprobar de un modo clarísimo esta su providencia, y podríamos recordarlo a los demás llenos de gozosa gratitud. Sí, «Jehová se acordó de nosotros».

La frase que sigue es consecuencia lógica de la anterior. Dios no cambia, y, como lo hizo en el pasado, así también lo hará en el futuro. Ahora bien, acordarse es sinónimo de bendición. Empero no se trata de conclusiones dictadas por la razón, sino de afirmaciones de la Palabra inspirada por Dios. Estas afirmaciones están respaldadas por el Espíritu Santo: «Nos bendecirá». Esto quiere decir cosas grandes e incomprensibles. Lo indefinido de la promesa tiene un alcance verdaderamente infinito. Nos bendecirá como Dios bendice, y su bendición será eterna. Por tanto, digamos agradecidos: «Bendice, oh alma mía, a Jehová».

***La Biblia** en un año:*

- *Levítico 17 - 18*
- *Mateo 27:27 - 50*

16 Febrero

Oseas 11:9

"No ejecutaré el furor de mi ira, no volveré para destruir a Efraín; porque Dios soy, y no hombre."

Mis notas:

De este modo manifiesta Dios su clemencia. Tal vez se halla el lector bajo la impresión del enojo de Dios, y presienta una ruina rápida. Sirva este versículo para librarte de la desesperación. El Señor te invita ahora a examinar tus caminos y a confesar tus pecados. Si fuera un hombre, hace mucho tiempo que habría cortado el hilo de tu vida. Si obrara como los hombres, después de la amonestación habría sobrevenido el castigo, y puesto fin a tu vida. Mas Dios no obra así, porque «como son más altos los cielos que la tierra, así son sus caminos más altos que vuestros caminos».

Sobradamente sabes que Dios está enojado, mas su enojo no es para siempre: Si te conviertes a Jesús, Dios depondrá su ira. Porque Dios es Dios y no hombre, aun cuando estés hundido en el cieno del pecado, tendrá misericordia de ti. Date cuenta de que has de tratar con Dios, no con hombres crueles, ni siquiera con hombres justos. Ningún ser humano podría ser paciente contigo: a los mismos ángeles habrías molestado como has afligido a tu propio padre, mas Dios es paciente. Puedes probarlo ahora mismo. Confiésale tus pecados, cree y arrepiéntete y serás salvo.

***La Biblia** en un año:*

- *Levítico 19 - 20*
- *Mateo 27:51 - 66*

"Pero esforzaos vosotros, y no desfallezcan vuestras manos; pues hay recompensa para vuestra obra."

2 Crónicas 15:7

17 Febrero

Mis notas:

Grandes cosas hizo Dios por el rey Asa y por Judá; sin embargo, era un pueblo débil. Sus pies vacilaban en el camino del Señor, y sus corazones andaban indecisos. Necesitaban saber que el Eterno estaría con ellos mientras se mantuvieran fieles en su servicio; mas si ellos le abandonaban, serían por Él abandonados. Del mismo modo fue menester recordar a su vecino reino de Israel cuánto mal les resultó de su rebelión, y cuán bondadoso se les mostró cuando se arrepintieron. El propósito de Dios era confirmarles en su camino y fortalecerles en la justicia. Dios merece que le sirvamos con toda la energía de que somos capaces.

El servicio de Dios es digno de cualquier sacrificio. Si lo hacemos con diligencia y decisión, encontraremos en la obra del Señor la más rica recompensa. Nuestro trabajo en el Señor no es vano, lo sabemos perfectamente. El trabajo realizado sin esfuerzos, no nos proporcionará beneficio alguno; mas cuando se lleva a cabo con entereza, prosperará.

Este versículo fue el mensaje que recibió el autor en un día de terrible y pavorosa tormenta, y le decidió a forzar el vapor para poder llegar con toda seguridad al puerto con una carga gloriosa.

***La Biblia** en un año:*

- *Levítico 21 - 22*
- *Mateo 28*

18 Febrero

Salmos 145:19

"Cumplirá el deseo de los que le temen; oirá asimismo el clamor de ellos, y los salvará."

Mis notas:

El mismo Espíritu de Dios ha producido en nosotros este deseo, y, por tanto, lo cumplirá. Su vida en nosotros es la que inspira este clamor, y, por tanto, Él lo oirá. Quienes temen a Dios son aquellos que están piadosamente influidos por Él, y, por lo tanto, su deseo es glorificar a Dios y gozar de su presencia eternamente. Como Daniel, son hombres de santos deseos y el Señor hará que sus aspiraciones tengan cumplimiento.

Estos santos deseos son otras tantas gracias en germen, y el celestial jardinero las cultivará hasta que lleguen a sazonar como el grano en la espiga. Los hombres que temen a Dios desean ser santos, útiles y de bendición para los demás, y con ello glorifican al Señor. Reclaman su ayuda en sus necesidades, piden fuerzas para sobrellevar la carga, consejo en sus perplejidades y liberación en sus congojas. A veces este deseo es tan intenso y su angustia tan apremiante que, en medio de su agonía, claman como los pequeñuelos en su dolor, y el Señor obra compasivamente y según su promesa «los salvará».

En efecto, si tememos a Dios, nada hemos de temer; si clamamos al Señor, segura será nuestra salvación.

Amado lector: pon este versículo en tus labios y guárdalo en tu boca todo el día, y te será como «hojuelas con miel».

***La Biblia** en un año:*

- *Levítico 23 - 24*
- *Marcos 1:1 - 22*

"Bastante te he afligido; no te afligiré ya más."

Nahúm 1:12

19 Febrero

Mis notas:

Las aflicciones tienen sus limites. Dios las envía, y cuando le place las retira. Suspiras diciendo: ¿cuándo llegará el fin? Acuérdate de que tus penas ciertamente desaparecerán algún dia: cuando termine ésta, nuestra vida terrenal. Mientras tanto, esperemos en silencio y acatemos con paciencia la voluntad del Señor hasta que venga.

Entre tanto, nuestro Padre Celestial aparta la vara de su castigo cuando ya se han cumplido sobre nosotros sus designios. Cuando con su látigo haya arrojado todas nuestras locuras, cesarán los azotes. Y si la aflicción ha sido enviada para probarnos, con el fin de que nuestros corazones glorifiquen al Señor, estemos ciertos de que la prueba terminará tan pronto como Dios haya sido glorificado con el testimonio de nuestra fe. Hemos de desear, pues, que no cese la aflicción hasta tanto que hayamos podido tributar a Dios toda la honra que podemos darle.

Tal vez hoy habrá bonanza. ¿Quién sabe si estas olas furiosas no se tornarán algún día en mar de vidrio y las aves marinas puedan posarse sobre su apacible superficie? Después de una larga tribulación se levanta el trillo de la era, y el trigo reposa en el granero. Tal vez, al cabo de pocas horas, nuestro gozo sobrepujará nuestra pasada tristeza. Para el Señor no es difícil trocar la noche en día. El que amontona las nubes en el cielo puede también disiparlas. Cobremos ánimo. En adelante todo irá mejor, y anticipadamente entonemos un aleluya regocijado

***La Biblia** en un año:*

- *Levítico 25*
- *Marcos 1:23 - 45*

20 Febrero

Isaías 58:11

"Jehová te pastoreará siempre."

Mis notas:

¿Qué es lo que te inquieta? ¿Has perdido tu camino? ¿Te has extraviado entre la espesura del bosque, y te es imposible encontrar el sendero? Detente, y podrás ver la salud de tu Dios. Él conoce el camino y te guiará si clamas a Él.

Cada día trae su afán. ¡Cuán dulce es saber que el Señor nos pastoreará continuamente! Si elegimos nosotros el camino, o si consultamos a la carne y sangre, rechazamos la dirección de Dios; empero si negáremos nuestra propia voluntad, Él guiará todos los pasos del camino en cada hora del día, en cada día del año, y en cada año de nuestra vida. Si queremos dejarnos guiar seremos guiados. Si encomendamos a Dios nuestros caminos, Él enderezará nuestros pasos para que no nos perdamos.

Mas nótese quién es el que nos ha hecho esta promesa. Lee el versículo anterior: «Si derramares tu alma al hambriento». Debemos simpatizar con nuestros prójimos y darles, no cortezas de pan duro, sino todo aquello que nosotros quisiéramos recibir. Si en la hora de escasez nos mostramos generosos y solícitos con nuestros semejantes, el Señor proveerá a nuestras necesidades y será nuestro continuo guía. Jesús es el Capitán no de los avaros y opresores del pobre, sino de los generosos y compasivos. Tales peregrinos nunca perderán su camino.

***La Biblia** en un año:*

- *Levítico 26 - 27*
- *Marcos 2*

21 Febrero

"Bendecirá a los que temen a Jehová; a pequeños y a grandes."

Salmos 115:13

Mis notas:

He aquí una promesa consoladora para todos aquellos que viven en humilde posición. Nuestro Dios mira con bondad a quienes carecen de fortuna, talento e influencia. Dios se preocupa de las cosas más insignificantes de la creación. Ve a los pajarillos cuando caen en tierra. Nada es pequeño para Dios, porque el Señor se sirve de los más viles instrumentos a nuestros ojos para realizar sus propósitos. Que el más pequeño entre los hombres pida a Dios una bendición sobre su pequeñez, y verá su persona, por insignificante que sea, iluminada por la felicidad.

Entre los que a Dios temen, hay pequeños y grandes. Algunos son niños, otros gigantes. Mas todos son benditos. La fe, por pequeña que sea, es bendecida. La esperanza, por pequeña que sea, es bendecida. Todo don del Espíritu Santo, aunque en germen, lleva dentro de sí una bendición. El Señor Jesús ha comprado con su sangre a grandes y pequeños, y tiene cuidado tanto de los corderos, como de las ovejas crecidas. No hay madre alguna que no se preocupe de su hijo, por pequeño que sea; antes al contrario, cuanto más pequeño, con mayor ternura le cría. Si el Señor pudiera tener preferencias para con los suyos, a buen seguro que no las pondría en la gradación de «grandes y pequeños», sino de «pequeños y grandes».

***La Biblia** en un año:*

- *Números 1 - 2*
- *Marcos 3:1 - 19*

22
Febrero

1 Samuel 17:37

"Añadió David: Jehová, que me ha librado de las garras del león y de las garras del oso, él también me librará de la mano de este filisteo."

Mis notas:

Si solamente nos fijamos en las palabras, no veremos una promesa; sin embargo, lo es en realidad, porque David pronunció palabras que el Señor confirmó haciéndolas efectivas. De liberaciones pasadas dedujo él que podría recibir socorro en el peligro presente. En Jesús, todas las promesas son Sí y Amén para que el Señor sea glorificado por nosotros. Dios obra todavía con su pueblo como lo hizo en el pasado.

Venid, pues, y recordemos las misericordias del Señor en otro tiempo. En vano hubiéramos soñado en otra época vernos libres por nuestras propias fuerzas; empero el Señor nos liberó. ¿Y no podrá liberarnos nuevamente? Sin duda alguna lo hará. Así como David salió al encuentro de su enemigo, del mismo modo debemos salir nosotros. El Señor que estuvo con nosotros, está también ahora. Él ha dicho: «No te desampararé ni te dejaré». ¿Por qué temblamos? Lo pasado, ¿fue un sueño? Pensad en el oso y en el león muertos. ¿Quién es este filisteo? No se trata aquí ciertamente ni de un oso ni de un león; pero Dios es el mismo y su honor está comprometido tanto en un caso como en otro. No nos salvó de las bestias del campo para que nos matase un gigante. Tengamos valor y no desmayemos.

***La Biblia** en un año:*

- *Números 3 - 4*
- *Marcos 3:20 - 35*

23 Febrero

"Si permanecéis en mí, y mis palabras permanecen en vosotros, pedid todo lo que queréis, y os será hecho."

Juan 15:7

Mis notas:

Si queremos vivir para Cristo, es menester que permanezcamos en Él, y para poder aprovecharnos de la liberalidad de esta promesa, debemos permanecer en Él. Estar con Jesús es no dejarle a cambio de otro amor u objeto, sino mantenerse en comunión con Él de una manera íntima, consciente y libre. El pámpano no solamente está siempre cerca del tronco, sino que de continuo recibe de él vida y fecundidad. Todo verdadero creyente está en Cristo en cierto sentido; pero esta expresión tiene un más alto significado, al que debemos llegar si queremos alcanzar delante de su trono un poder ilimitado. El «pedid todo lo que quisiereis», es para los Enoch que caminan con Dios, para los que como Juan descansan sobre su costado, para aquellos cuya comunión con Cristo es continua.

El corazón debe conservarse en el amor, el entendimiento enraizarse en la fe, y la esperanza asegurarse en la Palabra; todo nuestro ser ha de estar en perfecta armonía con el Señor, sin lo cual sería peligroso confiarle este poder en la oración. Este poder ilimitado sólo puede ser concedido a quienes tienen por lema: «No ya yo, mas vive Cristo en mí». ¡Qué poder tan maravilloso perdéis todos aquellos que rompéis la comunión con Dios! Si queréis ser poderosos en vuestras oraciones, es menester que el Señor esté en vosotros y vosotros en Él.

***La Biblia** en un año:*

- *Números 5 - 6*
- *Marcos 4:1 - 20*

24

Febrero

Juan 15:7

"Si permanecéis en mí, y mis palabras permanecen en vosotros, pedid todo lo que queréis, y os será hecho."

Mis notas:

Adviértase bien, si deseamos que Jesús nos escuche, es necesario que nosotros le oigamos a Él. Si no prestamos atención a Cristo, tampoco Él nos oirá; en la medida en que oímos, seremos oídos.

A mayor abundamiento, lo que se ha oído ha de permanecer y vivir en nosotros y después influir en nuestro carácter como una fuerza poderosa. Debemos aceptar las verdades que Jesucristo enseñó, los mandamientos que nos dejó y seguir los impulsos del Espíritu en nosotros; de lo contrario, no tendremos poder alguno ante el trono de su gracia.

Si recibimos las palabras de nuestro Señor y permanecen en nuestros corazones, ¡qué campo sin límites de bendiciones se abre ante nuestros ojos! Podemos expresar nuestra voluntad en la oración porque ya la hemos sometido antes a la voluntad del Señor. De este modo son preparados los Elías para manejar las llaves del cielo y cerrar o desatar las nubes. Un hombre así vale más que mil cristianos ordinarios. ¿Deseamos humildemente ser intercesores con la Iglesia, con el mundo, y, como Lutero, obtener del Señor cuanto queramos? Inclinemos nuestro oído a la voz del Amado, recojamos sus palabras y cumplámoslas fielmente. El que quiera orar con eficacia debe «oír atentamente».

***La Biblia** en un año:*

- *Números 7 - 8*
- *Marcos 4:21 - 41*

"Y vosotros seréis llamados sacerdotes de Jehová."

Isaías 61:6

25 Febrero

Mis notas:

Esta promesa, hecha de un modo directo a Israel, espiritualmente pertenece a su posteridad según el Espíritu, o sea, a todos los creyentes. Si hacemos uso de nuestros privilegios, nuestra vida estará consagrada a Dios de una manera tan evidente, que todos los hombres reconocerán que hemos sido apartados para el servicio del Señor, y nos llamarán sacerdotes de Jehová. Podemos trabajar o negociar, como lo hacen los demás, sin dejar de ser por eso siervos y ministros del Señor. Nuestra única ocupación será presentar al Dios vivo por Jesucristo el sacrificio perpetuo de nuestra oración, alabanza, testimonio y entera consagración.

Siendo éste nuestro único propósito, dejemos aquellas ocupaciones ordinarias de la vida, que perturban, en manos de aquellos que no tienen una más elevada ocupación. «Deja a los muertos que entierren a los muertos». Escrito está: «Y estarán extranjeros y apacentarán vuestras ovejas, y los extraños serán vuestros labradores y vuestros viñadores». Pueden dirigir la política, resolver los problemas financieros, discutir de ciencia, e interesarse por las más recientes investigaciones de la crítica, empero nosotros dedicaremos nuestro trabajo a un ministerio que conviene a quienes, como el Señor Jesús, se han consagrado a un sacerdocio perpetuo.

Aceptemos esta promesa que entraña un deber sagrado, y revistámonos del vestido de santidad sirviendo todo el día en la presencia del Señor.

***La Biblia** en un año:*

- *Números 9 - 11*
- *Marcos 5:1 - 20*

26 Febrero

Prov. 12:19

"El labio veraz permanecerá para siempre; mas la lengua mentirosa, sólo por un momento."

Mis notas:

La verdad permanece. El tiempo la pone a prueba, mas ella sale victoriosa. Si he hallado la verdad y sufro por ella, debo esperar tranquilo y regocijado. Y si creo en la verdad de Dios, y procuro dar testimonio de ella, podré encontrar oposición, pero no he de temer, porque a la postre la verdad prevalecerá.

¡Cuán despreciable y momentáneo es el triunfo de la mentira! «La lengua de mentira es por un momento». La mentira es como una calabaza vacía que crece en una noche y perece en otra; cuanto mayor sea su crecimiento, más rápida será su ruina. Por el contrario, ¡cuán digno de un ser inmortal es proclamar y defender esta verdad inmutable, el evangelio eterno basado en la verdad de un Dios que no cambia! Dice un viejo proverbio: «El que habla la verdad avergüenza al demonio». En efecto, el que habla la verdad de Dios avergonzará a todos los demonios del infierno y confundirá a la posteridad de la serpiente que al presente silba sus mentiras.

Procura, alma mía, permanecer siempre al lado de la verdad, tanto en las cosas pequeñas como en las grandes; pero sobre todo no dejes de estar al lado de Aquél por cuyo medio han venido a los hombres la gracia y la verdad.

***La Biblia** en un año:*

- *Números 12 - 14*
- *Marcos 5:21 - 43*

27 Febrero

"No tendrá temor de malas noticias; Su corazón está firme, confiado en Jehová."

Salmos 112:7

Mis notas:

Terrible cosa es la incertidumbre. El carecer de noticias de nuestros seres queridos nos sume en la inquietud, y nos cuesta llegar a persuadirnos de que no tener noticias es lo mismo que tenerlas buenas. La fe es el único remedio contra esta clase de tristeza. El Señor, por medio de su Espíritu Santo, inunda nuestro corazón de inefable serenidad, y disipa todo temor presente o venidero.

Busquemos diligentemente esta seguridad del corazón de que nos habla el Salmista. No se trata de creer en esta o en la otra promesa del Señor, sino de aquel estado del alma que permite confiar plenamente en Dios, en aquella confianza que en Él tenemos de que nunca nos causará mal alguno ni permitirá que otro nos perjudique. Tal confianza constante afronta tanto lo desconocido como lo conocido de la vida. Suceda lo que suceda en el día de mañana, nuestro Dios es el Dios de mañana. Cualesquiera que sean los acontecimientos que de improviso pueden sobrevenirnos, el Eterno es el Dios tanto de lo conocido como de lo desconocido. Dispuestos estamos a confiar en Él, venga lo que venga. Aun cuando nos acontezca lo peor, sabemos que nuestro Dios está por encima de todo. Por tanto, no temeremos, aunque nos asuste la llamada del cartero, o nos despierten a medianoche con un telegrama. El Señor vive, ¿y de qué pueden temer sus hijos?

***La Biblia** en un año:*

- *Números 15 - 16*
- *Marcos 6:1 - 29*

28

Febrero

Hebreos 10:34

"Sabiendo que tenéis en vosotros una mejor y perdurable herencia en los cielos."

Mis notas:

Esta es la verdad. Los bienes terrenales en definitiva poca felicidad proporcionan y son de corta duración. Empero Dios nos ha prometido bienes positivos e imperecederos en el país de la gloria, y esta promesa engendra en nuestros corazones la certidumbre de que allí tenemos una más perfecta e imperecedera sustancia. Esta posesión la tenéis ahora. Reza el proverbio «vale más pájaro en la mano que ciento volando». Nosotros tenemos ambas cosas. El cielo es nuestro, aun ahora mismo. En nuestro poder están los documentos, las arras y primicias que le pertenecen. Tenemos la promesa del cielo, y en principio gozamos del cielo anticipadamente; esto lo sabemos no sólo por haberlo oído, sino por la experiencia «en nosotros».

El pensamiento de bienes más excelentes al otro lado del Jordán, ¿no debería resarcirnos de las pérdidas presentes? Podemos perder nuestro dinero, mas nuestro tesoro permanece intacto. Hemos perdido la sombra, mas la sustancia permanece, porque el Señor vive y permanece el lugar que nos ha preparado. Existe un país mucho mejor y mayor abundancia de bienes y una más excelente promesa, todo lo cual nos viene de un pacto mejor; por lo tanto, cobremos ánimo y digamos al Señor: «Cada día te bendeciré y alabaré tu nombre por los siglos y para siempre».

***La Biblia** en un año:*

- *Números 17 - 19*
- *0*

"Ciertamente, el bien y la misericordia me seguirán todos los días de mi vida."

Salmos 23:6

29 Febrero

Mis notas:

Dijo un poeta: «Señor, si en los días de mi vida encuentro uno de los pocos felices haz que tenga el suave perfume y el sabor bienhechor que sólo puede dar tu gracia. Y que pase yo todos los instantes de ese día más santamente a la luz de tu rostro».

Este día afortunado sólo llega cada cuatro años. ¡Ojalá pudiéramos sacar de él una bendición cuatro veces mayor! Hasta el presente, el bien y la misericordia, a manera de guías, nos han acompañado sin cesar, el uno abriéndonos el camino y el otro defendiéndole. Y como ese día extraordinario cuenta entre los días de nuestra vida, no nos faltarán tampoco esos ángeles custodios en el día de hoy. El bien para suplir nuestras necesidades, y la misericordia para borrar nuestros pecados, ambos seguirán nuestros pasos en este día hasta el final de nuestra vida.

Por lo tanto, sirvamos al Señor en este día extraordinario consagrándole de un modo especial nuestros corazones, y cantemos sus alabanzas con mayor fervor que nunca. ¿No podríamos hoy dedicar una ofrenda extraordinaria para la causa de Dios o para los pobres? Y como el amor es inventivo, sepamos hacer de este día 29 de febrero un día cuyo recuerdo perdure hasta la eternidad.

***La Biblia** en un año:*

-
- *Marcos 6:30 - 56*

1
Marzo

Isaías 66:5

"Oíd palabra de Jehová, vosotros los que tembláis a su palabra: Vuestros hermanos que os aborrecen, y os echan por causa de mi nombre, dijeron: Jehová sea glorificado."

Mis notas:

Tal vez este versículo apenas pueda aplicarse a uno sólo de los muchos millares que lean este librito de promesas. Empero el Señor fortalecerá con estas palabras a quien se halle en tal situación. Oremos, pues, por todos aquellos que injustamente han sido rechazados por quienes aman. ¡Que el Señor se les manifieste propicio para gozo suyo!

Este texto se dirige a personas verda_deramente piadosas que tiemblan ante la palabra del Señor. Fueron aborrecidos por sus hermanos y rechazados finalmente a causa de su fidelidad y santidad. Esto les pareció tan duro porque al obrar así con ellas se hizo en nombre de la religión y con el pretexto de glorificar a Dios. ¡Cuántas cosas se llevan a cabo en defensa de Satanás con el nombre de Dios! El uso que se hace del nombre de Jehová para aumentar el veneno de la antigua serpiente es una prueba de la astucia del diablo.

La manifestación del Señor es la esperanza de sus perseguidos. Él se manifiesta como abogado y defensor de sus escogidos: y cuando así obra, se muestra evidente liberador de quienes temen a Dios, para vergüenza de sus opresores. ¡Oh, Señor, cúmplase tu palabra en aquellos a quienes escarnecen los hombres!

***La Biblia** en un año:*

- *Números 20 - 22*
- *Marcos 7:1 - 13*

2 Marzo

"Mas cuando tú des limosna, no sepa tu izquierda lo que hace tu derecha; para que sea tu limosna en secreto; y tu Padre, que ve en lo secreto, te recompensará en público."

Mateo 6:3-4

Mis notas:

Quienes dan a los pobres para ser vistos de los hombres no reciben promesa alguna. Ya han obtenido su recompensa; jamás podrán ser pagados dos veces.

Ocultemos nuestra caridad, aun delante de nosotros mismos. Dar a menudo y mucho debe ser tan natural que para ti sea lo mismo tomar diariamente tu alimento como ayudar al necesitado. Reparte tus limosnas sin decir en tu interior: ¡cuán generoso soy! No intentes con ello recompensarte a ti mismo. Déjalo todo en manos de Dios, el cual siempre ve, recuerda y recompensa. Bienaventurado el hombre que trabaja en secreto por los demás; sus favores ocultos serán para él fuente inagotable de alegrías. Este pan comido en secreto es para él alimento más sabroso que los banquetes reales. ¿Cómo podré yo proporcionarme este placer tan exquisito? Teniendo yo un verdadero y abundante banquete en el que se derrame el amor y la generosidad de mi alma.

Ahora y en adelante, el mismo Señor en persona recompensará al que da en secreto. Esta recompensa llegará ciertamente a su tiempo y de la manera más perfecta. ¡Cuántas cosas se encierran en esta promesa! Solamente la eternidad nos lo revelará.

***La Biblia** en un año:*

- *Números 23 - 25*
- *Marcos 7:14 - 37*

3
Marzo

Salmos 16:10

"Porque no dejarás mi alma en el Seol; ni permitirás que tu santo vea corrupción."

Mis notas:

Estas palabras han tenido su cumplimiento en la persona de Jesús; mas también, en cierto modo, se aplican a quienes están en él. Nuestras almas no quedarán abandonadas cuando se separen de la envoltura de la carne, y nuestro mismo cuerpo, aunque pase por la corrupción del sepulcro resucitará de nuevo. Queremos llamar la atención de nuestros lectores, más bien sobre el significado general de estas palabras, que sobre su aplicación específica.

Nuestro espíritu puede decaer en tanta manera que nos parezca haber descendido a los abismos del infierno; pero Dios no nos dejará en él. Tal vez pensemos que nuestra alma y nuestro corazón se hallan a las puertas de la muerte; pero no quedaremos allí.

Esta muerte interior, en cuanto al gozo y esperanza, podrá ser grande, mas nunca llegará a sus últimas consecuencias, de tal suerte que alcance la absoluta corrupción de una total desesperación. Podemos caer muy hondo, pero nunca más allá de lo que Dios permita; podemos estar durante algún tiempo en la cárcel de la duda, pero no permaneceremos en ella. Por muy negra que la noche sea, todavía brilla en el cielo la estrella de la esperanza. El Señor no nos olvidará, ni nos dejará a merced del enemigo. Descansemos en esta esperanza. Contamos con Aquél cuya misericordia es para siempre, y de la muerte, de la oscuridad y de la desesperación, renaceremos a la vida, a la luz y a la libertad.

***La Biblia** en un año:*

- *Números 26 - 28*
- *Marcos 8*

"Yo honraré a los que me honran."

1 Samuel 2:30

4 Marzo

Mis notas:

¿La gloria de Dios es el objetivo de mi vida y la norma de mi conducta? Si así es, Él me honrará. Tal vez, durante algún tiempo, no sea yo honrado de los hombres; sin embargo, Dios me honrará de un modo más eficaz. Al fin, se probará que el medio más seguro para obtener honra es sentirse menospreciado a causa de la conciencia.

Elí deshonró al Señor gobernando mal su casa, y sus hijos, con su conducta poco digna de su ministerio sagrado; por lo cual el Señor no les honró a ellos; antes por el contrario, quitó de su familia el sumo sacerdocio y entregó el gobierno de la nación en manos del joven Samuel, que no era de su linaje. Si quiero que mi casa sea engrandecida, debo honrar al Señor de todas las cosas. Dios puede permitir que los impíos adquieran honores mundanales, pero la dignidad, la gloria, la honra y la inmortalidad que Dios concede, están reservadas para quienes, obedeciéndole, se preocupan de honrarle a Él.

¿Qué puedo hacer yo en honra del Señor? Trataré de glorificarle con el testimonio de mi boca y con mi obediencia. Asimismo, procuraré honrarle con mi persona y bienes, consagrándome a Él con algún servicio especial. Puesto que Él quiere enaltecerme a mí, debo pensar yo en la manera de glorificar su nombre.

La Biblia *en un año:*

- *Números 29 - 31*
- *Marcos 9:1 - 29*

5
Marzo

Prov. 3:33

"Él bendecirá la morada de los justos."

Mis notas:

El justo teme al Señor, y, por lo tanto, está bajo la protección divina que se extiende hasta la techumbre que cubre a su familia. Su casa es morada de amor, escuela de sana educación, y hogar de luz divina. Es como un altar donde se le rinde culto diario al nombre del Señor. Por esta razón Dios bendice su morada. Tal vez ésta sea humilde choza o casa señorial: mas la bendición del Señor desciende sobre ella, no a causa de su grandeza, sino por el carácter de sus habitantes.

Esta casa es bendita cuando los esposos son temerosos de Dios; empero el hijo o la hija, y hasta un criado cristiano, pueden atraer las bendiciones sobre toda la casa. Muy a menudo, el Señor guarda, prospera y bendice a una familia porque en ella hay una o dos personas que son «justas» por la gracia de Dios. Amados, tengamos a Jesús como huésped constante en nuestra casa, como le tuvieron las hermanas de Betania, y entonces seremos ciertamente bendecidos.

Procuremos ser justos en todas las cosas: en nuestros negocios, en nuestro juicio sobre los demás, en nuestro trato con el prójimo, en nuestro carácter personal. Un Dios justo jamás podrá bendecir transacciones injustas.

***La Biblia** en un año:*

- *Números 32 - 34*
- *Marcos 9:30 - 50*

6 Marzo

"En ti el huérfano alcanzará misericordia."

Oseas 14:3

Mis notas:

Ésta es una de las razones para que abandonemos toda otra confianza, y confiemos únicamente en el Señor. Cuando un niño se ve privado de su natural protector, interviene Dios y se constituye en guardián suyo. Y cuando el hombre ha perdido todo aquello que le servía de apoyo en este mundo, puede echarse en los brazos del Dios vivo y hallar en Él todo cuanto necesita. Los huérfanos encuentran el amor paternal de Dios que los toma bajo su cuidado. El autor de estas páginas sabe por experiencia lo que significa depender del brazo desnudo de Dios, y puede dar testimonio de que ninguna otra confianza está tan plenamente confirmada por los hechos, ni tiene tanta seguridad de ser recompensada en sus resultados, como aquélla que se cifra en el Dios invisible y siempre vivo.

Hijos hay que, aun teniendo padres, no se hallan en mejor situación; los huérfanos que tienen a Dios por padre son ricos. Mejor y más excelente cosa es tener a Dios y carecer de amigos, que contar con todos los protectores del mundo y no tener a Dios. Penoso es verse desamparado de nuestros semejantes, mas entretanto que Dios está con nosotros como un manantial de misericordia, no somos huérfanos. Hijos huérfanos, apropiaos hoy estas palabras, y que todos aquellos que se ven privados de apoyo, hagan lo mismo. ¡Señor, halle yo misericordia cerca de Ti! ¡Cuanto más necesitado y desamparado esté, con mayor confianza llamaré a las puertas de tu amante corazón!

***La Biblia** en un año:*

- *Números 35 - 36*
- *Marcos 10:1 - 31*

7 Marzo

Salmos 146:7

"Jehová liberta a los cautivos."

Mis notas:

Así lo ha hecho. Acuérdate de José, de Israel en Egipto, de Manasés, Jeremías, Pedro y de otros muchos. Y así lo puede hacer todavía. Con una sola palabra puede romper los cerrojos de bronce y con una mirada las cadenas de hierro. De ellos somos testigos. En todas partes los perseguidos recuperan la luz y la libertad. Jesús sigue proclamando todavía la libertad de los aprisionados. Ahora mismo se están abriendo puertas y cayendo a tierra los grilletes de hierro.

Querido amigo, el Señor se gozará en tu libertad si gimes a causa de la tristeza, la duda y el temor. Para Él será un gozo proporcionarte la libertad. Experimentará en ello tanta alegría como placer sentirás tú en verte libre. Empero no eres tú quien debes romper la cadena de hierro; esto será obra suya. Confía en Él y será tu libertador. Cree en Él a pesar de las murallas de piedra o las esposas de hierro. Satán no es capaz de detenerte, ni el pecado de encadenarte; tampoco la desesperación podrá jamás atarte si quieres creer en el Señor Jesús, en la liberalidad de su gracia y en la plenitud de su gracia para salvarte.

Desafía al enemigo, y que la promesa de hoy sea para ti cántico de liberación: «Jehová suelta a los aprisionados».

***La Biblia** en un año:*

- *Deut. 1 - 3*
- *Marcos 10:32 - 52*

8 Marzo

"Benditas serán tu canasta y tu artesa de amasar."

Deut. 28:5

Mis notas:

La obediencia trae bendición sobre todos los bienes que puede proporcionarnos nuestro trabajo. Lo que entra y sale, como la fruta en la canasta destinada al uso inmediato, será bendito; y lo que nos reservamos para utilizarlo más tarde, también será objeto de bendición. Tal vez nuestra porción sólo llene una canasta. Nos contentamos con una pequeña parte para el desayuno, y un bocadillo para la comida cuando por la mañana salimos a nuestro trabajo. Mas todo irá bien porque la bendición de Dios ha sido prometida a esta canasta. Si nos alimentamos según la escasa provisión que nos procura nuestro trabajo diario, somos tan dichosos como lo era Israel; porque, cuando el Señor favoreció a su pueblo, no le dio más que el maná que necesitaba para cada dia. ¿Y qué más necesitamos nosotros?

Empero si tenemos sobras, ¡cuán necesitados estamos de que el Señor las bendiga! Existe la preocupación de adquirir, de guardar, de administrar y usar, y si el Señor no bendice estos desvelos, se consumirán nuestros corazones. Nuestros desvelos se convertirán en dioses, y nuestros cuidados vendrán a ser como la gangrena.

¡Oh, Señor, bendice nuestros bienes! ¡Ayúdanos a usarlos para gloria tuya! Enséñanos a colocar en su sitio las cosas del mundo, y que nuestros ahorros jamás pongan en peligro la salvación de nuestras almas.

***La Biblia** en un año:*

- *Deut. 4 - 6*
- *Marcos 11:1 - 18*

9 Marzo

Jeremías 29:7

"Y procurad la paz de la ciudad a la cual os hice transportar, y rogad por ella a Jehová; porque en su paz tendréis vosotros paz."

Mis notas:

La invitación contenida en este versículo debería inducirnos a todos nosotros, que somos extranjeros y peregrinos en este mundo, y pertenecemos al Señor, a procurar y mantener la paz y prosperidad del pueblo en medio del cual vivimos. De un modo particular debemos interceder constantemente por nuestra patria y por nuestra ciudad para que Dios las bendiga.

Oremos constantemente por la gran dádiva de la paz, tanto en nuestra patria como en el extranjero. Si la discordia causara derramamiento de sangre en nuestras calles, o si la guerra con el extranjero produjera la muerte de nuestros valientes soldados, todos deberíamos llorar ante semejante desgracia. Oremos, pues, por la paz, y tratemos de sembrar en diligencia aquellos principios que tienden a unir con lazos de afecto a las diversas clases sociales y a las diferentes razas.

También a nosotros se nos promete tranquilidad en la medida de la paz que disfrute nuestra nación, lo cual es un bien apetecible, porque así podremos educar a nuestra familia en el temor de Dios y predicar el Evangelio sin entorpecimientos. Mantengámonos hoy en oración por nuestra patria, confesando nuestros pecados nacionales y pidiendo perdón y bendición para nuestro pueblo por amor a Jesucristo.

***La Biblia** en un año:*

- *Deut. 7 - 9*
- *Marcos 11:19 - 33*

"Yo, la luz, he venido al mundo, para que todo aquel que cree en mí no permanezca en tinieblas."

Juan 12:46

10 Marzo

Mis notas:

Este mundo es tan sombrío como la noche: Jesús ha venido para que por medio de la fe tengamos luz y no permanezcamos en medio de las tinieblas que envuelven a toda la humanidad.

«Todo aquel» es un término muy amplio que abarca al mundo entero: tú y yo. Si seguimos a Jesús, jamás permaneceremos en la sombra de la muerte, sino que entraremos en la luz vivificadora de un día que no tendrá fin. ¿Por qué no nos decidimos a salir ahora mismo a la luz?

Tal vez se cierna sobre nosotros alguna nube, mas no quedamos en tinieblas si creemos en Jesús. Él ha venido para darnos la luz del mediodía. ¿Será vana su venida? Si tenemos fe, la luz del sol será su privilegio para nosotros; disfrutemos de su esplendor. Jesús ha venido para librarnos de la noche de la ignorancia, de la duda, de la desesperación, del pecado y del temor; y todos los creyentes han de saber que así como el sol se levanta y derrama luz y calor, así la venida de Jesús tampoco será vana.

Querido hermano, aparta de ti todo desaliento. No vivas en la oscuridad, sino en la luz. En Jesús está tu esperanza, tu gozo, tu cielo. Mírale sólo a Él y te regocijarás, como las avecillas cuando sale el sol, y como los ángeles delante del trono de Dios.

***La Biblia** en un año:*

- *Deut. 10 - 12*
- *Marcos 12:1 - 27*

11
Marzo

1 Samuel 17:47

"Y sabrá toda esta congregación que Jehová no salva con espada y con lanza; porque de Jehová es la batalla, y él os entregará en nuestras manos."

Mis notas:

Sin duda alguna, la batalla es del Señor, y, por tanto, podemos contar con la victoria, y con una victoria en la que se despliegue todo el poder de Dios. El Señor es olvidado de todos, aun de las asambleas de Israel, y cuando se presenta una oportunidad de hacer ver a los hombres que la causa primera puede llevar a cabo sus planes sin el concurso del hombre, esta oportunidad es de un valor inestimable que nadie debe menospreciar. El mismo Israel mira demasiado la espada y la lanza. Es algo maravilloso ver a David sin espada en la mano, y, sin embargo, sabe que su Dios derrotará a todo el ejército de enemigos.

Si luchamos con todo nuestro entusiasmo por la causa de la verdad y la justicia, no esperemos hasta que nos creamos con suficiente talento, riqueza u otro poder visible; corramos hacia el enemigo con las piedras que encontremos en el arroyo, y con nuestra honda en la mano. Si combatiéramos por nosotros mismos, tal vez podríamos desconfiar, mas si luchamos por Jesús y peleamos con su poder, ¿quién podrá resistirnos? Hagamos frente, sin vacilaciones, al ejército de Filisteos, porque el Señor de los ejércitos está con nosotros y ¿quién contra nosotros?

***La Biblia** en un año:*

- *Deut. 13 - 15*
- *Marcos 12:28 - 44*

"A Zabulón dijo: Alégrate, Zabulón, cuando salieres."

Deut. 33:18

12 Marzo

Mis notas:

Podemos aplicarnos las bendiciones anunciadas a las tribus, porque somos nosotros el verdadero Israel y a Dios servimos en espíritu y no ciframos nuestra esperanza en la carne. Zabulón debe regocijarse porque Jehová bendecirá su salida, y nosotros podemos ver también en esta invitación una bendición que nos otorga. Cuando salgamos, será para nosotros motivo de gozo.

¿Emprendemos un viaje? La providencia de Dios nos acompañará en el camino. ¿Tal vez tenemos que emigrar? El Señor estará con nosotros en tierra y en mar. ¿Salimos como misioneros? Jesús nos dice: «He aquí yo estoy con vosotros hasta el fin del mundo». ¿Vamos cada día a nuestro trabajo? Bien podemos hacerlo con alegría, porque Dios estará a nuestro lado desde la mañana hasta la noche.

Si a veces, en el momento de la partida, se apodera de nosotros el temor porque ignoramos lo que podrá acontecernos, esta bendición será para nosotros una palabra de aliento. Cuando hagamos nuestra maleta, pongamos en ella este versículo; pongámoslo en nuestro corazón y guardémoslo allí, y pongámoslo en nuestros labios para cantarlo cuando levemos anclas o entremos en el departamento de nuestro coche. Seamos del número de esta tribu afortunada y que cada uno de nuestros movimientos alabe al Señor con alegre corazón.

***La Biblia** en un año:*

- *Deut. 16 - 18*
- *Marcos 13:1 - 20*

13 Marzo

Jeremías 1:6-7

"Y yo dije: ¡Ah!, ¡ah, Señor Jehová! He aquí no sé hablar, porque yo soy niño."

Mis notas:

Jeremías era joven y se espantó cuando Dios le confió una misión difícil. Mas el Señor, que le envió, no admitía esta excusa: «Soy niño». Debía olvidar lo que en sí mismo era para fijarse únicamente en que era el escogido para hablar en lugar de Dios. No tenía que inventar el mensaje, ni elegir a los oyentes, sino comunicar lo que Dios le ordenaba y hablar en el lugar que Dios le señalaba, y esto lo haría con una fortaleza que no era suya.

¿No es por ventura este el caso de algún predicador o joven evangelista que lee estas líneas? Dios sabe que eres joven, cuán mezquinos son tus conocimientos y experiencia; pero si Él te llama, no te pertenece a ti negarte a su divino llamamiento. Dios será glorificado en tu pequeñez. Aun cuando fueras más viejo que Matusalén, ¿de qué te servirán tus muchos años? Si fueras tan sabio como Salomón, tal vez te extraviarías como él.

Cíñete a tu mensaje, y en esto consistirá tu sabiduría. Sigue tu orden de marcha y en eso consistirá tu prudencia.

***La Biblia** en un año:*

- *Deut. 19 - 21*
- *Marcos 13:21 - 37*

"Como aquel a quien consuela su madre, así os consolaré yo a vosotros."

Isaías 66:13

14
Marzo

Mis notas:

¡El consuelo de una madre! Es la ternura misma. ¡Cuán perfectamente comprende la pena de su hijo! ¡Cómo le estrecha contra su seno y procura meter todas sus amarguras en su corazón! El hijo puede comunicárselo todo a su madre, seguro de que nadie como ella simpatizará con él. Entre todos los consoladores, el niño siempre preferirá a su madre; esto mismo experimentan los mayores.

¿Y consiente Dios en cuidar a su pueblo como una madre? Esto demuestra una bondad exquisita. Fácilmente podemos comprender que es un padre, pero ¿será también para nosotros una madre? ¿No nos invita con esto a una santa familiaridad con Él, a entregarnos sin reserva, a descansar en su regazo? Cuando Dios mismo se hace nuestro Consolador, la prueba no puede durar mucho. Confiémosle nuestra pena, siquiera sea suspirando y sollozando en su presencia. A buen seguro que no nos menospreciará a causa de nuestras lágrimas. Nuestra madre no nos menospreciará. Verá nuestra flaqueza como lo hacía ella y perdonará nuestras faltas con mayor ternura de lo que podía hacer nuestra propia madre. No tratemos de llevar la carga solos; esto sería muy duro para quien desea con tanta benignidad consolarnos. Comenzamos el día con nuestro Dios amantísimo, ¿por qué no hemos de terminarlo a su lado, ya que las madres nunca se cansan de estar al lado de sus hijos?

***La Biblia** en un año:*

- *Deut. 22 - 24*
- *Marcos 14:1 - 26*

15

Marzo

Ezeq. 11:16

"Por tanto, di: Así ha dicho Jehová el Señor: Aunque los he arrojado lejos entre las gentes, y los he esparcido por las tierras, con todo eso les seré por un pequeño santuario, en las tierras adonde lleguen."

Mis notas:

Alejados de los medios de gracia habituales, no estamos, sin embargo, privados de ella. El Señor coloca a veces a su pueblo en un lugar de destierro; pero a su lado está, y les dará todo lo que habrían recibido en su propia casa o en sus asambleas. Quienes tenéis que permanecer lejos, guardad estas palabras.

Dios es para los hijos de su pueblo un lugar de refugio. En Él encuentran un Santuario a cubierto de sus enemigos. Él es también para ellos un lugar de adoración. Con ellos está como lo estuvo Jacob cuando durmió en el campo, el cual levantándose exclamó: «Ciertamente Jehová está en este lugar». Dios será para ellos santuario de reposo, como el lugar Santísimo, donde moraba el Altísimo. Aquí vivirán tranquilos sin temor del maligno.

Dios mismo, en Cristo Jesús, es el Santuario de misericordia. Jesús es el arca de la alianza, y la vara de Aarón; el vaso del maná y las tablas de la ley se hallan en Cristo, que es nuestro verdadero Santuario. En Dios encontramos, asimismo, el templo de la santidad y de la comunión. ¿Qué más necesitamos? ¡Oh, Señor, cumple en nosotros tu promesa, y sé siempre nuestro santuario!

***La Biblia** en un año:*

- *Deut. 25 - 27*
- *Marcos 14:27 - 53*

16 Marzo

"Lo que aprendisteis y recibisteis y oísteis y visteis en mí, esto haced; y el Dios de paz estará con vosotros."

Filip. 4:9

Mis notas:

Cosa excelente es poder imitar a una persona con provecho, como por ejemplo al apóstol Pablo. ¡Ojalá pudiéramos imitarlo hoy y todos los días de nuestra vida!

Si con la ayuda de Dios ponemos en práctica las enseñanzas de Pablo, podemos reclamar el cumplimiento de la promesa que se nos hace en su exhortación. ¡Y qué promesa! Dios, que ama la paz, que es el Autor de la paz y que inspira paz, estará con nosotros. «Paz a vosotros», he ahí una magnifica bendición. Pero mucho más rica bendición es saber que con nosotros está el Dios de Paz. De este modo tenemos el manantial con todos sus riachuelos, el Sol con todos sus rayos. Si el Dios de paz está con nosotros, gozaremos de esta paz que sobrepuja todo entendimiento, aunque las circunstancias exteriores se conjuren para destruirla. En las contiendas de los hombres, nosotros podremos convertirnos en pacificadores, si el autor de la paz está con nosotros.

La auténtica paz se halla en el camino de la verdad. Y si con el pretexto de extenderla abandonamos la fe o nos apartamos del camino de la justicia, caeremos en un gravísimo error. Ser primeramente puros y después pacíficos, tal es el orden de la sabiduría y de la verdad. Mantengámonos en la senda trazada por Pablo, y el Dios de paz estará con nosotros como lo estuvo con el apóstol.

***La Biblia** en un año:*

- *Deut. 28 - 29*
- *Marcos 14:54 - 72*

17

Marzo

Jeremías 1:8

"No temas delante de ellos, porque contigo estoy para librarte, dice Jehová."

Mis notas:

Cuando nos invade el temor, vacilamos y corremos el peligro de caer en el pecado. Peligrosa es la presunción, pero también lo es la cobardía. Debemos ser como Daniel. Nuestro gran Capitán ha de ser servido por soldados valientes.

¡Cuántas razones tenemos aquí para ser valientes! Dios está con los que se allegan a Él. En la hora de la lucha, jamás se ausentará de nuestro lado. ¿Te amenazan? ¿Por qué has de temer a los hombres mortales? ¿Pierdes el empleo? El Señor a quien sirves proporcionará el pan y el agua a sus servidores. ¿Se os ridiculiza y esto os quebranta y tortura el corazón? Sufre por amor de Cristo y regocíjate.

Dios está con los que le sirven en verdad, con los justos y los santos para librarles; Él te librará. Recuerda como Daniel salió ileso de la fosa de los leones, y los tres jóvenes del horno de fuego. Tu caso no es tan desesperado como el de ellos; mas aun cuando así fuera, el Señor te sostendrá y harás más que vencer. Teme al temor. Ten miedo de ser cobarde. El peor enemigo es el que llevas dentro de ti. Arrodíllate y pide socorro, y después levántate diciendo: «Confiaré y no temeré».

***La Biblia** en un año:*

- *Deut. 30 - 31*
- *Marcos 15:1 - 25*

"La oración de los rectos es su gozo."

Prov. 15:8

18 Marzo

Mis notas:

Estas palabras son una verdadera promesa, porque atestigua un hecho actual que se repite a través de todos los tiempos. Dios se huelga en las oraciones de los hombres rectos, y las llama su gozo. La rectitud ha de ser nuestro primordial anhelo. Mantente íntegro sin declinar ni a la diestra, ni a la siniestra. No procedas torcidamente, ni te postres para ceder al mal; antes al contrario, dirígete en todo con la más estricta sinceridad, porque si tratáremos de engañar y buscar subterfugios, quedaremos a merced de nuestros propios engaños. Si seguimos caminos torcidos, veremos que no nos será posible orar, y si fingimos hacerlo, no serán escuchadas nuestras oraciones.

¿Obramos con rectitud y seguimos la voluntad revelada por Dios? En este caso, oremos mucho y con fe. Si nuestra oración es agradable a Dios, jamás omitiremos hacer lo que a Él le place. Él no mira ni la gramática, ni la metafísica, ni la retórica de nuestras oraciones. Como padre se complace en los balbuceos de sus pequeñuelos. ¿No deberíamos gozarnos nosotros en la oración, ya que Dios tanto se goza en ella? Llevemos nuestras súplicas ante su trono. El Señor nos presenta sobradas razones para orar, y deberíamos darle gracias porque así es.

***La Biblia** en un año:*

- *Deut. 32 - 34*
- *Marcos 15:26 - 47*

19

Marzo

Salmos 84:11

"Gracia y gloria dará Jehová."

Mis notas:

No hay cosa que tanto necesitemos como la gracia, y ésta se nos ofrece gratuitamente. ¿Hay algo tan gratuito como un don? En este día recibimos el don de la gracia que sustenta, corrobora, santifica y sacia. Hasta hoy nos ha dado la gracia de cada día; por lo que respecta a lo futuro, estemos ciertos de que no nos faltará. Si la gracia es escasa, la culpa está en nosotros, porque el Señor no es tacaño, ni tardo para dar en abundancia. Podemos pedir todo cuanto queramos sin que seamos rechazados. Da con abundancia y no zahiere.

Tal vez el Señor no nos dé oro, ni bienes materiales, pero nos dará su gracia; tal vez nos envíe pruebas, pero nos acompañará con su gracia en proporción de las mismas. Tal vez sea nuestra vocación trabajar y sufrir, pero indudablemente obtendremos cuantas gracias nos sean necesarias.

Considerad ahora lo que sigue a esta gracia, «la gloria». Todavía no necesitamos la gloria, ni somos aptos para ella; pero se nos dará en tiempo oportuno. Después de haber comido el pan de la gracia, beberemos el vino de la gloria. Tenemos que atravesar el lugar santísimo que es la gloria. Estas palabras «y gloria» son suficientes para inundarnos de alegría. ¡Un poco de tiempo todavía, muy poco, y después la gloria para siempre!

***La Biblia** en un año:*

- *Josué 1 - 3*
- *Marcos 16*

20 Marzo

"Y si la hierba del campo que hoy es, y mañana se echa en el horno, Dios la viste así, ¿no hará mucho más a vosotros, hombres de poca fe? Mateo 6:30"

Mateo 6:30

Mis notas:

Los vestidos son costosos y los creyentes poco afortunados tal vez vivan inquietos preocupándose cómo adquirirán un nuevo vestido. Las suelas de sus zapatos están ya gastadas, ¿cómo comprar unos nuevos? Mirad con cuánta solicitud ha provisto a esta necesidad. El Padre celestial viste la hierba del campo con tal esplendor que ni el mismo Salomón pudo igualar, ¿y no vestirá a sus propios hijos? No lo dudemos. Tal vez llevamos muchos remiendos y zurcidos, pero iremos vestidos.

Un ministro del Señor, que era muy pobre, llevaba su ropa tan raída que se le caía a pedazos; pero como fiel siervo de Dios, esperaba que su Maestro le proveería vestidos. Cuando el que escribe estas líneas fue a visitar a un amigo suyo, le invitó a predicar a este buen siervo y se le ocurrió hacer una colecta para ayudarle; de este modo pudo obtener un traje. ¡Cuántos casos como éste se han repetido en los siervos de Dios, en los cuales se ha visto cómo el Maestro se ha preocupado de proporcionarles vestidos! El que proporcionó al primer hombre ropa después de su caída, también se la procurará en su misericordia; y la que el Señor dio a los primeros padres fue mucho mejor que la que ellos se hicieron para sí mismos.

***La Biblia** en un año:*

- *Josué 4 - 6*
- *Lucas 1:1 - 20*

21
Marzo

Prov. 3:23

"Entonces andarás por tu camino confiadamente, y tu pie no tropezará."

Mis notas:

Es decir, que si sigues el camino de la sabiduría y santidad serás guardado. El que viaja a la luz del día por el camino real se halla bajo la protección del rey. Cada hombre tiene su camino, a saber: su propia vocación; y si por él andamos en el santo temor de Dios, Él nos amparará contra todo mal. Tal vez no viajaremos lujosamente, pero sí confiados. Tal vez no correremos como los jóvenes, pero sí como personas de bien.

Nuestro mayor peligro lo encontramos en nosotros mismos: nuestros débiles pies fácilmente tropiezan. Pidamos una fuerza moral más grande para vencer nuestra propensión a resbalar. Algunos tropiezan porque no ven las piedras del camino; la gracia divina nos hace ver el pecado y así poder evitarlo. Pidamos el cumplimiento de esta promesa y confiemos en Aquél que defiende a sus escogidos.

Por desgracia, el mayor peligro está en nuestra propia negligencia; por eso, para combatirla, nos ha dicho el Señor Jesús: «Velad y orad».

¡Oh, si tuviésemos gracia para caminar hoy sin tropezar ni siquiera una sola vez! No basta estar preservado de no caer; nuestra súplica ha de ser que no demos el más mínimo tropiezo y que al fin podamos adorar «a Aquél que es poderoso para guardarnos sin caída».

***La Biblia** en un año:*

- *Josué 7 - 9*
- *Lucas 1:21 - 38*

"Y da gracia a los humildes."

Santiago 4:6

22 Marzo

Mis notas:

Los corazones humildes buscan la gracia y la alcanzan. Los corazones humildes se someten a su dulce influencia, y por eso se les concede con mayor largueza. Los corazones humildes habitan en los valles donde corren los arroyos de la gracia, y beben de sus aguas con abundancia. Los corazones humildes agradecen esta gracia y glorifican a Dios por ella. Por eso, quedarle agradecido está en consonancia con la honra de Dios.

Ven, querido lector, y acepta un lugar humilde. Hazte pequeño a tus propios ojos para que el Señor pueda hacer contigo grandes cosas. Tal vez digas: «Temo no ser bastante humilde». Este lenguaje puede ser el de la humildad. Algunos se envanecen de su humildad, lo cual es el peor de los orgullos. Somos menesterosos, inútiles, indignos, merecedores del infierno, y si no somos humildes, deberíamos serlo. Humillémonos por haber pecado contra la humildad, y gozaremos del favor del Señor. La gracia es la que nos hace humildes, y la que en esta humildad nos brinda ocasión para derramar mayor abundancia de gracia. Humillémonos para que seamos levantados. Seamos pobres en espíritu para que el Señor nos enriquezca. Seamos humildes para que no tengamos que ser humillados, sino que, por el contrario, por la gracia de Dios seamos ensalzados.

***La Biblia** en un año:*

- *Josué 10 - 12*
- *Lucas 1:39 - 56*

23 Marzo

Isaías 42:16

"Y guiaré a los ciegos por caminos que no sabían."

Mis notas:

¡Jehová, infinitamente glorioso, se hace guía de los ciegos! ¡Cuán ilimitada es su condescendencia! El ciego no puede encontrar el camino que ignora, y aun cuando lo conociera, siempre le resultaría difícil cruzarlo. Empero si lo ignora por completo, ha de descartar toda idea de emprender el camino sin alguien que le guíe. Somos ciegos por naturaleza en lo que se refiere al camino de la salvación; mas el Señor nos guía y nos conduce a sí mismo y entonces son abiertos nuestros ojos. Por lo que al futuro se refiere, todos somos ciegos, incapaces de ver una hora siquiera por delante; empero el Señor nos guiará hasta el final del viaje. ¡Sea bendito su nombre!

No podemos soñar por dónde nos vendrá la liberación; el Señor lo sabe y nos guiará hasta que haya desaparecido todo peligro. Bienaventurados los que ponen su mano en la del guía celestial y le dejan el cuidado de dirigirlos. Él les guiará durante todo el camino, y cuando los haya llevado a la morada de la gloria y abierto sus ojos para que vean el camino, ¡qué cántico de gratitud entonarán en alabanza de su gran Bienhechor! ¡Señor, guía a tu pobre hijo ciego, en este día, porque no conozco tu camino!

***La Biblia** en un año:*

- *Josué 13 - 15*
- *Lucas 1:57 - 80*

"Pero fiel es el Señor, que os afirmará y guardará del mal."

2 Tesalon. 3:3

24 Marzo

Mis notas:

A menudo los hombres carecen de razón y de fe. Todavía tenemos entre nosotros «hombres importunos y malos». Todo intento de discutir con ellos o procurar la paz es vano; su corazón es falso y engañosas sus palabras. ¿Qué haremos, pues? ¿Incomodarnos con ellos? No; antes bien, volvámonos hacia el Señor porque sólo Él es fiel. Jamás quebrantará la promesa de su palabra, ni pedirá de nosotros nada que no sea razonable, ni se mostrará desleal ante nuestras peticiones. Nuestro Dios es fiel, y esto deberá ser nuestra alegría.

Él nos confirmará de tal modo que los hombres perversos nunca podrán causar nuestra ruina, y de tal suerte nos guardará que ningún mal podrá causarnos daño. ¡Qué bendición para nosotros el no tener que contender con los hombres, sino el poder escondernos cerca de nuestro Dios cuya simpatía nunca nos faltará. En Él encontraremos un corazón verdadero, un alma fiel, un amor invariable en el que podremos descansar. El Señor cumplirá los propósitos de su gracia para con nosotros, siervos suyos: no permitamos que caiga sobre nuestros espíritus la más ligera sombra de temor. Todos los hombres y demonios juntos jamás podrán arrebatarnos esta protección divina. Pidamos al Señor en este día que nos confirme y guarde.

***La Biblia** en un año:*

- *Josué 16 - 18*
- *Lucas 2:1 - 24*

25
Marzo

Prov. 3:24

"Cuando te acuestes, no tendrás temor, sino que te acostarás, y tu sueño será grato."

Mis notas:

Tal vez el lector se halle postrado en cama por algún tiempo. Acuéstate sin temor llevando esta promesa en tu corazón: «Cuando te acuestes, no tendrás temor».

Cuando vayas al lecho por la noche, pon estas palabras como almohada debajo de tu cabeza. Durante el sueño, no podemos guardarnos, mas el Señor vela por nosotros durante la noche. Los que se acuestan bajo la protección del Señor están más seguros que los reyes en sus palacios. Si al acostarnos dejamos a un lado todos nuestros cuidados y ambiciones, obtendremos el reposo que no tienen los ansiosos y avaros. Se alejarán los sueños malos, y, si nos asaltaren, podremos borrar la impresión que nos producen, sabiendo que no son otra cosa que sueños.

Por tanto, podremos descansar tranquilos. ¡Cuán dulcemente durmió Pedro en la cárcel que ni la luz del ángel pudo despertarle y fue menester que le sacudiera para despetarle! Y, sin embargo, debía morir al día siguiente: Así murieron los mártires antes de ser quemados en la hoguera. «A su amado dará Dios el sueño».

Para que nuestro sueño sea dulce, nuestra vida, nuestro carácter, nuestras meditaciones y nuestro amor han de ser dulces también.

***La Biblia** en un año:*

- *Josué 19 - 21*
- *Lucas 2:25 - 52*

"Jehová lo sustentará sobre el lecho del dolor."

Salmos 41:3

26 Marzo

Mis notas:

Ten presente que esta promesa es para quien piensa en el pobre. ¿Eres tú uno de éstos? Si así es, aprópiate este versículo, pero sólo con esta condición.

Considera cómo en la hora de la enfermedad el Dios de los pobres sabrá bendecir al que se cuida de los pobres. Los brazos eternos sostendrán su alma que manos cariñosas y suaves almohadas sostienen el cuerpo del enfermo. ¡Cuán hermosa y tierna es esta figura! ¡Cuánto nos recuerda a Dios en nuestras enfermedades y flaquezas! ¿Quién tal oyó jamás del antiguo Júpiter o de los dioses de la India o de la China? Tal es el lenguaje del Dios de Israel; Él se hace enfermero y custodio de los hombres. Si con una mano hiere, con la otra sostiene. ¡Bendito sufrimiento que nos hace caer en el seno de Dios para ser consolados! La gracia es el mejor reconstituyente; el amor divino es el más eficaz estimulante para un enfermo postrado y abatido. El alma se convierte en gigante, aun cuando a través de la piel se transparenten los huesos. No hay médico tan hábil como el Señor, ni tónico tan eficaz como su promesa, ni vino tan sabroso como su amor.

Si el lector no ha cumplido sus deberes con el pobre, dése cuenta de lo mucho que ha perdido, y que en adelante se haga amigo de los pobres y les ayude.

***La Biblia** en un año:*

- *Josué 22 - 24*
- *Lucas 3*

27

Marzo

Santiago 4:8

"Acercaos a Dios, y Él se acercará a vosotros."

Mis notas:

Cuanto más nos allegamos a Dios, más benigno se muestra con nosotros. Cuando el hijo pródigo vuelve a la casa paterna, su padre sale al encuentro. Cuando la paloma llega al arca, Noé extiende su mano y la introduce en ella. Cuando la solícita esposa busca la compañía de su esposo, éste se acerca a ella con las alas del amor. Allleguémonos, querido amigo, al Señor que con tanta bondad nos espera y viene a nuestro encuentro.

¿Te has fijado alguna vez en el pasaje de Isaías 53:9? Aquí podemos ver cómo el Señor se pone a la disposición de su pueblo, diciéndole: «Heme aquí». Como si dijera: «¿Tienes que decirme algo? ¿Qué puedo yo hacer por ti? Estoy esperándote para bendecirte». ¿Por qué, pues, tardamos tanto en acercarnos a Él? Dios está muy cerca para perdonar, para bendecir, para consolar, ayudar, vivificar y dar la libertad. Sea nuestra más importante preocupación acercarnos a Dios. Si esto hiciésemos, lo tendremos hecho todo. Si nos allegamos a los hombres, éstos se cansarán pronto y nos abandonarán; mas si sólo buscamos a Dios, Él jamás cambiará; antes al contrario, cada vez se acercará más a nosotros con la más amplia y gozosa comunión.

***La Biblia** en un año:*

- *Josué 1 - 3*
- *Lucas 4:1 - 30*

"Te pondrá Jehová por cabeza y no por cola."

Deut. 28:13

28 Marzo

Mis notas:

Si obedecemos al Señor, Él obligará a nuestros enemigos a que reconozcan que su bendición reposa sobre nosotros. Aun cuando esta promesa pertenecía a la ley, sin embargo, es valedera para el pueblo de Dios, porque Jesús ha quitado la maldición para dar bendición.

A los santos incumbe enseñar el camino a los hombres ejerciendo sobre ellos una benéfica influencia; su lugar no es la cola para ser arrastrados de aquí para allá. No hemos de someternos al espíritu del siglo, sino obligar al siglo a que se someta a Cristo. Si el Señor está con nosotros, no nos contentaremos con reclamar tolerancia para la práctica de la religión, sino que procuraremos asentarla sobre el trono de la sociedad.

¿No nos ha hecho de los suyos, un pueblo de sacerdotes? Este pueblo está llamado a enseñar, no para aprender filosofías de incrédulos. ¿Acaso no hemos sido hechos en Cristo reyes para reinar sobre la tierra? ¿Cómo, pues, podremos convertirnos en siervos de la costumbre y en esclavos de la opinión de los demás?

Querido amigo, ¿has tomado tu posición al lado de Jesús? Muchos callan por ser tímidos. ¿Podemos permitir que el nombre del Señor Jesús sea postergado?

¿Nuestra religión ha de ser arrastrada como una cola? ¿No debería más bien enseñar el camino y ser la fuerza que domine en nosotros y en los demás?

***La Biblia** en un año:*

- *Josué 4 - 6*
- *Lucas 4:31 - 44*

29
Marzo

Hechos 18:10

"Yo estoy contigo, y ninguno pondrá sobre ti la mano para hacerte mal."

Mis notas:

Mientras el Señor tenía ocupado a Pablo con algún trabajo en Corinto, el furor del populacho era contenido. Los judíos se oponían y blasfemaban, pero no podían impedir la predicación del Evangelio, ni la conversión de los que oían. Dios ejerce su dominio sobre las mentes más obstinadas, y sabe sacar su alabanza del furor de los hombres cuando se desenfrena; pero manifiesta bondad también cuando la reprime; y tiene poder para reprimirla. «A la grandeza de su brazo enmudezcan como una piedra, hasta que haya pasado tu pueblo, oh Jehová».

Por tanto, no temas al hombre cuando sabes que estás cumpliendo con tu deber. Sigue adelante, como lo hubiera hecho Jesús, y verás que quienes se te oponen serán semejantes a la caña cascada y al pábilo que humea. Razón han tenido a veces los hombres para temer, porque eran miedosos; empero una fe intrépida en Dios disipa todo temor, como un gigante deshace las telas de araña que encuentra en su camino. Nadie podrá dañarnos sin permiso de Dios. Quien con una sola palabra pueda ahuyentar al diablo, ciertamente podrá reprimir a sus agentes. Tal vez en este momento tengan más miedo de ti, que tú de ellos. Adelante, pues, que donde pensabas tener enemigos encontrarás amigos.

***La Biblia** en un año:*

- *Josué 7 - 8*
- *Lucas 5:1 - 16*

"Por nada estéis afanosos; sino sean conocidas vuestras peticiones delante de Dios en toda oración y ruego, con acción de gracias."

Filip. 4:6-7

30 Marzo

Mis notas:

No tengas afanes, sino oraciones; no inquietudes, sino mucha comunión con Dios. Pon tus súplicas delante del Señor de tu vida, guardián de tu alma. Acércate a Él con dos partes de oración y una de alabanzas fervorosas. No ores con dudas, sino con gratitud. Ten por cierto que tus peticiones han sido atendidas, y, por tanto, alaba al Señor por su misericordia. Él te prodiga sus bendiciones; dale tú las gracias. Nada le escondas, ni guardes en tu pecho inquietud alguna que perturbe tu corazón; «sean notorias vuestras peticiones». No recurras al hombre, sino sólo a Dios, al Padre de Jesús que en Él os ama.

De este modo encontrarás la paz de Dios. Jamás podrás comprender de cuánta paz te inundará. Él te estrechará en sus brazos amorosos. Tu corazón y tu espíritu quedarán sumergidos por Cristo Jesús en un océano de reposo. Venga sobre ti la vida o la muerte, la pobreza o el dolor, la calumnia o el odio, siempre estarás al abrigo de toda tempestad, por encima de todas las nubes que te amenacen. ¿Por qué no obedeces a este tan inefable mandato?

Sí, Señor, creo en ti, pero ayuda mi incredulidad.

***La Biblia** en un año:*

- *Josué 9 - 10*
- *Lucas 5:17 - 39*

31
Marzo

Prov. 3:25-26

"No tendrás temor de pavor repentino, ni de la ruina de los impíos cuando viniere, porque Jehová será tu confianza, y él preservará tu pie de quedar preso."

Mis notas:

Cuando Dios juzga, no quiere que su pueblo se atemorice. Dios no viene para perjudicar, sino para defender a los justos.

El Señor quiere que te muestres valiente. Los que gozamos de la presencia de Dios, deberíamos demostrar una gran fortaleza. El Señor puede venir de repente, por eso no deberíamos ser sorprendidos por ninguna cosa repentina. La serenidad en el peligro y en medio de las calamidades es un don precioso del amor divino.

El Señor quiere que sus escogidos tengan discernimiento para comprender que la ruina de los impíos no es una calamidad para el mundo. La única calamidad es el pecado, el castigo que le sigue es como la sal que impide la corrupción de la sociedad. Deberíamos indignarnos mucho más contra el pecado que nos merece el infierno, que no contra el mismo infierno, que es consecuencia fatal del pecado.

Asimismo, el pueblo de Dios debe manifestar la quietud de su espíritu. El diablo y su simiente están llenos de engaño; mas los que están con Dios jamás caerán en sus lazos seductores. Sigue adelante, tú que crees en Jesús, y deposita en Jehová toda tu confianza.

***La Biblia** en un año:*

- *Josué 11 - 12*
- *Lucas 6:1 - 26*

"Y habrá allí calzada y camino, y será llamado Camino de Santidad; no pasará inmundo por él, sino que él mismo estará con ellos; el que anduvire en este camino; por torpe que sea, no se extraviará."

Isaías 35:8

1 Abril

Mis notas:

El camino de la santidad es tan recto y claro que si las almas sencillas lo siguen con perseverancia no se pueden extraviar. Los sabios del mundo dan muchas vueltas, y, sin embargo, se equivocan lastimosamente, y de ordinario no llegan al final. La prudencia del mundo es algo despreciable y tan corta de vista que quienes escogen su camino andan por valles obscuros y sombríos. Las almas sinceras no saben hacer otra cosa mejor que lo que el Señor les manda. Por eso las mantiene en el camino real y caminan bajo la protección del Rey.

Lector querido, nunca pretendas salir de alguna dificultad por medio de una mentira o por alguna acción dudosa; consérvate en medio de la calzada de la verdad e integridad; esto será para ti lo más acertado. En nuestra vida nunca debemos navegar con rodeos, ni pensar en engaños. Sé justo y no temas. Sigue fielmente a Jesús, y no te preocupes de las consecuencias. Aun cuando pudieras evitar el peor de los males cometiendo una mala acción, el solo intento bastaría para hacerte caer en otros mayores. El camino de Dios es el mejor de todos. Síguelo, aun cuando los hombres te juzguen por insensato, y serás verdaderamente sabio.

Señor, guía a tus siervos por la senda de la rectitud a causa de sus enemigos.

***La Biblia** en un año:*

- *Josué 13 - 15*
- *Lucas 6:27 - 49*

2 Abril

1 Timoteo 4:15

"Ocúpate en estas cosas; permanece en ellas; para que tu aprovechamiento sea manifiesto a todos."

Mis notas:

Aquí tenemos prácticamente la promesa de que con la meditación atenta y entregándonos por completo a la obra del Señor, realizaremos progresos tan manifiestos que todos los podrán ver. Sacaremos provecho de la Palabra de Dios, no leyéndola a la ligera, sino meditándola profundamente. Avanzaremos en el conocimiento de Dios, no por el número de obras hechas con negligencia, sino entregándonos por entero al trabajo que hemos emprendido. «En todo trabajo hay fruto», con tal que no sea hecho con apresuramientos y sin poner en él todo nuesto corazón.

Si nos dividimos entre Dios y Mammón, entre Cristo y nosotros mismos, no haremos progreso alguno. Hemos de entregarnos enteramente a las cosas de Dios; de lo contrario, seremos unos pobres comerciantes en los negocios celestiales, y jamás obtendremos ganancia alguna en nuestro inventario.

¿Soy yo un fiel siervo del Señor? Debo serlo enteramente y no malgastar las energías en cosas secundarias. ¿Qué deben importarnos los partidos políticos, o las vanas diversiones? ¿Soy cristiano? Que el servicio de Jesús sea mi constante ocupación, el trabajo de mi vida y mi única solicitud. Debemos estar con Jesús; de otra suerte nada adelantaremos ni sacaremos provecho, y ni la Iglesia, ni el mundo sentirán aquella influencia poderosa que Él desea que ejerzamos.

***La Biblia** en un año:*

- *Josué 16 - 18*
- *Lucas 7:1 - 30*

3 Abril

"Y tu corazón se enterneció, y te humillaste delante de Jehová, cuando oíste lo que yo he pronunciado contra este lugar y contra sus moradores, que vendrán a ser asolados y malditos, y rasgaste tus vestidos y lloraste en mi presencia; también yo te he oído, dice Jehová."

2 Reyes 22:19

Mis notas:

Los que desprecian la amonestación perecerán; mas bienaventurados son aquellos que tiemblan ante la Palabra del Señor. Así lo hizo Josías y se vio libre de presenciar los juicios que Dios envió sobre Judá a causa de sus pecados. ¿Tienes entendimiento? ¿Practicas tú esta humillación personal? Entonces también tú serás preservado en el día malo. Dios pone una señal en la frente de aquellos que gimen y lloran a causa de los pecados presentes. El ángel exterminador ha recibido la orden de meter su espada en la vaina hasta que los escogidos del Señor se encuentren a buen recaudo. Estos son conocidos sobre todo por el temor de Dios y porque tiemblan al oír la Palabra de Dios. ¿Los tiempos son amenazadores? ¿Avanza la superstición y la incredulidad a grandes pasos y temes que sobre tu pueblo caiga un castigo de Dios? Motivos hay para ello. Mas confía en esta promesa. «Tú serás recogido a tu sepulcro en paz, y no verán tus ojos todo el mal que yo traigo sobre este lugar».

Más aún: tal vez vendrá el mismo Señor y entonces acabarán los días de tu luto

***La Biblia** en un año:*

- *Josué 19 - 21*
- *Lucas 7:31 - 50*

4

Abril

Éxodo 23:28

"Enviaré delante de ti la avispa, que echen fuera al heveo, al cananeo y al heteo, de delante de ti."

Mis notas:

No incumbe examinar aquí lo que eran las avispas. Fueron el ejército que Dios mandó delante de su pueblo para picar a sus enemigos y facilitar así las conquistas de Israel. Nuestro Dios escogió sus medios y peleará en favor de su pueblo y afligirá a sus enemigos antes de que se entable la batalla. A veces confunde a los adversarios de la verdad por medios en los cuales ni sus mismos defensores habían pensado. El ambiente está lleno de influencias misteriosas que molestan a los enemigos de Israel. Leemos en el Apocalipsis que «la tierra ayudó a la mujer».

Nunca debemos temer. Las estrellas mismas, en su curso, pueden pelear contra los enemigos de nuestras almas. Muchas veces, cuando vamos a la pelea, nos encontramos sin enemigos. «Jehová peleará por nosotros, y vosotros estaréis quedos». Las avispas de Dios pueden más que nuestras armas. Jamás podremos imaginarnos que la victoria podía conseguirse por los medios que Dios emplea. Obedezcamos a la orden de marcha y salgamos a la conquista de los pueblos por Jesús. Veremos que el Señor nos ha tomado la delantera y preparado el camino, de suerte que al final podremos cantar con gozo: «Su diestra lo ha salvado y su santo brazo».

***La Biblia** en un año:*

- *Rut 1 - 4*
- *Lucas 8:1 - 25*

5 Abril

"Siervo mío, eres tú; Israel, no me olvidaré de ti."

Isaías 44:21

Mis notas:

Nuestro Dios jamás podrá olvidarse de sus siervos hasta el punto de cesar de amarles. No los ha escogido para un poco de tiempo, sino para la eternidad. Cuando los llamó a formar parte de su familia, sabía lo que serían. Él disipa sus pecados como una nube; y podemos tener la seguridad de que no les echará fuera a causa de los pecados que ya ha borrado. Pensar tal cosa sería blasfemia.

Jamás los olvidará hasta el punto de dejar de pensar en ellos. Un momento de olvido por parte de Dios sería nuestra ruina. Por eso dice: «No me olvidaré de ti». Los hombres nos olvidan; aquellos a quienes hemos favorecido se tornan en contra nuestra. No tenemos morada permanente en el corazón inconstante de los hombres, mas el Señor jamás se olvidará de sus fieles servidores. Él se une a nosotros, no porque hayamos hecho algo por Él, sino por lo que Él ha hecho por nosotros. Hemos sido amados hace mucho tiempo, y comprados a gran precio para ser olvidados. El Padre ve en nosotros a la esposa de su Hijo, y el Espíritu Santo ve en nosotros el resultado de su propia obra. El Señor piensa en nosotros. En este día seremos socorridos y sustentados. ¡Que nunca sea olvidado de nosotros el Señor!

***La Biblia** en un año:*

- *1Sam. 1 - 3*
- *Lucas 8:26 - 56*

6 Abril

Zacarías 14:9

"Y Jehová será rey sobre toda la tierra."

Mis notas:

¡Bendita perspectiva! No se trata del sueño de un entusiasta, sino de la declaración de la Palabra infalible. Jehová será conocido de todos los pueblos, y su autoridad paternal será aceptada por todas las familias de la tierra. ¡Cuántos señores y dioses abundan en la tierra! Aun entre los que hacen profesión de fe cristiana, ¡cuánta diversidad de pareceres acerca de Dios y su Evangelio! Mas llegará un día en que no habrá más que un Rey, un Señor y un solo nombre para el Dios viviente. Apresura, Señor, ese día glorioso y clamemos cada día: «Venga tu reino».

Lejos de nosotros discutir sobre cuándo será esto, no sea que perdamos el consuelo de la certidumbre de que así será. Con la misma seguridad con que el Espíritu Santo habló por sus profetas, del mismo modo será llena la tierra de la gloria del Señor. Jesús no murió en vano. El Espíritu de Dios tampoco obra en vano. Los designios eternos del Padre nunca serán frustrados. Donde triunfó Satanás, Cristo será coronado, y el Señor Dios omnipotente reinará. Prosigamos nuestro trabajo de cada día, y luchemos con valentía amparados con la fe.

***La Biblia** en un año:*

- *1Sam. 4 - 6*
- *Lucas 9:1 - 17*

7 Abril

"Y verán todos los pueblos de la tierra que el nombre de Jehová es invocado sobre ti, y te temerán."

Deut. 28:10

Mis notas:

Siendo esto así no hay razón para temer. De lo contrario, demostraríamos un espíritu mezquino y daríamos una prueba más bien de incredulidad que de fe. Dios puede hacernos tan semejantes a Él, que los hombres se vean obligados a reconocer que con sobrada razón llevamos su nombre y que realmente pertenecemos a Jehová. ¡Quiera el Señor que obtengamos esta gracia que Él quiere darnos!

Los impíos temen a los verdaderos santos. Les aborrecen, es cierto, pero les temen. Amán tembló delante de Mardoqueo, aun cuando buscaba la destrucción de aquel hombre bueno. De hecho, su odio proviene muchas veces del temor que su excesivo orgullo les impide confesar. Prosigamos sin temor el camino de la verdad y de la rectitud. El temor no debe dominarnos a nosotros, sino a aquellos que obran mal y pelean contra el Señor de los ejércitos. Si en verdad es invocado el nombre del Señor sobre nosotros, podremos estar seguros, como en otros tiempos lo estaba el romano con sólo decir soy romano, y podía reclamar la protección de las legiones de aquel vasto Imperio. Del mismo modo todo aquel que es hijo de Dios, puede contar con la omnipotencia de Dios, el cual antes se quedaría sin ángeles en el cielo que dejar a un siervo suyo desamparado. Sé tú tan valiente como un león en defensa del derecho, porque Dios está contigo.

***La Biblia** en un año:*

- *1Sam. 7 - 9*
- *Lucas 9:18 - 36*

8 Abril

Hechos 23:11

"El Señor le dijo: Ten ánimo, Pablo, pues como has testificado de mí en Jerusalén, así es necesario que testiques también en Roma."

Mis notas:

¿Eres tú uno de los testigos del Señor y te ves ahora en peligro? Acuérdate de que eres inmortal hasta que termine tu trabajo. Si el Señor quiere que sigas todavía dando testimonio de Él, vivirás para darlo. ¿Quién podrá quebrar el vaso que el Señor quiere utilizar?

Si tu Maestro no te confía trabajo alguno, no te lamentes de que te lleve a su morada adonde no llegarán los dardos de tus enemigos. Tu principal negocio es dar testimonio de Jesús, y nadie podrá impedirte esta empresa hasta que esté terminada. Por tanto, vive tranquilo. La vil calumnia, la falsedad, el abandono de los amigos, la traición de aquellos en quienes has confiado, todo lo que pudiera acontecerte, jamás podrán torcer los designios que el Señor tiene sobre ti. El Señor te ampara en la noche de tu aflicción y te dice: «Así es menester que testifiques». Cálmate y regocíjate en el Señor.

Si no necesitas ahora de esta promesa, tal vez la necesitarás mañana. Guárdala como un tesoro. Acuérdate de orar por los misioneros y por los perseguidos para que el Señor los guarde hasta que terminen su trabajo en esta vida.

***La Biblia** en un año:*

- *1Sam. 10 - 12*
- *Lucas 9:37 - 62*

9 Abril

"Mucha paz tienen los que aman tu ley; y no hay para ellos tropiezo."

Salmos 119:165

Mis notas:

Sí, un amor verdadero al Santo Libro nos proporcionará una inmensa paz cuya frente es Dios mismo. El vivir constantemente en la compañía de la ley de Dios producirá en nuestros corazones una tranquilidad tan grande cual ninguna otra cosa podrá proporcionárnosla. El Espíritu Santo obra por medio de su Palabra como un Consolador cuya bienhechora influencia calma todas las tempestades del alma.

Nada es capaz de hacer caer al hombre en quien habita la Palabra de Dios con abundancia. La cruz de cada día es su mayor delicia. Está preparado para la dura prueba, la cual no es para él una cosa extraña que le deje completamente abatido. Tampoco tropieza en la prosperidad como otros muchos tropiezan, ni cae aplastado bajo el peso de la adversidad, porque está muy por encima de las circunstancias que le rodean. Cuando el Señor pone delante de su mente algún misterio de la fe que hace decir a otros: «Dura es esta palabra, ¿quién la puede oír?», el creyente lo acepta sin discutir, porque las dificultades que pueden surgir en su mente se desvanecen ante el temor respetuoso de la ley del Señor, que para él es la autoridad suprema a la que se somete con alegría. Señor, danos este amor, esta paz y descanso en este día.

***La Biblia** en un año:*

- *1Sam. 13 - 14*
- *Lucas 10:1 - 24*

10
Abril

Números 21:8

"Y Jehová dijo a Moisés: Hazte una serpiente ardiente, y ponla sobre un asta; y cualquiera que fuere mordido y mirare a ella, vivirá."

Mis notas:

Aquí tenemos una gloriosa figura del Evangelio. Jesús, contado con los malvados, está suspendido delante de nosotros. Una sola mirada sobre Él nos sanará de la mordedura de la serpiente del pecado. La curación será inmediata. «El que miraba vivía». Fíjese el lector, que llora su pecado, en estas palabras: «Cualquiera que mirare a ella vivirá». Todo el que mira comprobará la verdad de esta afirmación. Yo así lo he experimentado. Miré a Jesús, e inmediatamente tuve vida. Puedo testificarlo. Lector, si miras a Jesús, también vivirás. Cierto que te estás hinchando con el veneno y ya has perdido la esperanza; pero también es cierto que fuera de esta mirada no hay esperanza de remedio. No se trata de una curación dudosa. «Cualquiera que fuese mordido y mirase a ella, vivirá».

La serpiente de metal no fue levantada como un objeto de curiosidad para que la mirasen los sanos; estaba destinada de un modo especial para los «mordidos». Jesús murió como verdadero Salvador por los pecadores. Si la mordedura ha hecho de ti un borracho, un ladrón, o un impuro, la mirada al Salvador te sanará de todas estas dolencias y te hará vivir en santidad y comunión con Dios. Mira y vivirás.

***La Biblia** en un año:*

- *1Sam. 15 - 16*
- *Lucas 10:25 - 42*

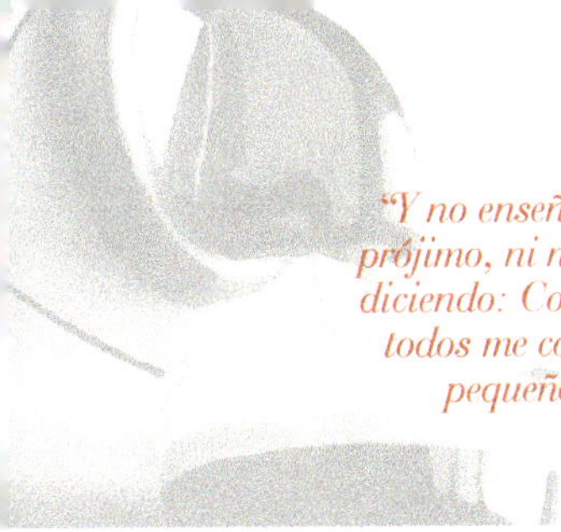

"Y no enseñará más ninguno a su prójimo, ni ninguno a su hermano, diciendo: Conoce a Jehová: porque todos me conocerán, desde el más pequeño de ellos hasta el más grande, dice Jehová."

Jeremías 31:34

11 Abril

Mis notas:

Podemos ignorar muchas cosas, pero conocemos al Señor. Y si esta promesa se realiza hoy en nosotros, no es poca cosa. El más pequeño de los creyentes conoce a Dios en Cristo Jesús. No ciertamente tanto como fuera menester, pero en realidad le conocemos. No sólo conocemos las doctrinas que a Él se refieren, sino que conocemos a Él mismo. Es nuestro Padre y Amigo, y nosotros estamos en relación personal con Él. Podemos decir: «Señor mío y Dios mío». Estamos en íntima comunión con Dios, y son muchas las horas que hemos pasado en su compañía. No somos extranjeros para Dios, porque el secreto del Señor está con nosotros.

Esto sobrepuja todo cuanto pudiera enseñarnos la naturaleza. La carnc y la sangrc no nos han revelado a Dios. Cristo es el que nos ha revelado al Padre. Y si es así, ¿no tenemos aquí la fuente de todo conocimiento salvador? Conocer a Dios es vida eterna. Tan pronto como conocemos a Dios, tenemos la prueba de que hemos resucitado a una nueva vida.

¡Oh, alma mía! Alégrate de este conocimiento y bendice al Señor durante este día.

***La Biblia** en un año:*

- *1Sam. 17 - 18*
- *Lucas 11:1 - 28*

12
Abril

Jeremías 31:34

"Porque perdonaré la maldad de ellos, y no me acordaré más de su pecado."

Mis notas:

Tan pronto como conocemos al Señor, obtenemos el perdón de los pecados. En Él encontramos al Dios de gracia que borra todas nuestras transgresiones. ¡Cuán gozoso es este conocimiento!

¡Y cuán divinamente expresada esta promesa: El Señor promete que jamás se acordará de nuestros pecados! ¿Puede Dios olvidarse? El lo ha dicho así, y piensa bien en lo que dice. Nos considera como si nunca hubiéramos pecado. La gran expiación ha borrado tan eficazmente todo pecado que éste en la memoria de Dios ya no existe. El creyente ha sido tan aceptado por Dios como lo fue Adán en su inocencia.

Nuestro gran Dios no se acordará de nuestros pecados para castigarlos, o para amarnos un adarme menos de lo que nos ama. Así como la deuda pagada deja de ser deuda, de la misma manera el Señor cancela por completo la iniquidad de su pueblo.

Cuando lloramos nuestros pecados y nuestras omisiones, como es deber nuestro mientras vivamos, alegrémonos de que en adelante jamás nos serán echados en cara. Esto nos hace odiar el pecado. El perdón gratuito de Dios nos hace más atentos para que nunca le entristezcamos con nuestras desobediencias.

***La Biblia** en un año:*

- *1Sam. 19 - 21*
- *Lucas 11:29 - 54*

"El cual transformará el cuerpo de la humillación nuestra, para que sea semejante al cuerpo de la gloria suya."

Filip. 3:21

13 Abril

Mis notas:

Muchas veces, cuando nos vemos atormentados por el dolor e incapaces de pensar u orar, sentimos hasta qué punto nuestro cuerpo es «el cuerpo de nuestra bajeza». Y cuando somos tentados por las pasiones de la carne, no encontramos exagerada la palabra bajeza. Nuestro cuerpo nos humilla, y tal vez sea el mejor servicio que nos hace. ¡Ojalá fuéramos lo suficientemente humildes, ya que nuestros cuerpos nos acercan más a los animales y al polvo de la tierra!

Empero nuestro Salvador, el Señor Jesús, modificará este estado de cosas. Nuestros cuerpos serán transformados a la semejanza de su cuerpo de gloria. Esto se realizará en todos aquellos que creen en Jesús. Sus almas han sido transformadas por la fe, y sus cuerpos experimentarán una tal renovación que quedarán adaptados a sus espíritus regenerados. Cuándo acontecerá esta transformación, no es posible asegurarlo; pero esta sola esperanza puede alentarnos para soportar las pruebas de hoy y los males de nuestra carne. Dentro de poco tiempo seremos como Jesús es ahora. Ya no habrá más cabezas doloridas, ni miembros hinchados, ni ojos entristecidos, ni corazones desmayados. El anciano dejará de ser un retablo de miserias, y el enfermo un cuerpo de agonía. «Semejante al cuerpo de su gloria». Aun nuestra carne descansará en la esperanza de la resurrección.

***La Biblia** en un año:*

- *1Sam. 22 - 24*
- *Lucas 12:1 - 31*

14

Abril

Salmos 47:4

"Él nos elegirá nuestras heredades."

Mis notas:

La herencia que nos asignarían nuestros enemigos sería harto mezquina; pero no estamos en su mano. El Señor hará que nos mantengamos firmes en nuestra heredad, y la sabiduría divina ha señalado nuestro lugar. Una inteligencia superior a la nuestra prepara nuestro destino. Dios dirige todas las cosas, y nos gozamos de que así sea; nuestra elección es dejar a Dios que escoja en lugar nuestro. Si pudiéramos tener voluntad propia, deberíamos someterlo todo a la voluntad de Dios.

Conscientes de nuestra ignorancia, preferimos que Dios dirija nuestros propios destinos. Mucho más seguros y descansados estamos cuando el Señor dirige la nave de nuestra vida, que si tuviéramos que dirigirla según nuestro personal criterio. Con alegría dejamos las penalidades presentes, y el futuro desconocido en las manos de nuestro Padre, nuestro Salvador y Consolador.

¡Oh, alma mía! Deposita todos tus deseos a los pies de Jesús. Si hasta el presente has sido malo y obstinado, deseoso de hacer siempre tu propia voluntad, deja tu egoísmo insensato, y abandona las riendas en las manos del Señor. Di: «Él elegirá». Si otros disputan la sabiduría del Señor y glorifican la libertad del hombre, contesta tú: «Él elegirá por mí». Mi elección voluntaria es que Dios elija. Como ser libre, prefiero que Él ejerza su autoridad absoluta.

***La Biblia** en un año:*

- *1Sam. 25 - 26*
- *Lucas 12:32 - 59*

"A los justos les será dado lo que desean."

Prov. 10:24

15 Abril

Mis notas:

Siendo este un deseo justo, Dios lo concederá con toda seguridad. Que tal promesa fuera hecha a los injustos ni sería bueno para el hombre ni para la sociedad en general. Guardemos los mandamientos del Señor y Él atenderá con justa razón nuestros deseos.

Si acaece que los justos apetecen cosas injustas, éstas ciertamente no les serán dadas, porque no son éstos sus verdaderos deseos, sino extravíos o ignorancia, y justo es que les sean negadas. En cambio, sus legítimos deseos llegarán hasta el Señor y no serán rechazados.

Tal vez por el momento niegue el Señor nuestras peticiones. Sin embargo, la promesa de hoy debe animarnos a reiterar nuestras demandas. ¿Nos las ha negado completamente? Debemos darle gracias, porque nuestro mayor deseo es que nos niegue todo aquello que juzga no ser conveniente para nuestras almas.

Cosas hay que pedimos con mucha confianza. Nuestros mejores deseos son ser santos, útiles, semejantes a Cristo y estar maduros para el cielo. Tales son los deseos de la gracia y no de la naturaleza, los deseos del justo y no del hombre natural. Mas Dios no escatima su gracia en estas cosas, antes la da en abundancia. «Pon asimismo tu delicia en Jehová, y Él te dará las peticiones de tu corazón».

¡Alma mía, pide hoy sin temor!

***La Biblia** en un año:*

- *1Sam. 27 - 29*
- *Lucas 13:1 - 22*

16
Abril

Zacarías 14:20

"En aquel día estará grabado sobre las campanillas de los caballos: Santidad a Jehová."

Mis notas:

¡Qué día tan dichoso aquél en que todo será consagrado y cuando las campanillas de los caballos cantarán:«Santidad a Jehová». Este día ha llegado para mi. ¿Acaso no santifico yo todas las cosas para Dios? Cuando me quito o pongo estos vestidos, ¿no me recuerdan la justicia de Cristo, Jesús, mi Señor? ¿No empleo todo mi trabajo para el Señor? Sean hoy mis vestidos, vestidos sacerdotales, mis comidas sacramentos, mi casa un templo, mi mesa un altar, mis palabras incienso, y yo mismo un sacerdote. Cumple, oh Señor, tu promesa, y que nada haya en mí profano o inmundo.

Creyendo que así puede ser, y deseándolo con ansias, espero que el Señor me ayudará para cumplirlo. Como yo mismo soy propiedad de Jesús. Dios puede hacer un inventario de todo lo que tengo, porque todo es suyo. Resuelto estoy a probárselo por el uso que haré hoy de todo lo que me pertenece. Quisiera ver todos mis días, desde la mañana hasta la noche, dirigidos por una norma santa. Mis campanas cantarán: ¿por qué no? Y mis caballos llevarán campanillas, ¿quién tiene más derecho a la música que los santos? Pero todas mis campanillas, mi música, mi alegría, se dirigirán hacia la santidad y harán resonar el nombre del «Dios Feliz».

***La Biblia** en un año:*

- *1Sam. 30 - 31*
- *Lucas 13:23 - 35*

"Cuando los caminos del hombre son agradables a Jehová, aun sus enemigos hace estar en paz con él."

Prov. 16:7

17
Abril

Mis notas:

He de procurar que mis caminos sean agradables al Señor. Aun así tendré enemigos, y tal vez más, porque trato de obrar con rectitud. ¡Oh, y qué promesa es ésta! Dios sacará alabanza de la ira del hombre y de tal modo la apaciguará que no me aflija.

Dios puede hacer que el enemigo desista de hacerme daño, aun cuando intente hacérmelo. Así sucedió con Labán, el cual persiguiendo a Jacob, no se atrevió a tocarlo. Dios puede apaciguar el furor del enemigo, y trocar su odio en amistad, como aconteció cuando Esaú vino fraternalmente a besar a su hermano, en el momento en que éste temía morir al filo de su espada junto con toda su familia. Dios puede también convertir un enemigo encarnizado en un hermano en Cristo y en colaborador, como lo hizo con Saulo de Tarso. ¡Quiera el Señor obrar así todas las veces que surge un espíritu perseguidor!

Bienaventurado es el hombre cuyos enemigos se han trocado para él como los leones para Daniel que en el foso se tornaron mansos y apacibles. Cuando venga la muerte, que es «el último enemigo», pido al Señor que encuentre la paz, y que mi primer cuidado sea agradar al Señor en todas las cosas. ¡Tenga yo fe y santidad porque estas virtudes son agradables al Altísimo!

***La Biblia** en un año:*

- *2Sam. 1 - 2*
- *Lucas 14:1 - 24*

18

Abril

Josué 1:5

"Estaré contigo; no te dejaré ni te desampararé."

Mis notas:

Estas palabras dirigidas a Josué se repiten muchas veces; son la base de aquellas otras del Nuevo Testamento: «Él dijo: No te dejaré ni te desampararé».

Querido lector, delante de nosotros se presenta una vida de combates, pero el Señor de los ejércitos está con vosotros. ¿Estamos llamados a conducir un pueblo numeroso e inconstante? Esta promesa nos asegura toda la sabiduría y prudencia necesarias. ¿Tenemos que luchar con astutos y poderosos enemigos? Aquí tenemos la fuerza y el valor y la victoria. ¿Tenemos que conquistar una rica herencia? Tenemos una señal del éxito en nuestros propósitos: El Señor está con nosotros.

Sería una verdadera calamidad si Dios pudiera faltar a su palabra; pero como esto nunca podrá suceder, el viento de la inquietud se estrellará contra el muro de la fidelidad divina. El Señor nunca nos abandonará. Suceda lo que suceda, Él velará a nuestro lado. Los amigos nos desamparan y su auxilio es como lluvia de primavera; pero Dios es fiel. Jesús es el mismo eternamente y el Espíritu Santo mora en nosotros.

Ven, alma mía, cálmate y ten confianza. Si las nubes se amontonan, el Señor las disipará. Si Dios no puede ser infiel, tampoco mi fe se debilitará; y como Él no me desamparará, tampoco yo le desampararé. ¡Sea siempre nuestra fe tranquila!

***La Biblia** en un año:*

- *2Sam. 3 - 5*
- *Lucas 14:25 - 35*

19 Abril

"Porque así ha dicho Jehová el Señor: He aquí yo, yo mismo iré a buscar mis ovejas, y las reconoceré."

Ezeq. 34:11

Mis notas:

Esto es lo que hace el Señor cuando sus elegidos son como ovejas descarriadas que no conocen ni al pastor, ni al rebaño. ¡Cuán maravillosamente sabe buscar el Señor a sus escogidos! Jesús se muestra tan admirable pastor, no sólo cuando busca a sus ovejas, como cuando las salva. Aun cuando muchos de los que el Padre le dio han estado a las puertas del infierno, no obstante, el Señor en su afán de buscarlos, ha logrado dar con ellos y los recibe en su gracia. Él nos ha buscado. Tengamos la esperanza cierta de que también aquellos por quienes oramos serán hallados.

El Señor renueva sus esfuerzos cuando alguna oveja de su manada se aleja de los pastos de la verdad y santidad. Pueden caer en graves errores, en lamentables pecados o en el endurecimiento; mas con todo, Jesús, que ha salido fiador por ellos delante del Padre, jamás permitirá que ni una sola se extravíe y perezca. Él las seguirá con su gracia y providencia a través de regiones apartadas, en las viviendas de la miseria y en los abismos oscuros de la desesperación. Jamás perderá una sola de las ovejas que el Padre le confió. Para Jesús es punto de honor buscar y salvar a toda la manada, sin una sola excepción. ¡Cuán magnífica es esta promesa para que yo me sirva de ella si me veo obligado a decir: «Yo anduve como oveja extraviada»!

***La Biblia** en un año:*

- *2Sam. 6 - 8*
- *Lucas 15:1 - 10*

20
Abril

Romanos 1:17

"El justo por la fe vivirá."

Mis notas:

No moriré. Puedo confiar en mi Dios y esta fe me conservará la vida. Quisiera ser de aquellos cuya vida puede ser contada entre los justos; mas aun cuando así fuera, no desearía vivir de mi propia justicia; preferiría fundamentarme en la obra del Señor Jesús y vivir únicamente por la fe en Él. Aunque entregara mi cuerpo para ser quemado por mi Jesús, con todo desconfiaría de mi propio valor y de mi felicidad; al contrario, seguiría viviendo por fe.

Si hubiera mártir de morir,

El nombre de mi Salvador

Tan sólo invocaría fiel,

Perdón pidiendo por su amor.

Vivir por fe es mucho más seguro e infinitamente más feliz que vivir de sentimientos o de las obras. El sarmiento adherido a la vid tiene una vida más abundante de la que podría tener separado del tronco, en el caso de que esto fuera posible. Vivir en comunión con Cristo y sacar de Él nuestra fortaleza es lo más agradable y sagrado. Y si aun los hombres más justos sólo así pueden vivir, con cuánta mayor razón deberé vivir yo que soy un pobre pecador. Señor, creo. En ti confío enteramente. ¿Qué más puedo hacer? Confiar en ti es mi vida; así lo experimento y en este propósito me mantendré hasta el fin de mi vida.

***La Biblia** en un año:*

- *2Sam. 9 - 11*
- *Lucas 15:11 - 32*

"A Jehová presta el que da al pobre, y el bien que ha hecho, se lo volverá a pagar."

Prov. 19:17

21 Abril

Mis notas:

Debemos dar al pobre con compasión, no precisamente para ser vistos y aplaudidos, y mucho menos todavía para ejercer influencia sobre ellos; hemos de socorrerlos por pura simpatía.

Tampoco hemos de esperar nada de los pobres, ni siquiera la gratitud, sino que todo lo que por ellos hacemos debemos considerarlo como un préstamo al Señor. Él es quien se hace cargo de la obligación y de Él esperamos el pago, no del socorrido. ¡Cuánto nos enaltece el Señor cuando condesciende en pedirnos prestado! Grandemente favorecido es el comerciante que en sus libros ve figurar el nombre del Señor. Sería una lástima anotar su nombre con una mezquina cantidad; no temamos asignarle una cuantiosa suma. Sepamos ayudar al necesitado con el que tropezamos en el camino.

En cuanto al reembolso, no merece la pena de pensar en ello; sin embargo, tenemos el pagaré del Señor. Bendito sea su nombre; su promesa de pagar vale más que el oro y la plata. ¿Andamos apurados de dinero a causa de los malos tiempos? Presentemos humildemente este cheque en el Banco de la fe. ¿Has sido, lector, avaro con los pobres? ¡Desgraciado! Que el Señor te perdone.

***La Biblia** en un año:*

- *2Sam. 12 - 13*
- *Lucas 16*

22
Abril

Salmos 146:8

"Jehová abre los ojos a los ciegos; Jehová levanta a los caídos."

Mis notas:

¿Estoy caído? Presentaré esta palabra de gracia delante del Señor. Su modo de ser, su costumbre, su promesa y su mayor gozo es levantar a los caídos. Lo que ahora me aflige ¿es el sentimiento de mis pecados, y, por lo tanto, un abatimiento de espíritu? La obra de Jesucristo es precisamente sacarme de mi quebranto y hacerme descansar. ¡Oh, Señor, levántame por tu misericordia!

¿Tal vez lo que nos apesadumbra es la pérdida de un ser querido y la quiebra de muchos bienes? Aquí también el divino Consolador nos consolará. ¡Qué gran misericordia para nosotros saber que una de las personas de la Santísima Trinidad se haya hecho nuestro Consolador! Y esta misericordia ha sido hecha, ya que una persona tan gloriosa se ha encargado de dispensarla.

Algunos andan tan agobiados que sólo Jesús puede librarles de su enfermedad. Puede y quiere hacerlo. Puede restituirnos la salud, la esperanza y la alegría. Así lo ha hecho en otras pruebas, y como es el mismo Salvador, no hay duda de que repetirá sus obras de misericordia. Los que andamos tristes y caídos, seremos levantados tan altos que quienes ahora nos menosprecian serán confundidos. ¡Qué honor ser ensalzado por el Señor! Bien vale la pena estar abatidos para que experimentemos el poder de ser levantados.

***La Biblia** en un año:*

- *2Sam. 14 - 15*
- *Lucas 17:1 - 19*

23 Abril

"El que tiene oído, oiga lo que el Espíritu dice a las iglesias."

Apoc. 2:11

Mis notas:

Debemos pasar por la muerte primera, a no ser que el Señor venga muy pronto a su templo. Estemos apercibidos esperándola sin temor, ya que Jesús ha transformado este valle oscuro en un camino que conduce a la gloria.

Lo que más debemos temer no es la primera muerte, sino la segunda; no la separación del alma y cuerpo, sino la separación definitiva del hombre completo de Dios. Esta es la verdadera muerte, la que mata toda paz, toda alegría y esperanza. Cuando Dios se marcha, todo desaparece. Una muerte de tal naturaleza es peor que dejar de existir, porque es una existencia, pero sin la vida que es la única que le da su razón de ser y su valor.

Si por la gracia de Dios luchamos hasta el fin, y vencemos en esta guerra gloriosa, nunca podrá tocarnos la muerte con su garra fría. No temeremos ni a la muerte, ni al enfermo, porque tenemos en perspectiva una corona incorruptible. ¡Cuánto nos fortalece este pensamiento en la pelea! La vida eterna bien vale una vida de lucha. Para vernos libres del daño de la segunda muerte, vale la pena luchar durante toda la vida.

¡Señor, danos fe para que salgamos victoriosos y concédenos la gracia de poder perseverar sanos y salvos, aun cuando el pecado y Satanás traten de seguir nuestros pasos!

***La Biblia** en un año:*

- *2Sam. 16 - 18*
- *Lucas 17:20 - 37*

24
Abril

Malaq. 3:10

"Traed todos los diezmos al alfolí, y haya alimento en mi casa; y probadme ahora en esto, dice Jehová de los ejércitos, si no os abriré las ventanas de los cielos y derramaré sobre vosotros bendición hasta que sobreabunde."

Mis notas:

Muchos leen esta promesa y en ella apoyan sus oraciones sin parar mientes en la condición impuesta a las bendiciones que se prometen. No podemos esperar a que se abran los cielos para que desciendan esas bendiciones, si antes no pagamos a Dios y a su causa todos nuestros derechos. No habría escasez de fondos para las buenas obras si todos los que llevan el nombre de cristianos pagaran la parte que les corresponde.

Muchos son pobres porque roban a Dios. Asimismo, muchas iglesias dejan de ser visitadas por el Espíritu porque dejan morir de hambre a los siervos del Señor. Si negamos al siervo de Dios el alimento temporal, no nos extrañemos de encontrar en su ministerio poco alimento espiritual para nuestras almas. Cuando las misiones languidecen por falta de recursos y la obra del Señor queda paralizada por una caja vacía, ¿cómo podremos tener la esperanza de prosperar espiritualmente?

Veamos: ¿Qué he dado yo en último término? ¿He sido tacaño con Dios? ¿He regateado algo a mi Señor Jesús? En adelante obraré de otro modo. Daré mi diezmo al Señor ayudando a los pobres y a su obra y así experimentaré su poder para bendecirme en abundancia.

***La Biblia** en un año:*

- *2Sam. 19 - 20*
- *Lucas 18:1 - 23*

"Camina en su integridad el justo; sus hijos son dichosos después de él."

Prov. 20:7

25
Abril

Mis notas:

Es muy natural que nos preocupemos de nuestra familia, pero haremos muy bien en atribuir esta solicitud a nuestro propio carácter. Si andamos delante de Dios en integridad, haremos mucho mayor bien a nuestros hijos que dejándoles una gran fortuna. La vida santa del padre es el más rico legado para los hijos.

El justo deja a sus hijos su ejemplo, lo cual es una verdadera mina de riqueza. ¡Cuántos atribuyen el éxito de su vida al ejemplo recibido de sus padres!

Asimismo, les deja su reputación. Los hombres tienen mejor concepto de nosotros si somos hijos de un padre honrado, o herederos de un comerciante de excelente reputación. ¡Ojalá todos los jóvenes se preocuparan de conservar intacto el buen nombre de la familia!

Sobre todo, el justo deja a sus hijos sus oraciones, y la bendición de Dios que las escucha. Estas hacen que nuestros descendientes sean favorecidos entre los hijos de los hombres. Dios salvará a nuestros hijos aun después de nuestra muerte. ¡Ojalá fuesen salvos desde ahora!

Nuestra integridad será tal vez el medio del que Dios se sirva para salvar a nuestros hijos e hijas. Si ven en nuestras vidas la realidad de la religión, tal vez llegarán al conocimiento de Jesús por sí mismos. ¡Señor, que tu promesa sea cumplida en mi propia casa!

***La Biblia** en un año:*

- *2Sam. 21 - 22*
- *Lucas 18:24 - 43*

26 Abril

Deut. 15:18

"Y Jehová tu Dios te bendecirá en todo cuanto hicieres."

Mis notas:

El señor israelita debía dar la libertad a su siervo en el tiempo designado y cuando éste abandonaba su servicio darle un salario generoso para que pudiera establecerse. Debía hacer esto cordial y gozosamente; el Eterno prometía bendecir este acto de liberalidad. El espíritu de este precepto, como toda la ley de Cristo, nos obliga a tratar bien a nuestros subordinados. Recordemos cómo nos ha tratado el Señor y que esto nos obliga a nosotros a tratar a los demás con consideración. Es necesario que los hijos de un Dios de bondad sean generosos. ¿Cómo podemos esperar que nuestro gran Maestro bendiga nuestros negocios si somos injustos con los que nos sirven?

¡_ Qué bendición se promete aquí a las almas generosas! Si en todo cuanto hacemos somos bendecidos, tenemos verdadera bendición. El Señor nos la concederá, ora en la prosperidad, ora en el gozo de espíritu, o por el sentimiento de su favor, que es la más excelente de las bendiciones. Él nos hará sentir que somos objeto de sus cuidados especiales y que estamos cercados de su amor. Nuestra vida en la tierra será así un gozoso preludio de la vida venidera. La bendición de Dios vale más que una fortuna. Enriquece y en ella no hay tristeza alguna.

***La Biblia** en un año:*

- *2Sam. 23 - 24*
- *Lucas 19:1 - 27*

27 Abril

"Jehová cumplirá su propósito por mí."

Salmos 138:8

Mis notas:

Aquél que ha comenzado la obra en mi alma la perfeccionará. Todo lo que me concierne, interesa también al Señor. Todo lo que es bueno, aun cuando no sea perfecto, será por Dios vigilado, guardado y realizado. Tal es nuestro consuelo. Por mí mismo no podría yo terminar la obra de la gracia. Mis culpas cotidianas lo demuestran suficientemente, y si hasta el momento he perseverado es porque el Señor me ha socorrido. Si me abandonara un solo instante, de nada me valdría mi pasada experiencia, y sucumbiría en el camino. Pero el Señor perfeccionará mi fe, mi amor, mi carácter y el trabajo de mi vida. Él seguirá bendiciéndome. Y lo hará ciertamente porque ha comenzado en mí esta obra. De su mano me viene el interés que pongo en mi perfeccionamiento, y, en cierta medida, ha cumplido mis anhelos. Nunca puede dejar una obra incompleta, porque esto ni sería propio de Él, ni redundaría en gloria suya. Él conoce la manera de realizar los designios de su gracia, y aunque mi torcida naturaleza, el mundo y Satanás conspiran para detener su obra, yo nunca dudaré de su promesa. Ciertamente cumplirá por mí y yo le alabaré para siempre. ¡Señor, haz que la obra de tu gracia prospere en mí durante este día!

***La Biblia** en un año:*

- *1Reyes 1 - 2*
- *Lucas 19:28 - 48*

28

Abril

2 Corintios 6:16

"Habitaré y andaré entre ellos; y seré su Dios, y ellos serán mi pueblo."

Mis notas:

Aquí hay reciprocidad de intereses. Ambos se pertenecen mutuamente. Dios es la porción de su pueblo, y el pueblo escogido es la porción de Dios. Los santos encuentran en Dios su principal posesión, y Él los considera como su más rico tesoro. ¡Qué manantial de consuelo encierra esta verdad para todo creyente!

A esta reciprocidad de intereses se añade una reciprocidad de sentimientos. Dios siempre pensará en su pueblo, y su pueblo pensará en Él. Hoy el Señor lo hará todo por mí. ¿Qué podré hacer yo por Él? Mis pensamientos deben volar hacia Él en todo tiempo, porque sus pensamientos están en mí. Debo estar cierto de que así es, y no contentarme de que así debe ser.

Hay, además, una comunión mutua. Dios está en nosotros y nosotros en Él; Él anda con nosotros, y nosotros andamos en Él. ¡Qué comunión tan gozosa!

¡Pudiera yo tratar al Señor como a mi Dios, confiando en Él y sirviéndole como se merece! ¡Oh, quién pudiera amar, honrar, adorar y obedecer a Dios en espíritu y en verdad! Tal es el deseo de mi corazón. Cuando lo consiga, habré hallado el cielo. ¡Señor, ayúdame! Sé mi Dios, enseñándome a conocerte como mi Dios por el amor de Jesucristo!

***La Biblia** en un año:*

- *1Reyes 3 - 5*
- *Lucas 20:1 - 26*

"No digas, yo me vengaré; espera a Jehová, y él te salvará."

Prov. 20:22

29 Abril

Mis notas:

No te apresures. Deja que se apacigüe tu ira. Nada digas ni hagas para vengarte. Seguro estarás de haber obrado impunemente si tomas las armas y peleas tus propias batallas, pero no mostrarás el espíritu del Señor Jesús. Mucho más noble es perdonar y olvidar la ofensa. Guardar rencor en tu pecho, y maquinar la venganza, es mantener abiertas las viejas heridas y producir otras nuevas. Cosa más excelente es olvidar y perdonar.

Tal vez digas que debes hacer algo, o de lo contrario perder mucho. En tal caso obra en conformidad con la promesa de hoy: «Espera a Jehová, y Él te salvará». El seguir este consejo no te costará dinero, y sin embargo, tiene mucho valor. Espera en el Señor, cuéntale tus agravios; extiende ante sus ojos la carta de Rabsaces y esto aliviará tu alma apesadumbrada. Además, atiende a la promesa: «El te salvará». Dios hallará los medios de librarte. ¿Cómo? Ni tú ni yo lo sabemos, pero lo hará. Y si el Señor te salva, esto será mucho mejor que meterte en míseras pendencias cubriéndote de barro para luchar con los malvados. No te irrites más. Deja tus pleitos en las manos del soberano Juez.

***La Biblia** en un año:*

- *1Reyes 6 - 7*
- *Lucas 20:27 - 47*

30 Abril

Apoc. 2:17

"Al que venciere, daré a comer del maná escondido, y le daré una piedrecita blanca, y en la piedrecita escrito un nombre nuevo, el cual ninguno conoce, sino aquel que lo recibe."

Mis notas:

Esfuérzate, alma mía, por perseverar en la guerra santa, porque grande es el galardón de la victoria. Hoy comemos el pan que desciende del cielo que cae sobre nuestros reales; el pan del desierto, el pan del cielo, y que nunca falta para los que van caminando hacia Canaán.

Pero en Jesucristo nos está reservado un nivel más elevado de vida espiritual, al mismo tiempo que un alimento apropiado que todavía no conoce nuestra experiencia. En el vaso de oro depositado en el arca, había escondida una porción del maná, que, a pesar de los siglos, no se corrompió. Nadie la vio jamás; estaba oculta en el Arca de la Alianza, en el Lugar Santísimo. De la misma manera, la más alta vida del creyente está escondida con Cristo en Dios. Pronto llegaremos a ella. Hechos vencedores por la gracia de nuestro Señor Jesús, comeremos de las viandas del Rey, y nos regalaremos con los manjares más delicados de su mesa. Nos alimentaremos de Jesús. Él es nuestro «maná escondido», además de haber sido nuestro maná en el desierto. Él es todo en todos, cualquiera que sea nuestra situación. Nos fortalece en el combate, nos da la victoria y después será nuestro galardón. Señor, ayúdame a vencer.

***La Biblia** en un año:*

- *1Reyes 8 - 9*
- *Lucas 21:1 - 19*

1 Mayo

"Los montes y los collados levantarán canción delante de vosotros, y todos los árboles del campo darán palmadas de aplauso."

Isaías 55:12

Mis notas:

Al sernos perdonado el pecado, termina el motivo de nuestra mayor pena y comienza nuestra verdadera alegría. Tal es el gozo que el Señor derrama sobre aquellos que han sido reconciliados con Él y que inunda de alegría a toda la creación. Hay en el mundo material una música latente, y el corazón renovado puede hacerla brotar y transformarla en armonías sensibles. La creación es como un órgano; el hombre santificado conoce la tecla sobre la cual con sólo poner la mano despierta en el universo entero un concierto de alabanzas. Los montes y collados, con todas las magnificencias de la naturaleza son, por decirlo así, el bajo del coro; en tanto que los árboles del bosque y toda la creación animada son la melodía y el canto.

Cuando la Palabra de Dios produce frutos en nosotros y las almas se salvan, todo parece cantar en derredor nuestro. Cuando escuchamos el testimonio de los nuevos convertidos y las experiencias de los más antiguos, es tanta nuestra alegría que no podemos por menos de alabar a Dios; y parécenos que las rocas y collados, los bosques y los campos, resuenan con los ecos de nuestros cánticos de gozo y convierten al universo entero en una orquesta inmensa. Señor, en este alegre día de mayo, condúceme a este mundo melodioso donde pueda cantar tus alabanzas como una alondra.

***La Biblia** en un año:*

- *1Reyes 10 - 11*
- *Lucas 21:20 - 38*

2 Mayo

Gálatas 6:8

"El que siembra para el Espíritu, del Espíritu segará vida eterna."

Mis notas:

Alguien pensará que sembrar es una ocupación vana porque depositamos buen trigo en la tierra y ya no lo vemos más. Sembrar para el Espíritu puede también parecer una quimera, un sueño, porque nos negamos a nosotros mismos y en apariencia nada recibimos. Mas si sembramos para el Espíritu procurando vivir para Dios, obedeciendo su voluntad y esforzándonos en fomentar su gloria, nuestra siembra no será infecunda. La vida será nuestra recompensa: la vida eterna. Ahora bien, esta vida la poseemos tan pronto como comenzamos a conocer a Dios, entramos en comunión con Él, y nos gozamos con Él. Esta vida sigue su curso como un río que va ensanchándose y profundizando hasta llevarnos al océano de la felicidad infinita donde la vida de Dios nos pertenece para siempre.

No sembremos hoy para nuestra carne porque la siega será corrupción, ya que la carne siempre tiende a eso; antes por el contrario, venciéndonos a nosotros mismos con la santidad, vivamos para fines más elevados, más puros y espirituales, buscando la gloria de nuestro Dios por la obediencia a su Espíritu de gracia. ¡Qué siega tan admirable será la siega de la vida eterna! ¡Qué gavillas de bendición eterna recogeremos! ¡Qué día de fiesta el día de tan hermosa siega! ¡Señor, concédenos por amor de tu Hijo, que seamos del número de estos afortunados segadores!

***La Biblia** en un año:*

- *1Reyes 12 - 13*
- *Lucas 22:1 - 30*

3 Mayo

"Y cuando oigas ruido como de marcha por las copas de las balsameras, entonces te moverás; porque Jehová saldrá delante de ti a herir el campamento de los filisteos."

2 Samuel 5:24

Mis notas:

Hay indicios de que el Señor se mueve, los cuales deben ponernos a nosotros en movimiento. El Espíritu de Dios sopla donde quiere y oímos su sonido. Entonces es cuando más activos debemos mostrarnos. Aprovechemos tan preciosa oportunidad y saquemos de ella el mejor partido posible. Nuestro deber es pelear en todo momento contra los filisteos; mas cuando el Señor va delante de nosotros, deberíamos mostrarnos más valientes todavía.

La brisa sacudió las copas de los árboles, y David y los suyos tomaron esto por señal de ataque, y mientras avanzaban, el Señor hirió a los filisteos. ¡Quiera nuestro Dios brindarnos una ocasión de hablar de Él a quienes nos rodean! Sepamos sacar provecho de las ocasiones que se nos presentan. Quién sabe si no será este día de buenas nuevas, tiempo de ganar almas. Tengamos atentos nuestros oídos para oír el ruido del viento, y pronto nuestros entendimientos para obedecer a esta señal. «Porque Jehová saldrá delante de ti». ¿No es esta promesa estímulo suficiente para que nos armemos de valor? Si el Señor va delante, no nos quedemos nosotros rezagados.

***La Biblia** en un año:*

- *1Reyes 14 - 15*
- *Lucas 22:31 - 46*

4 Mayo

Miqueas 7:8

"Tú, enemiga mía, no te alegres de mí, porque aunque caí, me levantaré; aunque more en tinieblas, Jehová será mi luz."

Mis notas:

Este versículo tal vez exprese los sentimientos de alguien que ha sido pisoteado y escarnecido. Nuestro enemigo puede apagar por unos momentos nuestra luz. Mas para nosotros hay esperanza segura en el Señor, y si confiamos en Él conservándonos íntegros, presto pasará el tiempo de nuestro abatimiento y oscuridad. Los insultos del enemigo duran poco. El Señor cambiará su risa en lamentación y en canciones nuestros suspiros.

Aun cuando, por algún tiempo, triunfara sobre nosotros el enemigo de nuestras almas, como efectivamente ha triunfado sobre otros más excelentes, cobremos ánimo, porque pronto le derrotaremos. Nos levantaremos de nuestras caídas, porque Dios no ha caído y nos levantará. No permanezcamos en la oscuridad, aunque momentáneamente estemos en ella. Nuestro Dios es fuente de luz, y pronto nos traerá días venturosos. No desesperemos, ni dudemos. Una vuelta de la rueda, y lo que está abajo quedará arriba. ¡Ay de los que ríen ahora, porque lamentarán y llorarán cuando su vanidad se torne en desprecio eterno! Mas bienaventurados los santos que lloran porque ellos serán divinamente consolados.

***La Biblia** en un año:*

- *1Reyes 16 - 18*
- *Lucas 22:47 - 71*

"Jehová hará volver a tus cautivos."

Deut. 30:3

5 Mayo

Mis notas:

El pueblo de Dios puede ser vendido a la cautividad del pecado. Esta es una fruta que procede de una raíz más amarga todavía. ¡Qué esclavitud la del Hijo de Dios vendido al pecado, encadenado por Satanás, privado de su libertad, del poder de la oración y de su gozo en el Señor! Velemos para que no caigamos en tal esclavitud; mas si tal vez hemos caído, no desmayemos.

Sin embargo, no podemos permanecer cautivos para siempre. El Señor Jesús ha pagado un precio demasiado elevado por nuestro rescate para que nos deje en las manos del enemigo. «Conviértete al Señor tu Dios»; éste es el camino de la libertad. Allí donde por primera vez hemos encontrado la salvación, volveremos a encontrarla. Al pie de la cruz de Cristo, confesando nuestro pecado, hallaremos el perdón y el rescate. Además, el Señor quiere que obedezcamos su voz haciendo todo lo que Él nos ha mandado, y obligación nuestra es hacerlo con todo nuestro corazón y con toda nuestra alma; así cesará nuestra esclavitud.

Muchas veces el abatimiento de espíritu y la gran miseria del alma nos abandonan tan pronto como dejamos nuestros ídolos y nos inclinamos en la presencia del Dios vivo. ¿Por qué hemos de continuar siendo cautivos? Podemos volver a ser ciudadanos de Sión; hagámoslo pronto. ¡Señor, sácanos de nuestro cautiverio!

***La Biblia** en un año:*

- *1Reyes 19 - 20*
- *Lucas 23:1 - 25*

6 Mayo

Prov. 23:17-18

"No tenga tu corazón envidia de los pecadores, antes persevera en el temor de Jehová todo el tiempo."

Mis notas:

Cuando vemos cómo prosperan los pecadores, fácilmente somos tentados por la envidia, y cuando oímos el canto de su regocijo mientras nosotros estamos afligidos, casi llegamos a creer que se han llevado la mejor parte. Mas pensar así es insensatez y pecado. Si los conociéramos mejor y consideráramos su fin, serían para nosotros objeto de lástima.

El remedio contra la envidia consiste en vivir constantemente en el sentimiento de la divina presencia, en la adoración y continua comunión con Dios. Una religión verdadera transportará nuestra alma a regiones superiores, donde nuestro juicio será más claro y más altos nuestros pensamientos. Cuanto más penetrados estemos del cielo, menos codiciaremos el mundo. El temor de Dios ahuyenta la envidia de los hombres.

El golpe fatal contra la envidia es la serena meditación del futuro. Las riquezas y glorias de los impíos son vanas apariencias. Su brillo es pasajero y presto se apaga. ¿De qué aprovecha al pecador su prosperidad si es alcanzado del juicio de Dios? En cambio, el hombre de Dios tendrá como fin la paz y la bienaventuranza, y su gozo nadie se lo arrebatará. Por lo tanto, despójese de la envidia y busque el verdadero contentamiento del espíritu.

***La Biblia** en un año:*

- *1Reyes 21 - 22*
- *Lucas 23:26 - 56*

7 Mayo

"Y no se pegará a tu mano nada del anatema; para que Jehová se aparte del ardor de su ira, y tenga de ti misericordia, y tenga compasión de ti, y te multiplique, como lo juró a tus padres."

Deut. 13:17

Mis notas:

Israel tenía que conquistar ciudades idólatras, y destruir todos los despojos considerando que todo lo contaminado por la idolatría, por ser cosa maldita, debía ser quemado y destruido. Con este mismo rigor debe tratar el cristiano toda suerte de pecados. Hemos de desarraigar hasta las raíces de un mal hábito. Es una guerra sin cuartel al pecado, cualquiera que sea su naturaleza, o bajo cualquier forma que afecte al alma, al cuerpo o al espíritu. Este abandono del mal no hemos de mirarlo como un mérito que nos haga dignos del perdón, sino como el fruto de la gracia de Dios que en ninguna manera debe faltar.

Cuando por la gracia divina llegamos a no tener complacencias con el pecado, Dios tiene misericordia de nosotros. Cuando estamos reñidos con la maldad, Dios no se enoja contra nosotros. Cuando multiplicamos nuestros esfuerzos contra la iniquidad, el Señor multiplica sus bendiciones. El camino de la paz, del progreso, de la seguridad y gozo en Jesucristo se encuentra en estas palabras: «No se pegará algo a tu mano del anatema». Señor, purifícame en este día. La misericordia, la prosperidad y la alegría serán otorgadas a quienes dejan el pecado con firme resolución.

***La Biblia** en un año:*

- *2Reyes 1 - 3*
- *Lucas 24:1 - 35*

8 Mayo

Mateo 20:7

"Id también vosotros a la viña, y recibiréis lo que sea justo."

Mis notas:

Sí, aun para los viejos hay trabajo en la viña de Cristo. Aun cuando sea la hora undécima, nos permitirá trabajar. ¡Cuánta misericordia! Sin duda alguna, aun los ancianos deberían apresurarse para aceptar esta invitación. Cuando los hombres se hacen viejos, nadie los acepta como trabajadores; van de casa en casa; mas cuando los dueños ven sus canas, mueven la cabeza y los despachan. ¡Sin embargo, Jesús acepta a los ancianos y les remunera con buenos sueldos! ¡Cuán grande es su misericordia! Señor, ayuda a todos los hombres de edad madura para que sin demora se alisten en tu servicio.

¿Pero dará el Señor un salario a los que están fatigados por los años? No lo dudes. Él asegura que te dará lo que fuere justo si trabajas en su campo. Recibirás aquí la gracia y allí la gloria. Él te concederá consuelo en esta vida y el descanso en la otra; fortaleza suficiente mientras vivas y una visión de gloria cuando sobrevenga la noche de la muerte. Todo esto dará el Señor gratuitamente tanto a los que se han convertido a última hora, como a los que se convirtieron en la juventud.

Esta gracia quiero anunciarla a todos los no convertidos, sean ancianos o ancianas, y pedir al Señor que los bendiga por amor a Jesucristo. ¿Dónde hallaré estas personas? Las buscaré para anunciarles con cariño estas buenas nuevas.

***La Biblia** en un año:*

- *2Reyes 4 - 6*
- *Lucas 24:36 - 53*

9 Mayo

"Por tanto, en él se alegrará nuestro corazón, porque en su santo nombre hemos confiado."

Salmos 33:21

Mis notas:

Sobre la planta de la fe crece la flor del gozo del corazón. Tal vez no nos alegremos al principio, mas a su tiempo vendrá la alegría. Cuando estamos tristes, confiemos en el Señor, y en tiempo oportuno responderá a nuestra confianza dándonos la alegría del Señor como fruto de nuestra fe. La duda engendra tristeza, mas la confianza produce gozo y contentamiento.

La seguridad expresada por el salmista en este versículo es una verdadera promesa que se nos ofrece en las manos de la confianza. ¡Ojalá tuviésemos la gracia necesaria para apropiárnosla! Si en este momento no estamos gozosos, ciertamente lo estaremos del mismo modo que el Dios de David es nuestro Dios.

Meditemos acerca del santo nombre del Señor para que cada día confiemos más en Él y nuestro gozo sea más cumplido. Él es santo, justo, verdadero, misericordioso, fiel e invariable. ¿Un Dios de tal naturaleza no será digno de nuestra confianza? Es omnisciente, todopoderoso, todo lo ve ¿y no confiaremos plenamente en Él? Hagámoslo ahora mismo sin dilación.

Jehová_Gireh proveerá, Jehová_Shalom enviará paz, Jehová_Tsidkrenu justificará, Jehová_Shamma estará siempre cerca, y en Jehová_Erissi venceremos a todos nuestros enemigos. Quienes te conocen confiarán en ti; y quienes en ti confían se alegrarán, ¡Oh, Señor!

***La Biblia** en un año:*

- *2Reyes 7 - 9*
- *Juan1:1 - 28*

10

Mayo

Hebreos 13:6

"De manera que podemos decir confiadamente: el Señor es mi ayudador; no temeré lo que me pueda hacer el hombre."

Mis notas:

Puesto que Dios jamás nos desampara, bien podemos estar contentos de lo presente. Puesto que el Señor es nuestro, jamás podremos quedar desamparados, sin un amigo, sin un tesoro, sin un refugio. Con tal protección, no podremos ser tentados a adular servilmente a nuestros prójimos y pedirles permiso para vivir. Lo que decimos podemos decirlo con resolución desafiando a todos los que nos contradicen.

Quien a Dios teme a nadie puede temer. Tan grande debiera ser nuestro temor respetuoso al Señor que todas las amenazas de nuestros orgullosos perseguidores sean para nosotros como el silbido del viento. En nuestros días, no pueden los hombres perjudicarnos tanto como en tiempo del apóstol que escribió este versículo. El tormento y la hoguera han pasado de moda, y nadie puede hoy quemar a los herejes. Si los discípulos de falsos maestros nos escarnecen cruelmente y se mofan de nosotros, no hemos de maravillarnos, porque los mundanos jamás podrán amar la simiente espiritual. ¿Qué pues?

Debemos soportar el escarnio del mundo; éste no quiebra hueso alguno. Con la ayuda de Dios, seamos valientes, y si el mundo se enfurece, dejémosle en su furor, pero no le temamos.

***La Biblia** en un año:*

- *2Reyes 10 - 12*
- *Juan1:29 - 51*

"Gad, ejército lo acometerá; mas él acometerá al fin."

Génesis 49:19

11 Mayo

Mis notas:

Muchos de nosotros hemos sido como la tribu de Gad. Nuestros enemigos han sido por algún tiempo numerosos y cayeron sobre nosotros como un ejército. Por el momento nos vencieron y se envanecieron de su victoria. Con ello no hicieron sino demostrar que esta profecía concierne también al pueblo de Cristo que, como Gad, debe ser asaltado y vencido por un ejército numeroso. Dura cosa es ser vencido, y de no haber creído por fe en la segunda parte de la promesa de nuestro Padre, «él acometerá al fin», habríamos desmayado. «Hasta el fin nadie es dichoso», dijo un poeta. Y es verdad. Se juzga una guerra no por los primeros éxitos o derrotas, sino por el desenlace final. «Al fin», el Señor dará la victoria a la verdad y a la justicia, y, como dice Bunyan, eso quiere decir para siempre, porque después del fin, nada puede suceder.

Lo que necesitamos es perseverar en el bien obrar, y mucha confianza en nuestro glorioso Capitán. Cristo, Señor nuestro, nos enseñará a endurecer nuestro rostro como el diamante para que podamos realizar su obra o resistir al sufrimiento hasta que podamos exclamar: «Consumado es». ¡Aleluya! ¡Victoria! Creamos en su promesa. «El acometerá al fin».

***La Biblia** en un año:*

- *2Reyes 13 - 14*
- *Juan2*

12
Mayo

Prov. 27:18

"Quien cuida la higuera comerá su fruto, y el que mira por los intereses de su Señor, tendrá honra."

Mis notas:

El que cultiva la higuera obtendrá higos en recompensa de su trabajo, y el que sirve a un señor bueno será galardonado con honra. El Señor Jesús es el mejor de los señores y es para nosotros un privilegio dedicarle el más pequeño servicio. Servir a ciertos señores es lo mismo que cultivar un manzano silvestre que no da sino frutos amargos. Empero servir al Señor Jesús es cultivar una higuera que produce higos sabrosísimos. Su servicio es una delicia; permanecer en Él es avanzar continuamente; tener éxito en Él es la felicidad en la tierra, y la recompensa es la gloria del cielo.

Los más grandes honores serán recogidos en la época en que maduran los higos, en la vida venidera. Los ángeles, que ahora son nuestros servidores, nos llevarán al cielo cuando haya terminado nuestro trabajo del día. El cielo donde mora Jesús será nuestra casa de honor, una felicidad eterna será nuestra bendita herencia, y el Señor mismo nuestro glorioso compañero. ¿Quién podrá entender lo que esta promesa significa: «El que guarda a su Señor será honrado»?

Señor, ayúdame a servirte, y que sepa dejar a un lado todo deseo de ser honrado, hasta que Tú mismo me honres. Que tu Santo Espíritu haga de mí un obrero humilde y sufrido.

***La Biblia** en un año:*

- *2Reyes 15 - 16*
- *Juan3:1 - 18*

"Y le daré la estrella de la mañana."

Apoc. 2:28

13
Mayo

Mis notas:

Hasta que el día llegue y las sombras huyan ¡cuán grande bendición es ver en Jesús «la estrella de la mañana!» Los periódicos refirieron la reaparición de la estrella de Belén. Después de las oportunas indagaciones, se vio que no era otra cosa que «la estrella de la mañana». Después de todo, no fue tan grande la equivocación.

Mucho mejor es ver a Jesús como el sol; mas cuando así no podemos hacerlo, que por lo menos sea para nosotros como la estrella que anuncia el día y que nos muestre que se aproxima la luz eterna. Si no soy ahora lo que yo deseara ser, sin embargo ya veo a Jesús, lo cual me asegura que un día seré semejante a Él. Ver a Jesús por fe es ya para nosotros la garantía de que le veremos en su gloria y que seremos transformados a su imagen. Si al presente no poseo toda la luz y todo el gozo que quisiera, pronto lo tendré, porque con la misma certidumbre con que veo la estrella de la mañana, así veré el día. La estrella de la mañana no está lejos del sol naciente.

Alma mía, ¿te ha dado el Señor la estrella de la mañana? ¿Conservas tú esta verdad, esta gracia, esta esperanza y el amor que de Él has recibido? ¿Entonces ya ves la aurora de la gloria venidera? El que te da fuerzas para vencer el mal y perseverar en la justicia, te ha dado también la estrella de la mañana.

***La Biblia** en un año:*

- *2Reyes 17 - 18*
- *Juan3:19 - 36*

14

Mayo

Oseas 6:1

"Venid y volvamos a Jehová; porque él arrebató, y nos curará; hirió y nos vendará."

Mis notas:

El método del Señor es arrebatar antes que curar. Tal es el amor sincero de su corazón y la maravillosa cirugía de su mano. También Él hiere antes de vendar, sin lo cual su trabajo sería incompleto. La ley precede al Evangelio y la necesidad antes del socorro. ¿Te ves aplastado bajo la acción convincente y arrolladora del Espíritu Santo? ¿Has recibido el espíritu de servidumbre que de nuevo te atemoriza? Son los preliminares saludables de la verdadera curación por el Evangelio.

No te desalientes, hermano mío, acude al Señor con tus profundas heridas, tus negros cardenales, y tus llagas supurantes. Sólo Dios puede curar y le place hacerlo. La obra del Señor es vendar a los quebrantados de corazón y para ello tiene una habilidad consumada y gloriosa. No nos detengamos; vayamos inmediatamente al Señor del cual nos hemos separado. Presentémosle nuestras heridas abiertas y supliquémosle que perfeccione su obra. ¿Qué cirujano hace una incisión y deja al enfermo morir? ¿Derribará el Señor nuestra vieja casa y rehusará después edificar otra mejor? ¿Aumentarás, Señor, intencionadamente la miseria de las pobres almas abandonadas? Esto, Señor, nadie podrá decirlo de ti.

***La Biblia** en un año:*

- *2Reyes 19 - 21*
- *Juan4:1 - 30*

"Le pondré en alto, por cuanto ha conocido mi nombre."

Salmos 91:14

15 Mayo

Mis notas:

¿Se dirigen a mí estas palabras? Ciertamente, si conozco su nombre. Bendito sea el Señor porque su nombre me es conocido. En efecto, lo he experimentado, lo he conocido, y, por tanto, confío en Él. Conozco su nombre como el de un Dios que aborrece el pecado, porque la virtud convincente de su Espíritu ha sabido que jamás pactará con el mal. Mas también le conozco en Jesucristo como el Dios del perdón, porque ha borrado todas mis transgresiones. Su nombre es la fidelidad y como tal le conozco, ya que jamás me ha desamparado aunque hayan sido multiplicados mis sufrimientos.

Este conocimiento es un don de su gracia, y por esta misma razón, el Señor me concede otra gracia, es decir, ponerme en alto, lo cual es gracia sobre gracia. Si escalamos las alturas, nuestra posición puede sernos peligrosa; mas si el Señor nos coloca allí, estaremos seguros. Tal vez nos ponga en un puesto de gran utilidad, en una experiencia eminente, en un éxito de nuestro servicio, en la dirección de una obra, en hacer de padre de los pequeñuelos. Si así no fuera, tal vez puede ponernos en alto por medio de una comunión íntima con Él, por un conocimiento claro y profundo, por una santidad triunfante, o por la anticipación gloriosa de la vida eterna. Cuando Dios nos pone en alto, Satanás no podrá derribarnos. ¡Que tal sea nuestra experiencia durante todo el día!

***La Biblia** en un año:*

- *2Reyes 22 - 23*
- *Juan4:31 - 54*

16

Mayo

Mateo 5:7

"Bienaventurados los misericordiosos, porque ellos alcanzarán misericordia."

Mis notas:

No es justo que quien no quiere perdonar sea perdonado, ni quien rehusa dar al pobre sea aliviado en sus necesidades. Dios nos tratará del mismo modo que tratemos a los demás, y los que se muestran dueños crueles y acreedores inflexibles serán tratados por el Señor con severidad. «Porque juicio sin misericordia será hecho con aquel que no hiciere misericordia».

Procuremos hoy dar y perdonar. Aprendamos a sufrir y soportar. No nos formemos juicios severos acerca de la conducta de las personas, no efectuemos compras ilícitas; no busquemos pendencias insensatas, ni seamos descontentadizos. Sin duda alguna queremos ser bendecidos y deseamos obtener misericordia: seamos nosotros misericordiosos. Para tener derecho a la misericordia, cumplamos las condiciones requeridas. ¿Acaso no es un deber grato el mostrarnos bondadosos? ¿No hallamos más dulzura en la bondad que en la cólera, en la indignación y en la falta de generosidad? En esto hay ciertamente una bendición. Además, obtener misericordia es un rico galardón. Sólo la gracia soberana puede hacernos semejante promesa. Demostremos a nuestros prójimos la misericordia en algunos denarios y el Señor nos perdonará «toda aquella deuda».

***La Biblia** en un año:*

- *2Reyes 24 - 25*
- *Juan5:1 - 24*

"Los perfectos heredarán el bien."

Prov. 28:10

17 Mayo

Mis notas:

El Libro de los Proverbios es también un libro de promesas. Las promesas para el pueblo de Dios deberían ser consideradas como proverbios. Y aquí tenemos una promesa digna de ser meditada. Estamos acostumbrados a creer que los bienes terrenales son reversibles y aquí se nos enseña que los tenemos como una herencia.

Ni la astucia, ni la mala fe de nuestros enemigos podrán arruinarnos: ellas mismas caerán en la fosa que han cavado. Nuestra herencia se halla tan asegurada, que nadie podrá privarnos de ella, ni engañarnos para que la perdamos.

¿Qué tenemos ahora? Poseemos la sangre preciosa de Cristo que nos da la tranquilidad de conciencia; el amor de Dios que no sufre variaciones ni cambios, es nuestro. Tenemos el gran medio de la oración por la cual tenemos poder cerca de Dios; tenemos la providencia de Dios que vela sobre nosotros, los ángeles que nos sirven, su Santo Espíritu que nos santifica y mora en nosotros. Todo esto es nuestro. «Sea lo presente, sea lo porvenir, todo es vuestro». Jesús es nuestro: la divina Trinidad nos pertenece. ¡Aleluya! Espera, pues, todo temor, toda queja, todo llanto, todo trabajo de esclavos, porque somos herederos del bien. Vivamos en Dios y alegrémonos en Él todo el día. Ayúdanos, Espíritu Santo!

***La Biblia** en un año:*

- *1Cró. 1 - 3*
- *Juan5:25 - 47*

18
Mayo

Joel 2:25

"Y os restituiré los años que comió la langosta."

Mis notas:

En efecto, estos años perdidos que nos hacen gemir, nos serán restituidos. Dios es suficientemente rico en gracia para hacer que los años que nos quedan de vida sean tan fecundos para su servicio, como los años de nuestra inconversión, que lloramos con lágrimas de penitencia a causa de su esterilidad.

Hoy consideramos como una terrible plaga las langostas de la apostasía, de la mundanidad y de la tibieza. ¡Ojalá nunca se hubiesen acercado a nosotros! Mas el Señor de las misericordias las ha ahuyentado, y ahora estamos llenos de celo para servirle. ¡Bendito sea su santo nombre!; podemos recoger tal cosecha de bienes espirituales que pondrá en olvido nuestra esterilidad pasada. Por la gracia del Señor podemos aprovechar nuestra amarga experiencia y servirnos de ella para amonestar a los demás. A causa de nuestra insuficiencia pasada, quedamos más profundamente enraizados en la humildad, en la dependencia infantil. La vigilancia y la circunspección que hemos adquirido nos ayudan a recuperar con más seguridad el tiempo perdido. Los años malgastados, por un milagro del amor, pueden sernos restituidos. ¿No es esto una gracia extraordinaria por el reconocimiento de su debilidad? ¡Señor, ayúdanos con tu gracia!

***La Biblia** en un año:*

- *1Cró. 4 - 6*
- *Juan6:1 - 21*

19 Mayo

"Por tanto así dijo Jehová: Si te convirtieres, yo te restauraré, y delante de mí estarás; y si entresacares lo precioso de lo vil, serás como mi boca."

Jeremías 15:19

Mis notas:

¡Pobre Jeremías! Mas, ¿por qué le llamamos pobre? El profeta de las lamentaciones era un siervo escogido del Señor, y ensalzado sobre otros muchos. Fue aborrecido porque decía la verdad. La palabra, tan dulce para él, era muy amarga para sus oyentes; por tanto, fue acepto del Señor. Se le mandó mantenerse firme en su fidelidad, con la única condición de que el Señor continuaría hablándole. Debía tratar con entereza y verdad a los hombres de su tiempo con el fin de llevar a cabo la obra de reparación que Dios le había encomendado entre los apóstatas de su tiempo, y el Señor le dijo: «Serás como mi boca».

¡Qué honor tan grande! ¿No debiera desearlo todo predicador y todo oyente? ¡Cuán maravilloso es que Dios hable por nosotros! Nuestra palabra será cierta, verdadera, pura; servirá de bendición para quienes la reciban, y los que la rechacen incurrirán en inminente riesgo. Nuestros labios apacentarán a muchos; despertarán a los que duermen y resucitarán a los muertos.

Querido lector, pide al Señor que suceda esto con el autor y con todos los siervos enviados por el Señor.

***La Biblia** en un año:*

- *1Cró. 7 - 9*
- *Juan6:22 - 44*

20
Mayo

Isaías 45:2

"Yo iré delante de ti, y enderezaré los lugares torcidos; quebrantaré puertas de bronce, y cerrojos de hierro haré pedazos."

Mis notas:

Esta promesa fue hecha al rey Ciro; pero al mismo tiempo se dirige a todos los verdaderos siervos del Señor. Sigamos siempre adelante con fe, y nuestro camino se allanará. Las tortuosidades del artificio humano y las sutilezas de Satanás se enderezarán para nosotros, sin necesidad de tener que seguir sus engañosos rodeos. Las puertas de bronce serán quebrantadas y los cerrojos de hierro que las sujetaban serán hechos pedazos. Para derribarlos no serán necesarios arietes ni barras. El Señor mismo hará el milagro, y lo que sea imposible e insospechado se convertirá en realidad.

Dejemos a un lado nuestro temor y cobardía y avancemos por el camino del deber, porque el Señor ha dicho: «Yo iré delante de ti». No nos incumbe a nosotros razonar el porqué sino hacer frente y avanzar. Es la obra del Señor y Él nos ayudará; ante su poder desaparecerán todos los impedimentos. ¿Por ventura no ha dicho: «Quebrantaré puertas de bronce?» ¿Quién podrá impedir la ejecución de sus propósitos y oponerse a sus designios? Quienes sirven a Dios poseen recursos infinitos. El camino es llano para la fe, aun cuando esté cerrado por la fuerza de los hombres. El Señor ha dicho: «Yo iré delante», como lo dice en esta promesa. No podemos dudar.

***La Biblia** en un año:*

- *1Cró. 10 - 12*
- *Juan6:45 - 71*

"Si las nubes fueren llenas de agua, sobre la tierra la derramarán."

Ecles. 11:3

21 Mayo

Mis notas:

¿Por qué temer las nubes que oscurecen nuestro cielo? Cierto que por unos momentos ocultan el sol, mas éste no se apaga; pronto resplandecerá de nuevo. Las nubes sombrías están cargadas de agua, y cuanto más oscuras son más abundante será el agua que descarguen. ¿Cómo podrá haber lluvia sin nubes?

Nuestros sufrimientos siempre han traído bendiciones y siempre las traerán: son los sombríos mensajeros de gracias radiantes. Estas nubes, dentro de poco, derramarán su contenido; la hierba tierna del campo se regocijará con la lluvia. Nuestro Dios puede darnos a beber tristezas, pero no nos engañará en su ira; al contrario, nos refrigerará con su misericordia. Los mensajes de amor de nuestro Dios, muchas veces nos llegan en sobre de luto; sus carros hacen ruido, pero llegan cargados de beneficios. Su vara esparce flores suaves y frutos exquisitos. No nos preocupemos de las nubes oscuras, antes bien, cantemos alborozados porque las nubes y las lluvias de abril nos traen las flores de mayo.

¡Señor, las nubes son el polvo de tus pies! ¡Cuán cerca está el día nublado y oscuro! Mas el amor te ve y se alegra. La fe ve cómo se esparcen las nubes haciendo reverdecer los valles y collados.

***La Biblia** en un año:*

- *1Cró. 13 - 15*
- *Juan7:1 - 27*

22

Mayo

Salmos 138:7

"Si anduviere yo en medio de la angustia, tú me vivificarás; contra la ira de mis enemigos extenderás tu mano, y me salvará tu diestra."

Mis notas:

Triste cosa es caminar entre angustias. Sin embargo, hemos de decir que es una bendición, puesto que en ello se encierra una promesa especial. Si tengo una promesa, ¿qué me importa la angustia? ¿Qué me enseña aquí el Señor? Que «tú me vivificarás», es decir, que tendré más vida, más energías, más fe. ¿No sucede con frecuencia que las contrariedades nos reaniman como un soplo de aire fresco cuando estamos a punto de desfallecer?

¡Cuán enfurecidos se hallan nuestros enemigos y sobre todo nuestro gran enemigo! ¿Extenderé mi brazo para pelear contra ellos? No; mejor será emplearlo en el servicio de mi Señor. Además, no es necesario, porque mi Dios extenderá su brazo más potente que el mío, y luchará contra ellos mejor de lo que yo podría hacerlo. «Mía es la venganza; yo pagaré, dice el Señor.» Con la diestra de su poder y sabiduría me salvará. ¿Qué más puedo desear?

Ven, alma mía, medita en tu corazón esta promesa hasta que puedas hacer de ella el canto de tu confianza y el consuelo de tu soledad. Ora para que seas vivificado y deja lo demás en manos del Señor que Él te favorecerá en todo.

***La Biblia** en un año:*

- *1Cró. 16 - 18*
- *Juan7:28 - 53*

"Porque él librará al menesteroso que clamare, y al afligido que no tuviere quien le socorra."

Salmos 72:12

23 Mayo

Mis notas:

El menesteroso clama: ¿Qué más puede hacer? Su clamor es oído de Dios: ¿Qué más se necesita? Si alguno de mis lectores se siente miserable, que clame también porque así demostrará su sabiduría. No clames a los oídos de tus amigos, porque si pueden ayudarte es porque el Señor les da poder para hacerlo. El camino más corto es ir directamente a Dios y clamar en su presencia. El que corre recto hacia la meta es el mejor atleta. Corre al Señor y no acudas a otros medios secundarios.

¡Ay!, exclamas, «no tengo ni amigos ni ayudadores». Tanto mejor. Ambas razones te obligan a recurrir a Dios con confianza: como menesteroso y como desprovisto de ayudadores. Tu doble necesidad debe scr la causa de tu doble súplica. Aun en tus necesidades temporales puedes confiar en Dios, porque Él cuida de sus hijos en estas cosas. En cuanto a nuestras necesidades espirituales, que son las más abrumadoras, el Señor escuchará tu clamor, te librará y suplirá todas tus deficiencias.

Amigo mío, que te ves pobre, pon a prueba las riquezas de tu Dios. Tú, que estás imposibilitado, apóyate en su brazo. Nunca me ha faltado a mí y ciertamente tampoco a ti faltará. Acércate como un mendigo, y Dios no te negará su ayuda. Ven sin otra excusa que su gracia. Jesús es rey ¿y te dejará morir en la miseria? ¿Te has olvidado de su promesa?

***La Biblia** en un año:*

- *1Cró. 19 - 21*
- *Juan8:1 - 27*

24 Mayo

Josué 23:10

"Un varón de vosotros perseguirá a mil: porque Jehová vuestro Dios pelea por vosotros, como él os dijo."

Mis notas:

¿Para qué contamos las personas? Un hombre con Dios es una mayoría, aun cuando haya mil en contra suya. Puede suceder que nuestros colaboradores sean demasiados para que Dios pueda obrar por medio de ellos, como aconteció con Gedeón que acrecentó sus fuerzas menguando el número de sus combatientes. El ejército del Señor nunca es pequeño. Cuando quiso fundar un pueblo, llamó sólo a Abraham y le bendijo. Para vencer la soberbia de Faraón no echó mano de ejércitos aguerridos, sino que se sirvió solamente de Moisés y Aarón. Dios a menudo se sirve también de un solo hombre antes que utilizar ejércitos conducidos por oficiales experimentados. Todos los israelitas juntos, ¿mataron tantos enemigos como Sansón solo? Saúl y sus ejércitos hirieron a mil, empero David a diez mil.

El Señor puede conceder al enemigo grandes ventajas, y, sin embargo, vencerle. Si tenemos fe, tenemos a Dios con nosotros, ¿y qué podrán entonces las multitudes humanas? Un mastín puede conducir grandes rebaños de ovejas. Si el Señor te envió, hermano mio, su fortaleza, realizará sus planes por tu medio. Por lo tanto, confía en su promesa y sé valiente.

***La Biblia** en un año:*

- *1Cró. 22 - 24*
- *Juan8:28 - 59*

"Te abrirá Jehová su buen tesoro."

Deut. 28:12

25 Mayo

Mis notas:

Este pasaje se refiere ante todo a la lluvia: el Señor la enviará a su tiempo. La lluvia es emblema de tiempos del refrigerio celestial, que Dios está siempre dispuesto a derramar sobre su pueblo. ¡Ojalá hubiera abundancia de lluvias para regar la heredad del Señor!

Creemos a veces que los tesoros de Dios sólo pueden ser abiertos por un gran profeta como Elías, y estamos equivocados, porque esta promesa ha sido hecha para todos los fieles de Israel y para cada uno de ellos. ¡Oh amigo mío! «te abrirá Jehová su buen tesoro». Tú también puedes ver el cielo abierto y meter la mano para sacar tu porción y la de todos tus hermanos que están cerca de ti. Pide cuanto desees y no te será negado si permaneces en Cristo y sus palabras en ti.

Hasta el presente no has conocido los tesoros de tu Señor, pero Él abrirá tu entendimiento. De seguro no has gozado todavía de la plenitud de las riquezas de su alianza, pero el Señor encenderá tu corazón en su amor y manifestará a Jesús en ti. Sólo el Señor podrá hacerlo; tal es su promesa, y si con diligencia escuchas su voz y obedeces a su voluntad, tuyas serán las riquezas de la gloria en Cristo Jesús.

***La Biblia** en un año:*

- *1Cró. 25 - 27*
- *Juan9:1 - 23*

26 Mayo

Éxodo 23:25

"A Jehová vuestro Dios serviréis, y él bendecirá tu pan y tus aguas."

Mis notas:

¡Qué magnífica promesa! Servir a Dios es un gran gozo. Pero ¡qué gran privilegio si su bendición reposa sobre nosotros en todo! Las cosas más ordinarias son santificadas y benditas cuando estamos consagrados al Señor. Jesús tomó pan y lo bendijo: el pan que nosotros comemos es pan bendito. Jesús bendijo el agua y la trocó en vino: el agua que nosotros bebemos es mucho mejor para nosotros que el vino que regocija a los hombres; cada una de sus gotas lleva consigo una bendición. La bendición divina reposa sobre el hombre de Dios en todas las cosas y permanecerá con él en todo tiempo.

¿Y si no tenemos más que pan y agua? Siempre son pan y agua bendecidos. Pan y agua tendremos. Ambas cosas están incluidas en la promesa, porque son necesarias para que Dios las bendiga. «Se le dará su pan y sus aguas serán ciertas». Cuando Dios se sienta a nuestra mesa, no sólo pedimos la bendición, sino que ya la tenemos. Dios nos bendice no solamente en el altar, sino también en la mesa. Sirve bien a quienes le sirven. Y esta bendición de la mesa no es una deuda, sino un don; gracia triple en realidad, porque nos concede la gracia de servirle, nos alimenta con el pan de su gracia y lo bendice con su gracia.

***La Biblia** en un año:*

- *1Cró. 28 - 29*
- *Juan9:24 - 41*

27 Mayo

"Porque si estas cosas están en vosotros, y abundan, no os dejarán estar ociosos, ni sin fruto en cuanto al conocimiento de nuestro Señor Jesucristo."

2 Pedro 1:8

Mis notas:

Si deseamos glorificar a nuestro Señor con una vida fecunda, debemos poseer ciertas cosas, porque nada puede salir de nosotros que no lo llevemos dentro. Comencemos por la fe, la cual es fundamento de las demás virtudes. Después esforcémonos diligentemente por añadir a la fe la virtud, la ciencia, la templanza y la paciencia. Además, necesitamos el temor de Dios y la caridad fraternal. Todas estas cosas producirán en nosotros, como fruto de nuestra vida, una actividad eficiente; no seremos meros teorizantes, sino verdaderos hacedores de la palabra. Estas cosas santas no sólo deben hallarse en nosotros, sino abundar para que no seamos estériles. El fruto no es otra cosa que superabundancia de vida, y antes de rebosar, debemos estar llenos de vida.

Hemos visto hombres ricamente dotados a los cuales se han brindado admirables oportunidades, y no obstante jamás han sido capaces de realizar algo bueno para la conversión de las almas. Después de maduro examen, hemos colegido que les faltaban ciertas gracias esenciales para producir ese fruto. Para ello resulta más eficaz la gracia que el talento. Según sea el hombre, será su trabajo. Para obrar mejor, hay que ser mejor. Que este versículo sirva de aviso a los que hacen profesión de fe cristiana, pero no llevan fruto, y a mí tambien.

***La Biblia** en un año:*

- *2Cró. 1 - 3*
- *Juan10:1 - 23*

28

Mayo

Génesis 32:12

"Y tú has dicho: Yo te haré bien."

Mis notas:

Esta es la manera cierta de vencer al Señor por la oración. Podemos recordarle humildemente lo que Él ha dicho. Nuestro Dios es fiel y jamás faltará a su palabra, ni la dejará sin cumplimiento; sin embargo, le place que su pueblo busque y le recuerde sus promesas; con ello le refresca la memoria, fortalece la fe y renueva la esperanza. Dios ha empeñado su palabra, no en provecho suyo, sino en el nuestro. Sus designios son definitivos, y nadie puede obligarle a que haga bien a su pueblo; empero nos ha hecho la promesa para alentarnos y consolarnos. Su deseo, por tanto, es que se la recordemos y digamos: «Tú has dicho».

«Ciertamente Yo te haré bien», tal es la esencia misma de las palabras del Señor. Toda la importancia está en el término «ciertamente». Él nos hará un bien verdadero, real, duradero, y nada más que bien. Nos hará santos, y esto es hacernos bien en el más alto significado de la palabra. Nos tratará como trata a sus elegidos mientras vivamos en la tierra, y esto es un bien por excelencia. Pronto nos llevará con Jesús y con todos sus escogidos; y esto es el bien supremo. Con tal promesa, no temamos la cólera de Esaú, ni la de nadie. Si el Señor nos hace bien, ¿quién podrá causarnos daño?

***La Biblia** en un año:*

- *2Cró. 4 - 6*
- *Juan10:24 - 42*

"Y les dijo Jesús: venid en pos de mí, y haré que seáis pescadores de hombres."

Marcos 1:17

29 Mayo

Mis notas:

Sólo siguiendo a Jesús podremos satisfacer e! deseo de nuestro corazón, y ser verdaderamente útiles para nuestros semejantes. ¡Oh si fuéramos pescadores útiles para Jesús! A buen seguro que sabríamos sacrificar nuestras vidas para ganar almas. Pero muchas veces somos tentados a emplear medios que Jesús nunca empleó. ¿Cederemos a la tentación del enemigo? Si así obramos, tal vez logremos salpicarnos con el agua, pero nunca cogeremos peces. Si queremos salir airosos, es necesario seguir a Jesús. Los métodos sensacionales y efectistas, las diversiones y otras cosas análogas, ¿son a propósito para ir en pos de Jesús? ¿Creemos que el Señor Jesús, para salvar a las almas, emplearía los medios que tan en boga se hallan hoy? ¿Cuál es el resultado? Seguramente que no será de aquellos que puedan ser admitidos en el día del juicio.

No podemos salirnos del método estricto de la predicación; tal fue el método de Jesucristo nuestro Maestro; porque sólo así se salvan las almas. Debemos predicar su doctrina y proclamar su evangelio completo y gratuito, porque esa es la red en la que se cogen las almas. Hemos de poner en la predicación su ternura, su confianza, su amor; ahí está el secreto del éxito en los corazones de los hombres. Hemos de trabajar con su divina unción y con la participación del Espíritu Santo. De este modo, caminando en pos de Jesús, y no delante de Él, ni lejos de Él, seremos pescadores de hombres.

***La Biblia** en un año:*

- *2Cró. 7 - 9*
- *Juan11:1 - 29*

30
Mayo

Mateo 26:64

"Y además os digo, que desde ahora veréis al Hijo del Hombre sentado a la diestra del poder de Dios, y viniendo en las nubes del cielo."

Mis notas:

¡Señor, qué humillación para ti comparecer delante de tus perseguidores como un criminal! Sin embargo, los ojos de tu fe contemplaron más allá de tu humillación presente, tu gloria venidera. ¡Cuántas cosas se encierran en estas palabras: «y aun desde ahora»! En lugar de flaqueza tú tienes el poder, en vez de venganza, la gloria; en vez de escarnio, la adoración. Tu cruz nunca pudo oscurecer el resplandor de tu corona, ni los esputos han desfigurado la hermosura de tu parecer. Todo lo contrario; has sido exaltado y engrandecido a causa de tus sufrimientos.

Por eso, Señor, quisiera cobrar ánimo «desde ahora». Quisiera olvidar mi tribulación presente con la visión del triunfo futuro. Ayúdame, y levanta mi corazón con el amor de tu Padre y con la paciencia tuya, para que cuando a causa de tu nombre, sea yo escarnecido, no vacile, sino que piense más en la otra vida y menos en la presente. Pronto estaré contigo para contemplar tu gloria. Por lo tanto, no me avergüenzo de mi seguridad, sino que digo desde lo más íntimo de mi corazón: «Y aun desde ahora».

***La Biblia** en un año:*

- *2Cró. 10 - 12*
- *Juan11:30 - 57*

31 Mayo

"En el mundo tendréis aflicción; pero confiad, yo he vencido al mundo."

Juan 16:33

Mis notas:

Las palabras del Señor son verdaderas también en lo concerniente a la tribulación, y sin duda alguna en ella tengo yo mi parte. Mientras estoy en la era, no puede permanecer colgado el trillo, ni tampoco olvidado. ¿Cómo puedo encontrarme en mi propio hogar viviendo en país de enemigos?, ¿cómo puedo vivir gozoso estando en el destierro, y cómo en medio del desierto? La tierra no es lugar de reposo, sino la mansión del horno, de la fragua y del martillo. Mi experiencia está de acuerdo con las palabras del Señor.

Yo sé que Él me manda «confiar». Y, sin embargo, soy muy propenso a desalentarme. Mi espíritu se abate en seguida cuando me veo cercado de pruebas. Mas no debo ceder en este sentimiento. Cuando mi Señor me ordena confiar, no debo dejarme llevar del abatimiento.

¿De qué argumento se sirve para animarme? Su propia victoria. Él dice: «Yo he vencido al mundo». Su lucha fue mucho más penosa que la mía. Yo no he resistido todavía hasta la sangre. Considera, alma mía, que el enemigo ha sido vencido una vez; por tanto, peleo con un adversario vencido. ¡Oh, mundo! Jesús te ha derrotado, y en mí, con su gracia, te vencerá de nuevo. Por eso tengo buen ánimo y canto a mi Señor victorioso.

***La Biblia** en un año:*

- *2Cró. 13 - 14*
- *Juan12:1 - 26*

1

Junio

Ecles. 11:1

"Echa tu pan sobre las aguas; porque después de muchos días lo hallarás."

Mis notas:

No esperemos una recompensa inmediata por el bien que hayamos hecho; ni limitemos nuestros esfuerzos a los sitios y personas que puedan recompensar nuestro trabajo. El egipcio esparce su semilla sobre las aguas del Nilo, donde al parecer se pierde por completo. Pero, al cabo de algún tiempo descienden las aguas, y el grano de arroz o de trigo se hunde en el lodo y produce una rica cosecha. Hagamos hoy bien a los ingratos y malos; instruyamos a los indiferentes y rebeldes. A veces las aguas, que ofrecen pocas probabilidades de fruto, cubren terrenos áridos que producen mucho. Nuestro trabajo para el Señor en ninguna parte será vano.

A nosotros nos toca echar nuestro pan sobre las aguas, y a Dios cumplir su promesa: «lo hallarás». Él jamás faltará a su promesa. Toda palabra que nosotros hayamos dicho en su nombre será hallada por nosotros. Tal vez no en seguida, pero, tarde o temprano, segaremos lo que hayamos sembrado. Debemos ejercitar nuestra paciencia, porque tal vez el Señor quiera ejercitarla. «Después de muchos días», dice la Escritura; en muchos casos esos días se convierten en meses y años; mas su palabra es verdad. La promesa de Dios se cumplirá. Procuremos nosotros guardar sus mandamientos sobre todo en el día de hoy.

***La Biblia** en un año:*

- *2Cró. 15 - 16*
- *Juan12:27 - 50*

2 Junio

"Porque ahora quebraré su yugo de sobre ti, y romperé tus coyundas."

Nahúm 1:13

Mis notas:

Dios permitió que los asirios oprimieran a su pueblo por algún tiempo; pero llegó la hora en que su poder debía ser quebrantado. Muchos corazones están esclavizados por Satanás y gimen amargamente bajo su yugo. Hasta ellos llegan las palabras de esperanza del Señor: «ahora quebraré su yugo de sobre ti y romperé tus coyundas».

¡Mira! El Señor te promete una liberación presente: «Ahora quebraré su yugo de sobre ti». Cree en una libertad inmediata, y según tu fe, se hará contigo en esta misma hora. Cuando Dios dice «ahora», que nadie ose decir «mañana».

La liberación que se anuncia es completa, porque tu yugo no será quitado, sino quebrantado; y tus coyundas no serán desatadas, sino rotas. Aquí tenemos una manifestación del poder divino que nos asegura que el tirano no volverá a oprimirnos nuevamente. Su yugo ha sido quebrantado, y su peso no volverá a agobiarnos; sus coyundas han sido rotas, ya no pueden sujetarnos. ¡Creamos en Jesús para obtener una emancipación completa y eterna! «Si el Hijo os libertare, seréis verdaderamente libres». Ven, Señor, y da libertad a tus cautivos según tu palabra.

***La Biblia** en un año:*

- *2Cró. 17 - 18*
- *Juan13:1 - 20*

3 Junio

Habacuc 3:19

"Jehová el Señor es mi fortaleza, el cual hace mis pies como de ciervas, y en mis alturas me hace andar."

Mis notas:

La confianza que el Siervo de Dios manifiesta aquí equivale a una promesa, porque lo que hemos aprendido por la fe, es una realidad que entra de lleno en los propósitos de Dios. El profeta tuvo que pasar por las rudas pruebas de la pobreza y del hambre, pero pudo bajar hasta estas profundidades sin resbalar porque el Señor le sostuvo. Luego fue invitado a escalar las alturas de los montes de la lucha; y no tuvo temor ni al bajar ni al subir.

El Señor le prestó fuerzas. El mismo Dios fue su fortaleza. Medita en esto: el Señor Omnipotente es nuestra fortaleza.

Atiende, asimismo, que el Señor aseguró sus pies. Las ciervas brincan sobre las rocas y peñascos sin perder el equilibrio. Nuestro Señor nos dé gracia para seguir los senderos más difíciles del deber sin dar un solo paso en falso. De tal manera puede calzar nuestros pies que nos encontraremos seguros en lugares en que, sin la protección de Dios, pereceríamos.

Pronto seremos llamados a un punto más elevado; allá arriba subiremos hasta el monte de Dios, hasta las alturas donde están congregados los bienaventurados. ¡Oh, cuán hermosos son los pies de la fe, con los cuales, como el ciervo de la mañana, subiremos al monte del Eterno!

***La Biblia** en un año:*

- *2Cró. 19 - 20*
- *Juan13:21 - 38*

4 Junio

"Y serán para mí especial tesoro, ha dicho Jehová de los ejércitos, en el día en que yo actúe."

Malaq. 3:17

Mis notas:

Llega un día en que las joyas de nuestro gran Rey serán contadas para comprobar si correponden al inventario que su Palabra le entregó. Alma mía, ¿serás contada tú entre las piedras preciosas de Jesucristo? Si Él es precioso para ti, tú eres mucho más preciosa para Él; y tú serás suyo «en aquel día», y Él es tuyo en este día.

En los días de Malaquías, los elegidos del Señor tenían por costumbre hablar cada uno a su compañero de modo que Dios mismo les escuchaba, y le eran tan agradables sus conversaciones, que tomaba nota de sus palabras y escribió un libro que registro en su archivo. Sus discursos fueron gratos al Señor y a Él también agradaron. Reflexiona, alma mía, y pregúntate a ti misma: Si Jesús oyera tus conversaciones, ¿le serían gratas? ¿Van dirigidas a su gloria y a la edificación de los demás? Responde, alma mía, y asegúrate de la verdad de tu contestación.

Pero ¡qué gloria será para nosotros, pobres criaturas, ser contadas como joyas del Señor! Esta gloria es para todos sus santos. Jesús no dice solamente que «son míos», sino que «serán para mí». Él nos compró, nos buscó y nos guió y de tal modo nos hizo a su semejanza que Él luchará con todo su poder en favor nuestro.

***La Biblia** en un año:*

- *2Cró. 21 - 22*
- *Juan14*

5 Junio

Éxodo 11:7

"Pero contra todos los hijos de Israel, desde el hombre hasta la bestia, ni un perro moverá su lengua; para que sepáis que Jehová hace diferencia entre los egipcios y los israelitas."

Mis notas:

¿Qué? ¿Tiene Dios poder sobre la lengua de los perros? ¿Puede impedir que ladren? Sí. Puede impedir que un perro egipcio atormente a un cordero de la manada de Israel. ¿Puede Dios hacer callar a los perros, y a los que son tales entre los hombres, e incluso al cancerbero que está a la puerta del infierno? Si así es, sigamos sin temor nuestro camino.

Si les permite mover sus lenguas, puede impedirles que muerdan. Podrán mover gran alboroto, pero no causarán daño alguno. ¡Cuán placentera es la quietud! ¡Cuán deleitoso andar entre enemigos y ver cómo Dios los pacifica! Como Daniel en el foso de los leones, así permanecemos nosotros tranquilos y salvos en medio de los que tratan de devorarnos.

¡Quiera el Señor en este día que su palabra a Israel se cumpla en mí! ¿Me acosa el perro? Lo diré a mi Señor. El no obedece a mi voz, sino que con su palabra poderosa puede obligarle a echarse. Dame paz, oh Dios mío, y que vea yo tu mano tan claramente en ella que note la diferencia que Tú has hecho entre tu hijo y los que no te temen.

***La Biblia** en un año:*

- *2Cró. 23 - 24*
- *Juan15*

"Jehová ha oído mi ruego; ha recibido Jehová mi oración."

Salmos 6:9

6 Junio

Mis notas:

Esta experiencia es mía. Por ella puedo reconocer que Dios es verdadero. Por medios maravillosos ha contestado muchas veces las oraciones de su siervo. Él oye hoy mi petición y no apartará sus oídos de mis súplicas. ¡Bendito sea su santo nombre!

¿Qué más? Ciertamente la oculta promesa en la confianza del Salmista también es mía. Quiero apropiármela por medio de la fe. «Ha recibido Jehová mi oración». La aceptará y escuchará de la manera y en el tiempo en que mejor convenga a su sabiduría misericordiosa. Llevo conmigo mi pobre oración y el gran Rey me dará audiencia y la despachará favorablemente. Mis enemigos no me escucharán, pero sí mi Señor. Ellos se burlan de mis lágrimas, pero no Él, sino que inclina sus oídos y su corazón a mis peticiones.

¡Qué recepción para un pobre pecador! Nosotros recibimos al Señor, y Dios nos recibe a nosotros con nuestras súplicas por amor a su Hijo. Bendito sea su santo nombre que abre paso a nuestras oraciones para que libremente entren más allá de las puertas de oro. Señor, enséñame a orar, ya que Tú escuchas mis oraciones.

***La Biblia** en un año:*

- *2Cró. 25 - 27*
- *Juan16*

7

Junio

Juan 10:28

"Y yo les doy vida eterna; y no perecerán jamás, ni nadie las arrebatará de mi mano."

Mis notas:

Creemos en la eterna seguridad de los santos; en primer lugar, porque son de Cristo que jamás perderá las ovejas compradas con su sangre y que le han sido entregadas por su Padre.

En segundo lugar, porque Él les da vida eterna, y siendo eterna, no puede tener fin, a menos que el infierno, el cielo y Dios mismo tengan fin. Si puede extinguirse la vida espiritual, es evidente que no es vida eterna, sino temporal. Empero el Señor habla de una vida eterna, lo cual excluye toda posibilidad de fin.

Nótese, además, que el Señor afirma categóricamente: «Y no perecerán para siempre». Mientras las palabras tengan significado, podemos estar seguros de que los creyentes no perecerán. La incredulidad más obstinada no podrá tergiversar el sentido de esta declaración.

Para completar esta afirmación, declara que su pueblo está en su mano y desafía a todos sus enemigos a que se lo arrebaten. Esto es de todo punto imposible aun para el mismo infierno. Estemos seguros en las manos del Señor Omnipotente.

Echemos a un lado todo temor y confianza de la carne y descansemos tranquilamente en las manos de nuestro Redentor.

***La Biblia** en un año:*

- *2Cró. 28 - 29*
- *Juan17*

"Y si alguno de vosotros tiene falta de sabiduría, pídala a Dios, el cual da a todos abundantemente y sin reproche; y le será dada."

Santiago 1:5

8 Junio

Mis notas:

«Si alguno tiene falta de sabiduría». Aquí no cabe la menor duda porque cierto estoy de que me falta. ¿Cómo lo sé? ¿Cómo podré guiarme por mi propio camino? ¿Y cómo podré guiar a los demás? Señor, soy la misma ignorancia y en mí no hay sabiduría alguna.

Tú dices: «Demándela a Dios». Señor, ahora te la pido. Postrado a tus plantas te suplico que me concedas tu sabiduría para orientarme en las perplejidades de cada día; porque estoy cierto que puedo incurrir en muchas necesidades, aun en las cosas más sencillas, si Tú no me guardas del error.

Te doy gracias porque no tengo que hacer otra cosa sino pedirte. ¡Qué gracia tan excelsa de tu parte, que sólo tengo que orar con fe para que Tú me des sabiduría! Tú me prometes aquí una educación libre, y no empleas para instruirme ni preceptores severos, ni maestros malhumorados. Y, además, lo concedes gratuitamente, sin remuneración alguna, aun tratándose de un insensato, falto de toda sabiduría. Te doy gracias por esta declaración tan positiva: «Y le será dada». Lo creo. Haz conocer a tu Hijo esta sabiduría escondida que los sabios del mundo no pueden entender. Me guiarás según tu consejo y después me recibirás en la gloria.

***La Biblia** en un año:*

- *2Cró. 30 - 31*
- *Juan18:1 - 18*

9 Junio

Sofonías 3:12

"Y dejaré en medio de ti un pueblo humilde y pobre, el cual confiará en el nombre de Jehová."

Mis notas:

Cuando la religión desaparece entre los que viven en la opulencia, viene a morar entre los pobres de este mundo, ricos en fe. Aun hoy día el Señor conserva su resto fiel. ¿Soy yo uno de ellos?

Tal vez porque son humildes y pobres aprenden a confiar en el nombre del Señor. Quien no tiene dinero debe vivir de fiado. El que tiene un nombre que juzga sin valor, obra prudentemente si confía en otro nombre, cual es el más excelente de todos, el nombre de Jehová. Dios siempre tendrá un pueblo fiel y este pueblo siempre será humilde y pobre. Aunque el mundo lo considere de poca importancia, sin embargo su presencia en la nación será un medio para atraer sobre él las bendiciones del cielo. Será la sal que le preserve de la corrupción producida por la concupiscencia del mundo.

De nuevo surge en nosotros la misma pregunta: ¿Soy yo uno de ellos? ¿Me aflijo por mi pecado y por los que se cometen a mi lado? ¿Soy pobre en espíritu, pobre espiritualmente siguiendo mi propio juicio? ¿Confío en el Señor? Esta es la cuestión más importante. Jesús nos revela el nombre, el carácter y persona de Dios. ¿Confío en Él? Si así es, el Señor me ha puesto en este mundo con un fin específico. Señor, ayúdame a cumplirlo.

***La Biblia** en un año:*

- *2Cró. 32 - 33*
- *Juan18:19 - 40*

10 Junio

"Ellos serán apacentados y dormirán, y no habrá quien los atemorice."

Sofonías 3:13

Mis notas:

Hablábamos ayer de un pueblo humilde y pobre que el Señor ha dejado en el mundo para que sirviera de semilla viva en un mundo muerto. De éstos, dice el profeta, que no obrarán la iniquidad ni proferirán mentiras. Por tanto, no gozando de posición ni de riquezas que les protegieran, tampoco podrán esgrimir esas armas en las que tanto confían los impíos, ni defenderse por medio de la astucia y el pecado.

¿Serán, pues, destruidos? De ningún modo. Tendrán alimento y descanso, y no sólo se verán libres de peligro, sino que también estarán tranquilos al abrigo de todo temor al mal. Las ovejas son débiles criaturas, y los lobos sus terribles enemigos. Pero actualmente hay más ovejas que lobos y la causa de las ovejas va ganando terreno; en cambio, la de los lobos mengua. Llegará el día en que los rebaños de ovejas cubrirán toda la tierra, y no se descubrirá un solo lobo. Las ovejas tienen un pastor que les dará pasto, protección y paz. «No habrá quien las espante». Lo cual significa que ningún ser humano, ni diabólico, podrá amendrentarlas. ¿Quién podrá atemorizar a la manada del Señor, cuando Él está cerca? Reposamos en pastos verdes, porque el mismo Jesús es alimento y descanso para nuestras almas.

***La Biblia** en un año:*

- *2Cró. 34 - 36*
- *Juan19:1 - 22*

11

Junio

Isaías 54:4

"No temas, pues no serás confundida; y no te avergüences."

Mis notas:

No seremos avergonzados de nuestra fe. Los escépticos pueden combatir las Escrituras sobre las cuales basamos nuestras creencias, pero el Señor demostrará de un modo cada vez más evidente que en este libro no hay error, ni exageración, ni omisión. Ninguna deshonra hay en ser un creyente sencillo; la fe que mira únicamente a Jesús es una corona de honor sobre nuestra cabeza y que vale más que todas las condecoraciones que llevemos sobre nuestro pecho.

No seremos avergonzados de nuestra esperanza. Esta se cumplirá conforme a la promesa del Señor. Seremos alimentados, guiados, bendecidos, y fortificados. Nuestro Señor vendrá y cesarán los días de nuestro luto. ¡Cuánta será nuestra gloria en el Señor que nos ha dado una esperanza viva y que después nos ha puesto en posesión de lo que esperábamos!

No seremos avergonzados de su amor. Jesús es el ser más digno de nuestro afecto y jamás nos avergonzaremos de haberle entregado nuestro corazón. La visión gloriosa de nuestro Bien Amado justificará nuestra entusiasta adhesión a su persona. Nadie censurará a los mártires por haber muerto por su causa. Mientras los enemigos de Cristo se verán cubiertos de vergüenza eterna, los que aman a Jesús serán honrados por todos los santos porque prefirieron el vituperio de Cristo antes que los tesoros de Egipto.

***La Biblia** en un año:*

- *Esdras 1 - 2*
- *Juan19:23 - 42*

"E Israel habitará confiado, la fuente de Jacob habitará sola en tierra de grano y de vino, también sus cielos destilarán rocío."

Deut. 33:28

12 Junio

Mis notas:

Cuanto más aislados estemos del mundo, más seguros viviremos. Dios quiere un pueblo separado de los pecadores. Su invitación es: «Salid de en medio de ellos». Un mundo cristiano es algo tan peregrino que ni las mismas Escrituras lo sospechan. Un cristiano mundano es un enfermo del alma. Los que pactan con los enemigos de Cristo pueden considerarse como sus aliados.

Nuestra seguridad está, no en pactar con el enemigo, sino en permanecer solos con nuestro mejor amigo. De este modo viviremos confiadamente a pesar de los sarcasmos, de las calumnias y desprecios del mundo. Nos veremos libres de la influencia perniciosa de su incredulidad, orgullo, vanidad y corrupción.

Dios hará que vivamos confiados solos en aquel día cuando las naciones serán visitadas por el pecado con guerras y hambres.

El Señor sacó a Abraham de Ur de los Caldeos, pero éste se quedó en medio del campo. No le acompañó la bendición de Dios hasta haberse decidido a ir a la tierra de Canaán. Pero vivía solo y confiado en medio de enemigos. Lot no estaba seguro en Sodoma, aunque se encontraba entre amigos. Nuestra seguridad está en vivir solos con Dios.

***La Biblia** en un año:*

- *Esdras 3 - 5*
- *Juan20*

13
Junio

Isaías 27:3

"Yo Jehová la guardo, cada momento la regaré; la guardaré de noche y de día, para que nadie la dañe."

Mis notas:

Cuando habla el Señor en su propio nombre, y no por la voz de un profeta, su palabra tiene una singular importancia para las almas creyentes. Aquí se nos dice que Jehová mismo es quien guarda la viña; no la confía a nadie, sino que Él es quien la cuida personalmente. ¿No están bien guardados aquellos a quienes el mismo Dios guarda?

El nos regará, no sólo cada día y en cada hora, sino «cada momento». ¡Con qué rapidez deberíamos crecer! ¡Cuán fresca y fructífera debería ser cada planta! ¡Qué racimos tan abundantes deberían producir las viñas!

Si vienen los enemigos, las zorras pequeñas y el puerco montés, el Señor nos guardará, nos defenderá «de noche y de día». ¿Quién, pues, nos dañará? ¿Por qué temer? Él cuida, riega y guarda. ¿Qué más necesitamos?

Dos veces nos dice el Señor en este versículo que Él guardará. ¡Cuánta verdad, cuánto poder, cuánto amor y qué gran decisión hallamos en Jehová! ¿Quién puede resistir su voluntad? Si Él dice «la guardo», ¿quién podrá ponerlo en duda? Cuando Dios dice «la guardo», podemos hacer frente a todas las huestes del pecado, de la muerte y del infierno. ¡Oh, Señor, puesto que Tú dices «la guardaré», yo respondo: «Te alabaré!»

***La Biblia** en un año:*
- *Esdras 6 - 8*
- *Juan21*

14 Junio

"Pues Jehová no desamparará a su pueblo por su grande nombre; porque Jehová ha querido haceros pueblo suyo."

1 Samuel 12:22

Mis notas:

La elección que Dios ha hecho de su pueblo es la razón por la que Él permanece con ellos y no los desampara. Lo ha escogido para amarle, y le ama a causa de su elección. Su gran contentamiento es la causa de la elección de su pueblo y esta misma elección es el motivo por el cual continuará en poner en él todo su contentamiento. Abandonarle sería un deshonor para su nombre, ya que esto sería dar a entender que se había equivocado en la elección y una prueba de la inconstancia de su amor. Tal es la gloria del amor de Dios, que nunca cambia, y esta gloria nunca puede ser empañada.

Repasemos todos los testimonios de la bondad paternal de Dios y estemos seguros de que jamás nos abandonará. El que ha llegado hasta el extremo de hacernos pueblo suyo, nunca desmentirá su pacto de gracia. No ha obrado tantas maravillas en favor nuestro para dejarnos después. Su Hijo Jesús ha muerto por nosotros y no ha muerto en vano. ¿Puede abandonar a aquellos por los cuales derramó su sangre? Si hasta ahora se ha complacido en nuestra elección para salvarnos, más complacencia tendrá en bendecirnos. El Señor Jesús no es un amigo caprichoso. Habiendo amado a los suyos, los ama hasta el fin.

***La Biblia** en un año:*

- *Esdras 9 - 10*
- *Hechos 1*

15

Junio

Salmos 128:5

"Bendígate Jehová desde Sión, y veas el bien de Jerusalén todos los días de tu vida."

Mis notas:

Esta promesa es para todo aquel que tome a Dios y ande diligentemente por el camino de la santidad. Tendrá bendiciones en su casa; su esposa e hijos serán para él manantial de alegría en el hogar. Pero, como miembro de la Iglesia, desea que ésta prospere, porque se toma tanto interés por la casa de Dios, como por la suya propia. Cuando el Señor edifica nuestra casa, justo es que veamos la casa edificada. Nuestros bienes no son buenos ciertamente si no los empleamos para acrecentar el bien de la Iglesia escogida por el Señor.

En efecto, cuando vayas a las asambleas de Sión, recibirás gran bendición: serás instruido, vivificado y consolado cuando vuestras alabanzas y oraciones se eleven al trono de Dios y se dé testimonio del gran sacrificio. «Bendígate Jehová desde Sión».

Y no sólo serás bendecido tú; la misma Iglesia prosperará; los creyentes serán multiplicados y su trabajo por el Señor será coronado por el éxito. Muchos amados del Señor ven cómo se cumplen en ellos estas promesas durante toda su vida. Seamos del número de aquellos que todos los días llevan bienes a Jerusalén. Señor, haznos de estos tales por tu gran misericordia. Amén.

La Biblia *en un año:*

- *Nehemías 1 - 3*
- *Hechos 2:1 - 21*

16 Junio

"Porque a cualquiera que tiene, se le dará, y tendrá más."

Mateo 13:12

Mis notas:

Cuando el Señor ha concedido a una persona mucha gracia, indudablemente le concederá más todavía. Primero le otorga un poco de fe, después se la aumenta. Mas no se trata de una fe fingida, sino de una fe real y verdadera. ¡Cuánta necesidad tenemos nosotros, que hemos recibido mucho, de mostrar nuestra religión por medio de las obras, y evitar hacer profesión con las palabras cuando nada poseemos! Porque, tarde o temprano, esta nuestra misma profesión nos será quitada, si esto es todo lo que tenemos. La amenaza es tan verdadera como la promesa.

¡Bendito sea Dios! Ha comenzado a derramar sobre nosotros los dones de su Espíritu y de tal manera continúa haciéndolo, que aún el que poseía poco, pero lo poseía de verdad, tenga en abundancia. Debemos apetecer esta abundancia de gracias. Bueno sería saber mucho, pero mejor será amar mucho. Bueno sería tener mucha habilidad para servir a Dios, pero mejor sería poseer una fe grande y confiar en el Señor para que Él nos conceda esta habilidad.

Señor, puesto que Tú me has dado el sentimiento del pecado, aumenta en mí el odio contra el mal; puesto que Tú me has dado la fe en Jesucristo, aumenta en mí esta fe hasta la certidumbre. Puesto que Tú me has concedido la gracia de amarte, concédeme que sea yo arrebatado por un amor ardiente para contigo.

***La Biblia** en un año:*

- *Nehemías 4 - 6*
- *Hechos 2:22 - 47*

17 Junio

Deut. 20:4

"Porque Jehová vuestro Dios va con vosotros, para pelear por vosotros contra vuestros enemigos, para salvaros."

Mis notas:

Nuestros únicos enemigos son los enemigos de Dios. No luchamos contra hombres, sino contra malicias espirituales. Peleamos contra el diablo, contra la blasfemia, contra el error y la desesperación, que son sus aliados. Peleamos contra todos los ejércitos del pecado: la impureza, la borrachera, la opresión, la injusticia, la impiedad. Contra estos enemigos luchamos eficazmente mas para ello no empleamos espada ni lanza. Las armas de nuestra milicia no son carnales.

El Eterno, Dios nuestro, aborrece todo lo que es malo, por eso sale con nosotros para luchar en esta cruzada. Él quiere salvarnos y concedernos gracia para que militemos como fieles soldados y ganemos la victoria. Podemos estar seguros de que si estamos al lado de Dios, Dios estará también a nuestro lado. Con tan augusto aliado, el resultado no puede ser dudoso. Y esto no porque la verdad es poderosa y debe prevalecer, sino porque la fuerza está en Dios, que es Omnipotente, en Jesús, a quien ha sido dada toda potestad en el cielo y en la tierra, y en el Espíritu Santo, que cumple su voluntad entre los hombres.

Soldados de Cristo, ceñíos vuestras armaduras. Luchad en el nombre del Dios de santidad, y aceptar por fe su salvación. No dejemos pasar este día sin que hayamos luchado por Jesús y la santidad.

***La Biblia** en un año:*

- *Nehemías 7 - 9*
- *Hechos 3*

18 Junio

"Ahora me levantaré, dice Jehová; ahora seré exaltado, ahora seré engrandecido."

Isaías 33:10

Mis notas:

Cuando el país fue devastado por los saqueadores y hecho semejante a un campo devorado por las langostas; cuando los guerreros que lo defendían se sentaron a llorar como mujeres, entonces el Señor vino en auxilio de su pueblo. Cuando los viajeros abandonaron el camino de Sión, y los collados de Basan y del Carmelo semejaban viñas quemadas, entonces se levantó el Señor. Dios es ensalzado en medio de un pueblo afligido cuando éste busca su rastro y confía en Él. Y lo es todavía más cuando, respondiendo a sus clamores, se levanta para librarlos y desbaratar a sus enemigos.

¿Es éste para nosotros un día de tristeza? Confiemos en ver a Dios glorificado en nuestra liberación. ¿Oramos con fervor? ¿Clamamos a Él día y noche? El tiempo señalado para manifestar su gracia está próximo. Dios se levantará en el tiempo oportuno, cuando sea más propicio para la manifestación de su gloria. Nosotros deseamos su gloria con más ansia que nuestra propia liberación. Que el Señor sea ensalzado, y nuestros deseos serán cumplidos.

Señor, ayúdanos de tal modo que podamos ver que Tú estás obrando. Que te glorifiquemos en lo más íntimo de nuestros corazones, y que todos los que nos rodean comprendan que Tú eres un Dios bueno y poderoso.

***La Biblia** en un año:*

- *Nehemías 10 - 11*
- *Hechos 4:1 - 22*

19 Junio

Salmos 119:80

"Sea mi corazón íntegro en tus estatutos, para no sea yo avergonzado."

Mis notas:

Consideremos esta inspirada oración como conteniendo la seguridad de que quienes se apoyan en la Palabra de Dios jamás se avergonzarán de haber obrado así.

La petición que en ella se hace es de un corazón integro. Bueno es poseer un corazón integro y sin juicio sano; pero mucho mejor es tener un corazón integro por lo que respecta a la verdad. Amemos la verdad, reconozcámosla y obedezcamos; de otra suerte no seremos íntegros en los estatutos del Señor. ¿Hay muchos en estos días malos que sean íntegros? ¡Quiera el Señor que el autor y el lector sean uno de ellos!

Muchos serán avergonzados en el último día cuando todos los problemas queden resueltos. Entonces comprenderán la locura de sus pensamientos, y estarán llenos de remordimientos a causa de su orgullosa incredulidad y su obstinada desconfianza en el Señor. Los justos resplandecerán como el sol. Quienes han sido calumniados e injuriados verán en aquel día trocada su vergüenza en gloria.

Presentemos al Señor la petición de nuestro texto y tendremos la seguridad de que esta promesa se cumplirá en nosotros. Si el Señor nos concede la gracia de ser íntegros, Él nos guardará seguros.

***La Biblia** en un año:*

- *Nehemías 12 - 13*
- *Hechos 4:23 - 37*

"Aunque ande en valle de sombra de muerte, no temeré mal alguno; porque tú estarás conmigo; tu vara y tu cayado me infundirán aliento."

Salmos 23:4

20 Junio

Mis notas:

Con estas dulces palabras se nos describe la certidumbre que puede tener un moribundo en el lecho de la muerte. ¡Cuántos las han repetido con gran gozo en su última hora!

Pero este versículo puede aplicarse también a las angustias del alma en medio de la vida. Algunos, como el apóstol Pablo, morimos cada día por una tendencia a la melancolía. Bunyan coloca el valle de sombra de muerte mucho antes, en el curso del río que corre al pie de los montes celestiales. Muchos entre nosotros hemos atravesado varias veces este valle oscuro y terrible de la «sombra de la muerte», y podemos certificar que sólo el Señor ha podido ayudarnos en los desvariados pensamientos, en medio de tantos horrores misteriosos y terribles abatimientos de que está erizado este paso. El Señor nos ha sostenido y guardado libres de todo temor al mal, aun cuando estábamos a punto de desfallecer. Hemos sido afligidos y oprimidos por todas partes; sin embargo, hemos sobrevivido por haber sentido la presencia del gran Pastor y porque hemos confiado en que su cayado impediría que el enemigo nos causara alguna herida mortal.

Si al presente andamos en oscuridad bajo las negras alas de una gran tribulación, glorifiquemos a Dios con una tranquila confianza en su promesa.

***La Biblia** en un año:*

- *Ester 1 - 2*
- *Hechos 5:1 - 21*

21

Junio

Jueces 4:9

"Porque en mano de mujer venderá Jehová a Sísara."

Mis notas:

Este versículo parece un tanto extraño; sin embargo, tal vez haya personas que tengan bastante fe para aplicárselo. Barac, el soldado, aunque llamado a combatir, no se sentía con valor para luchar, a menos que fuera acompañado por Débora; por eso determinó el Señor que la guerra fuese hecha por una mujer. De este modo reprendió la cobardía del hombre y logró para sí mismo la gloria avergonzando a los enemigos de su pueblo.

Dios puede servirse de instrumentos débiles. ¿Y por qué no servirse de mí? Él puede utilizar a personas que no parecen llamadas para entrar en combates públicos. La mujer que mató al enemigo de Israel no era precisamente una amazona, sino una simple esposa que vivía en su tienda de campaña. No era un orador, sino una mujer, que ordeñaba las vacas y hacía manteca. ¿Acaso no puede servirse Dios de cualquiera de nosotros para realizar sus propósitos? Alguien puede llegar hoy a nuestra casa, del mismo modo que Sísara llegó a la tienda de Joel. Sea nuestra misión, no matarlo, sino salvarlo. Recibámosle con mucha bondad y procuremos presentarle la bendita verdad de la salvación por el Señor Jesucristo, nuestro gran sustituto. «Cree y vivirás». ¿Quien sabe si algún pecador orgulloso será vencido hoy por el Evangelio?

***La Biblia** en un año:*

- *Ester 3 - 5*
- *Hechos 5:22 - 42*

22 Junio

"El temor de Jehová aumentará los días; mas los años de los impíos serán acortados."

Prov. 10:27

Mis notas:

No hay duda alguna; el temor de Dios produce sanas costumbres que impiden la disipación de la vida que proviene del pecado y del vicio. El sano reposo, fruto de la fe en el Señor Jesús, es una excelente ayuda y remedio para quien está enfermo. El médico se alegra de tener un enfermo cuyo espíritu está tranquilo. Las preocupaciones matan, mas la confianza en Dios es medicina que cura.

Según esto, tenemos los medios para llegar a una vida larga; y si los empleamos para nuestro bien, veremos una feliz vejez y llegaremos al sepulcro como gavillas de trigo en sazón. No nos creamos amenazados de muerte súbita porque nos duela un dedo; antes bien, confiemos en que Dios nos concederá largos días de vida para poder dedicarlos a su servicio.

¿Y si fuéramos llamados pronto a un lugar más elevado? Aun así deberíamos regocijarnos de esta disposición, porque ora vivamos, ora muramos, somos del Señor. Si vivimos, Jesús estará con nosotros; y si morimos, estaremos con Jesús.

La mejor manera de prolongar nuestra vida es vivir mientras vivamos, no malgastando el tiempo, sino dedicando cada hora a fines más elevados. Que así sea en el día de hoy.

***La Biblia** en un año:*

- *Ester 6 - 8*
- *Hechos 6*

23

Junio

2 Reyes 19:32

"Por tanto, así dice Jehová acerca del rey de Asiria: no entrará en esta ciudad, ni echará saeta en ella; ni vendrá delante de ella con escudo, ni levantará contra ella baluarte."

Mis notas:

Senaquerib no molestó a la ciudad. Después de haberse jactado con soberbia, no pudo llevar a cabo sus amenazas. Dios puede contener inmediatamente a los enemigos de su pueblo para que no ejecuten sus deseos. Cuando el león tiene en sus quijadas al cordero, el gran Pastor de las ovejas puede arrebatarle su presa. El apurado trance en que nos hallamos, puede ser una hermosa ocasión para que se manifiesten más claramente el poder y la sabiduría de Dios.

En este caso, el temible enemigo no se presentó delante de la ciudad que ansiaba destruir. No pudo lanzar ni siquiera una saeta por encima de los muros, ni levantar sus máquinas de asedio para derribar los castillos, ni echar los baluartes para encerrar a sus habitantes. Tal vez en nuestro caso también impedirá el Señor que nuestros enemigos nos causen daño alguno. Él puede cambiar sus intenciones, o inutilizar sus propósitos, de tal suerte que se vean obligados a dejarlos. Esperemos en el Señor y guardemos su camino, que Él se cuidará de nosotros. Más aún, Él nos llenará de tal asombro que no podamos menos de alabarle, al ver cuán cumplida ha sido su liberación.

No temamos al enemigo hasta que llegue, y entonces confiemos en el Señor.

***La Biblia** en un año:*

- *Ester 9 - 10*
- *Hechos 7:1 - 21*

24 Junio

"Y Amasías dijo al varón de Dios: ¿Qué, pues, se hará de los cien talentos que he dado al ejército de Israel? Y el varón de Dios respondió: Jehová puede darte mucho más que esto."

2 Crónicas 25:9

Mis notas:

Si has incurrido en un error, sufre las consecuencias; pero nunca obres en contra de la voluntad de Dios. El Señor puede daros mucho más de lo que hayas podido perder. Y si así no lo hiciere, ¿vas a negociar y regatear con Él? El rey de Judá tomó a sueldo un ejército de israelitas idólatras, y recibió orden de despedirlo porque el Señor no estaba con ellos. Estaba conforme en despedir al ejército, pero le disgustaba haber pagado cien talentos para nada. ¡Qué vergüenza! Si el Señor estaba dispuesto a darle la victoria sin soldados mercenarios, sin duda alguna era un excelente negocio pagarles el sueldo y licenciarlos.

No temamos perder el dinero por causa de la conciencia, por amor a la paz y a Cristo. Estemos seguros de que cuanto perdamos por amor a Dios, no puede reputarse como pérdida. Aun en esta vida, estas pérdidas serán más que recompensadas, y en algunos casos impedirá que haya pérdida. De todos modos lo que aquí se pierde por Jesús está reservado en el cielo. No te inquietes ante un desastre aparente, sino escucha la voz que dice a tu oído: «De Jehová es darte mucho más que esto».

***La Biblia** en un año:*

- *Job 1 - 2*
- *Hechos 7:22 - 43*

25
Junio

Juan 1:51

"Y le dijo: De cierto, de cierto os digo: De aquí adelante veréis el cielo abierto, y los ángeles de Dios que suben y descienden sobre el Hijo del hombre."

Mis notas:

Si, para nosotros que creemos, es ésta una realidad manifiesta, aun en nuestros días. Vemos el cielo abierto; Jesús mismo lo ha abierto para todos los creyentes. Nuestras miradas penetran en este lugar de misterio y de gloria que Él nos ha revelado. Pronto nos hallaremos allí porque Él es el camino.

Aquí tenemos la interpretación de la escala de Jacob. Entre el cielo y la tierra hay una especie de intercambio: la oración sube, y la respuesta baja por medio de Jesús. Cuando vemos esta escala, vemos a Jesús. Él es el camino luminoso que nos lleva hasta el trono del Altísimo. Utilicemos esa escala y suban por ella los mensajeros de nuestras oraciones. Viviremos la vida de los ángeles si por la intercesión subimos al cielo y si nos apropiamos las bendiciones del pacto, y después descendemos nuevamente para distribuir estos dones entre los hijos de los hombres.

La magnífica visión que sólo en sueños tuvo Jacob, nosotros podemos trocarla en una realidad gloriosa. En este mismo día y a cada hora, subiremos y bajaremos por esa escala: subimos por la comunión con Dios, y bajamos para trabajar por la salvación de nuestros semejantes. Esta es tu promesa, oh Señor Jesús; haz que gozosamente la veamos cumplida.

***La Biblia** en un año:*

- *Job 3 - 4*
- *Hechos 7:44 - 60*

26 Junio

"Tened también vosotros paciencia; y afirmad vuestros corazones: porque la venida del Señor se acerca."

Santiago 5:8

Mis notas:

Las últimas palabras del Cantar de los Cantares son: «Huye, amado mío», y entre las últimas del Apocalipsis se encuentran éstas: «El Espíritu y la Esposa dicen: Ven», a lo cual el Esposo celestial responde: «Ciertamente vengo en breve». Nuestro amor suspira por la gloriosa aparición del Señor y se goza en esta dulce promesa: «La venida del Señor se acerca». Esta promesa sostiene a muchas almas en lo que respecta a lo futuro. Por esta ventana miramos con esperanza.

Esta sagrada «ventana de piedras preciosas» ilumina nuestro presente y nos pone en condiciones para poder trabajar o sufrir. ¿Somos probados? La proximidad de nuestro gozo dice a nuestros oídos: «tened paciencia». ¿Estamos cansados porque no vemos la siega de lo que hemos sembrado? De nuevo nos repite esa misma voz: «tened paciencia». ¿Somos atormentados por la tentación que nos hace vacilar? La seguridad de que pronto estará el Señor entre nosotros nos dice en este versículo: «Confirmad vuestros corazones». «Estad firmes y constantes, creciendo en la obra del Señor siempre». Pronto oiremos las trompetas de plata que anuncian la venida de nuestro Rey. No tengamos temor. No entregues el castillo, porque Jesús viene; tal vez se presente hoy mismo.

***La Biblia** en un año:*

- *Job 5 - 7*
- *Hechos 8:1 - 25*

27
Junio

Salmos 140:13

"Ciertamente los justos alabarán tu nombre; los rectos morarán en tu presencia."

Mis notas:

¡Sea recto mi corazón para que siempre pueda bendecir el nombre del Señor! Él se muestra tan misericordioso para los que son buenos, que todo mi deseo es ser contado entre ellos para poder mostrarle mi agradecimiento. A veces los justos vacilan en su confianza cuando ven que las pruebas son el resultado de su integridad; mas día vendrá en que bendecirán a Dios por no haber cedido a las sugestiones que les incitaban a seguir un camino tortuoso. Tarde o temprano, los hombres íntegros darán gracias al Dios de justicia por haberles conducido por el camino recto. ¡Señor, que sea yo uno de ellos!

¡Cuán hermosa es la promesa que se encierra en esta segunda frase: «los rectos morarán en su presencia»! Ellos serán recibidos donde los otros comparecerán para su ruina. Serán cortesanos del gran Rey y obtendrán audiencia cuando lo deseen. Serán los favoritos de Dios, el cual mantiene con ellos bendita comunión. Quiero, Señor, gozar de este privilegio y participar de esta honra; gozar de él será para mí el cielo en la tierra. Hazme recto en todas las cosas, para que hoy, mañana y siempre goce de tu divina presencia. Entonces alabaré tu nombre por siempre jamás. Amén.

***La Biblia** en un año:*

- *Job 8 - 10*
- *Hechos 8:26 - 40*

28 Junio

"Y mirándole Jehová, le dijo: Ve con esta tu fuerza y salvarás a Israel de la mano de los madianitas. ¿No te envío yo?"

Jueces 6:14

Mis notas:

¡Qué mirada la que el Señor dirigió a Gedeón! Esta mirada trocó su desaliento en valor sobrenatural. Si nuestra mirada al Señor nos salva, ¿qué efectos no producirá su mirada en nosotros? Señor, mírame en este día y aliéntame para cumplir con las obligaciones y luchas que de mí exiges.

¡Qué palabras tan alentadoras dirigió Dios a Gedeón! «Ve». No tenía por qué temer. Gedeón podía haber respondido: ¿Cómo quieres que vaya, si soy tan débil? Mas el Señor le atajó, diciendo: «Ve con esta tu fortaleza». Dios, con su mirada, le infundió valor; no le quedaba otra cosa que utilizarlo para salvar a Israel y herir a los madianitas. Tal vez quiera el Señor utilizarme más de lo que yo pensaba. Con sólo su mirada me ha hecho valiente. Por la fe puedo yo desplegar el poder que me ha confiado. Nunca me ha dicho que «pierda yo mi tiempo en esta mi fortaleza». Al contrario, voy porque es Él quien me alienta.

¡Qué pregunta hizo el Señor a Gedeón y me hace también a mí!: «¿No te envío yo?» Sí, Señor, Tú me has enviado y yo iré con tu fortaleza. Obedezco a tu mandato y así estoy cierto de que Tú vencerás por mí.

***La Biblia** en un año:*

- *Job 11 - 13*
- *Hechos 9:1 - 21*

29
Junio

Jeremías 33:3

"Clama a mí, y yo te responderé, y te enseñaré cosas grandes y dificultosas que tú no conoces."

Mis notas:

Dios nos exhorta a orar. Dicen algunos que la oración es un ejercicio de piedad que sólo influye en el alma que la hace. Nosotros afirmamos y sabemos algo más. Nuestra experiencia desmiente tan incrédula afirmación. Aquí, Jehová, el Dios vivo, promete contestar a las oraciones de su siervo. Clamemos a Él con fe, y no dudemos de que responderá a nuestro clamor. ¿El que nos dio oídos, no nos oirá? El que infundió amor en el corazón de los padres, ¿no escuchará las súplicas de sus hijos?

Dios responderá a la oración de un pueblo suplicante que clama en medio de su angustia. Él tiene reservadas para él grandes maravillas. Lo que jamás ha visto, oído ni soñado, eso hará en favor de sus hijos. Si es necesario, creará nuevas bendiciones para ellos. Escudriñará los mares y la tierra para proporcionarles alimento, si sus necesidades lo requieren. Nos sorprenderá con su gracia y nos obligará a exclamar: jamás vi tal cosa. Sólo pide de nosotros que acudamos a Él; es lo menos que puede pedirnos. Hagamos, ahora mismo, subir nuestras oraciones hasta su excelso trono.

***La Biblia** en un año:*

- *Job 14 - 16*
- *Hechos 9:22 - 43*

30 Junio

"Antes yo tendré memoria de mi pacto que concerté contigo en los días de tu juventud, y estableceré contigo un pacto sempiterno."

Ezeq. 16:60

Mis notas:

Por grandes que sean nuestros pecados, el Señor persevera fiel en su amor para con nosotros.

El mira atrás. Se acuerda de aquellos días cuando hizo pacto con nosotros, y nos entregamos a Él. ¡Felices días aquellos! El Señor no nos reprocha nuestra poca sinceridad. Más bien mira el pacto que concertó con nosotros, y no el que nosotros concertamos con Él. En aquel sagrado pacto no hubo hipocresía por su parte. ¡Cuánta bondad nos manifiesta el Señor mirando hacia atrás!

Mira hacia adelante. Su propósito es no quebrantar el pacto. Si nosotros no lo guardamos, Él lo guarda fielmente. Así lo declara Él mismo: «Te confirmaré un pacto sempiterno». No tiene intención de revocar sus promesas. ¡Bendito sea su nombre! Contempla el sello sagrado, «la sangre del testamento eterno», y se acuerda de nuestro fiador en el cual ratificó ese pacto, su amado Hijo; y por eso se mantiene fiel a sus solemnes promesas. «El permanece fiel; no se puede negar a sí mismo».

¡Oh, Señor, pon esta tu preciosa palabra en mi corazón, y haz que de ella me nutra durante todo el día!

La Biblia *en un año:*

- *Job 17 - 19*
- *Hechos 10:1 - 23*

1 Julio

Génesis 48:21

"Dios estará con vosotros."

Mis notas:

El anciano Jacob no podía estar más tiempo con José, porque había llegado la hora de su muerte. Sin embargo, se separó de su hijo sin temor, porque podía decir confiadamente: «Dios será con vosotros». Cuando los miembros más queridos de nuestra familia, o nuestros más útiles amigos son llamados por la muerte, debemos consolarnos con el pensamiento de que Dios no nos ha dejado, sino que vive y permanece con nosotros para siempre.

Si Dios está con nosotros, tenemos buena compañía, aunque seamos pobres y despreciados. Si Dios está con nosotros, tendremos fuerzas suficientes, porque para el Señor nada hay difícil. Si Dios está con nosotros, viviremos seguros y confiados, porque nadie puede perjudicar a los que viven bajo su sombra. ¡Qué gran motivo de gozo! No sólo está Dios con nosotros, sino que estará con nosotros, individualmente, con nuestras familias y con nosotros como Iglesia. ¿El nombre de Jesús, no es Enmanuel, Dios con nosotros? ¿Y no es esto el bien supremo? Seamos valerosos y diligentes y vivamos en una gozosa esperanza. Nuestra causa debe prosperar; la verdad tiene que triunfar, porque el Señor está con los que están con Él.

Que todo creyente que lea este Libro de Cheques del Banco de la Fe disfrute de esta dulce palabra todo el día. No es posible mayor felicidad.

***La Biblia** en un año:*

- *Job 20 - 21*
- *Hechos 10:24 - 48*

"Pues que a su amado dará Dios el sueño."

Salmos 127:2

2 Julio

Mis notas:

Nuestra vida no debe ser una vida de preocupaciones e inquietudes, sino vida de fe gozosa y tranquila. Nuestro Padre celestial proveerá las necesidades de sus propios hijos, y sabe lo que necesitamos antes de que lo pidamos. Por lo tanto, podemos retirarnos a nuestro lecho a su debido tiempo, sin necesidad de velar para trazar planes y proyectos para el futuro. Si sabemos confiar en nuestro Dios, no estaremos desvelados durante la noche con el corazón atormentado por el temor, sino que echaremos nuestra solicitud en manos del Señor, sólo pensaremos en su gracia y tendremos un sueño dulce y reparador.

Nuestra mayor gloria consiste en ser amados del Señor, y quien la posee no debe ambicionar otra cosa; por tanto, debe desaparecer todo deseo egoísta. ¿Qué hay más grande en el cielo que el amor de Dios? Descansa, pues, alma mía, porque en Él tienes todas las cosas.

Sin embargo, vivimos agitados hasta que el Señor nos da, no sólo razones para que descansemos, sino el descanso mismo. Jesús lo hace así. Él es nuestra paz, nuestro descanso, nuestro todo. En su seno dormiremos tranquilos en vida y en muerte.

***La Biblia** en un año:*

- *Job 22 - 24*
- *Hechos 11*

3 Julio

Salmos 48:14

"Él nos guiará aun más allá de la muerte."

Mis notas:

Necesitamos un guía. Con gusto lo daríamos todo porque se nos dijera qué es lo que debemos hacer y adónde dirigirnos. Queremos obrar con rectitud, pero ignoramos qué camino seguir. ¡Oh, si tuviéramos un guía!

El Señor, Dios nuestro, condesciende en servirnos de guía. Conoce el camino y nos guiará hasta que hayamos llegado en paz al término de nuestro viaje. ¿Podemos apetecer un consejo más saludable y seguro? Pongámonos enteramente bajo sus órdenes y nunca perderemos el camino. Hagamos de Él nuestro Dios, y Él será nuestro guía. Si seguimos su ley, no perderemos el camino recto de la vida, mientras sepamos apoyarnos en Él en cada paso que demos.

Nuestro consuelo es que, siendo este Dios nuestro Dios, nunca dejará de ser nuestro guía. «Aún más allá de la muerte» nos guiará, y después moraremos eternamente con Él sin apartarnos de su presencia. Esta promesa de la dirección divina asegura toda nuestra vida: salvación presente, dirección hasta el último momento, y bendición eterna. ¿Por qué no buscar estas bendiciones en la juventud, gozarnos en ellas durante la edad madura y descansar en la vejez? Miremos hoy hacia arriba buscando dirección antes de aventurarnos a salir fuera.

***La Biblia** en un año:*

- *Job 25 - 27*
- *Hechos 12*

"No con sólo de pan vivirá el hombre, sino de toda palabra que sale de la boca de Dios."

Mateo 4:4

4 Julio

Mis notas:

Si Dios así lo dispusiera, podríamos vivir sin pan, como Cristo vivió durante cuarenta días; pero nunca podríamos vivir sin su Palabra. Por esta Palabra fuimos creados, y sólo por ella seremos guardados, porque Él sostiene todas las cosas con la fuerza de su Palabra de su potencia. El pan es la causa segunda, y el Señor la causa primera de nuestra existencia. Tanto puede obrar sin la segunda como con ella, y no tenemos derecho a poner límites a su obra. No nos afanemos excesivamente por las cosas visibles; miremos al Dios invisible. Hemos oído decir a algunos creyentes que en los días de extremada pobreza, o cuando escaseaba el pan, disminuía su apetito; y otros me han asegurado que cuando faltaban los medios de vida, el Señor les socorría inesperadamente.

Sin embargo, nos es necesaria la Palabra de Dios. Con ella podemos resistir al diablo. Si nos la arrebatan, pronto caeremos en poder del enemigo, porque nos faltarán las fuerzas. Nuestras almas necesitan alimento, y fuera de la Palabra del Señor no puede haberlo. Todos los predicadores y libros del mundo no pueden proporcionarnos una sola comida: sólo la palabra de la boca de Dios puede nutrir al creyente. Señor, danos siempre este pan. Lo apreciamos más que todos los deleites de una mesa regia.

***La Biblia** en un año:*

- *Job 28 - 29*
- *Hechos 13:1 - 25*

5
Julio

Jeremías 39:17

"Pero en aquel día yo te libraré, dice Jehová, y no serás entregado en manos de aquellos a quienes tú temes."

Mis notas:

Cuando los fieles del Señor sufren por Él, reciben preciosos mensajes de su amor, y algunas veces tiene nuevas agradables para los que simpatizan con ellos y les favorecen. Ebed_Melec era un etíope despreciado, pero trató a Jeremías con cariño; por eso el Señor le envió una promesa especial por boca del profeta. Tengamos siempre presente a los siervos de Dios perseguidos, y el Señor nos lo recompensará.

Ebed_Melec debía ser librado de la mano de aquellos cuya venganza temía. Era un pobre negro, pero Dios se cuidó de él. Millares perecieron a manos de los caldeos; sin embargo, este humilde negro no sufrió daño alguno. Tal vez nosotros tengamos miedo de ciertos hombres poderosos que nos odian; pero si en la hora del peligro somos fieles al Señor, Él se mostrará fiel con nosotros. Por lo demás, ¿qué puede hacernos el hombre sin permiso de Dios? El podrá refrenar la lengua enojada y cerrar la boca que quiere mordernos. Temamos al Señor y desechemos el temor de los hombres. Ni siquiera un vaso de agua dado a un profeta de Dios, que se ve perseguido, quedará sin recompensa. Y si nos levantamos por la causa de Jesús, Jesús se levantará en favor nuestro.

***La Biblia** en un año:*

- *Job 30 - 31*
- *Hechos 13:26 - 52*

6 Julio

"Porque de tal manera amó Dios al mundo, que ha dado a su Hijo unigénito para que todo aquel que en él cree no se pierda, mas tenga vida eterna."

Juan 3:16

Mis notas:

Entre todos los astros del cielo, la Estrella Polar es la más útil para el marinero. Este versículo es una estrella polar porque ha llevado a Dios más almas que ningún otro de las Escrituras. Lo que la Osa Mayor es entre las constelaciones es este versículo entre las demás promesas.

Hay en este versículo algunas palabras que tienen un resplandor especial. Aquí tenemos el amor de Dios, al que se añade de tal manera para indicar su magnitud infinita. Viene después el Hijo de Dios, don único e inapreciable de este amor inmenso que no se manifestó de un modo completo hasta que el Hijo unigénito fue enviado del Cielo para vivir y morir por los hombres. Estos tres son los puntos más luminosos del versículo.

A continuación, tenemos la única condición que se exige: creer, que amorosamente indica el camino que debe seguirse para obtener la salvación de los pecadores. Esta condición se apoya en una amplia descripción: «todo aquel que cree». Muchísimos han encontrado lugar en esta expresión «todo aquel», que habrían quedado excluidos en otra más restringida. Aquí tenemos, pues, la gran promesa de que todos los que creyeren en Jesús no se pierden, sino que tienen vida eterna. Esto debe animar a todos los que se sientan a punto de perecer y que no pueden salvarse por sí mismos: Creemos en el Señor Jesús, y tenemos vida eterna.

***La Biblia** en un año:*

- *Job 32 - 33*
- *Hechos 14*

7
Julio

Isaías 49:13

"Cantad alabanzas, oh cielos, y alégrate, tierra; y prorrumpid en alabanzas, oh montes, porque Jehová ha consolado a su pueblo, y de sus pobres tendrá misericordia."

Mis notas:

Tan dulces son las consolaciones del Señor, que no sólo pueden celebrarlas los creyentes, sino también los cielos y la tierra pueden acompañar este cántico de alabanza. Difícil cosa es hacer cantar a un monte, y sin embargo, el profeta invita a hacerlo a un verdadero coro de montañas. Quiere que el Líbano y el Sirión, los altos montes de Basan y Moab canten al unísono a causa de las bendiciones de que ha sido objeto Sión. ¿No podemos hacer nosotros que las montañas de dificultades, de pruebas, preocupaciones y trabajo sean tantas ocasiones para bendecir a nuestro Dios? «¡Prorrumpid en alabanzas, oh montes!»

La promesa de que Dios tendrá misericordia de los miserables lleva consigo un alegre voltear de campanas. Escucha su música: «¡Cantad!» «¡Alégrate!» «¡Prorrumpid en alabanzas!» El Señor quiere que su pueblo sea feliz a causa de su amor inagotable. No quiere que andemos tristes y vacilantes. De nosotros pide adoración de creyentes. No puede desampararnos, ¿por qué suspiramos y estamos malhumorados como si en efecto nos abandonara? ¡Danos, Señor, arpas afinadas, y voz de querubines para cantar alborozados delante de tu trono!

***La Biblia** en un año:*

- *Job 34 - 35*
- *Hechos 15:1 - 21*

8 Julio

"El ángel de Jehová acampa alrededor de los que le temen, y los defiende."

Salmos 34:7

Mis notas:

Nosotros no podemos ver a los ángeles, pero basta que ellos nos vean a nosotros. El gran Angel del Pacto, a quien no habiendo visto amamos, tiene puestos sus ojos en nosotros de día y de noche. Bajo su mando tiene un verdadero ejército de seres celestiales a quienes encomienda la vigilancia sobre sus escogidos para preservarles de todo mal. Si los demonios buscan nuestra perdición, los brillantes mensajeros nos sirven.

El Señor de los ángeles no es un huésped pasajero que nos visita de vez en cuando, sino que cuenta con verdaderos ejércitos que acampan en derredor nuestro. El cuartel general del ejército de salvación, permanece allí donde viven todos aquellos que confían en el Dios vivo. Este campamento rodea a los fieles, de suerte que no puedan ser acometidos por ninguna parte, ni el adversario pueda abrir brecha entre las filas del Señor de los ángeles. Tenemos una protección continua, una guardia permanente. Siendo los mensajeros de Dios centinelas nuestros, no seremos sorprendidos por un asalto repentino, ni aplastados por fuerzas superiores. Este versículo nos promete una liberación por medio del gran capitán de nuestra salvación y esta liberación la obtendremos muchas veces hasta que termine la lucha y cambiemos el campo de batalla por la casa del reposo eterno.

***La Biblia** en un año:*

- *Job 36 - 37*
- *Hechos 15:22 - 41*

9 Julio

Salmos 101:6

"Mis ojos pondré en los fieles de la tierra para que estén conmigo; el que ande en el camino de la perfección, éste me servirá."

Mis notas:

Si así habla David, seguros podemos estar de que el Hijo de David pensará lo mismo. Jesús piensa en los hombres fieles y tiene fijos sus ojos en ellos para observarlos, estimularlos y recompensarlos. Que ningún hombre de corazón sincero crea que Dios se olvida de Él. El mismo Rey fija sus ojos en él.

De esta observación real se deducen dos cosas. Primeramente leemos: «para que estén conmigo». Jesús lleva los fieles a su casa y les da un puesto en su palacio, les hace compañeros suyos y se goza de su compañía. Mostrémonos dignos de la confianza de nuestro Señor, y Él se manifestará a nosotros. Cuanto más costosa nos sea nuestra fidelidad, mayor será la recompensa, cuanto con mayor violencia nos rechacen los hombres, con más alegría nos recibirá el Señor.

Luego añade: «Éste me servirá». Jesús utilizará para gloria suya a aquellos que, despreciando el fraude y el engaño, son fieles a su persona, a su Palabra y a su Cruz. Estos siervos honrados de su Majestad formarán parte de su séquito real.

Intimidad y servicio son la recompensa de la fidelidad. ¡Señor, hazme fiel para que pueda morar contigo y te sirva!

***La Biblia** en un año:*

- *Job 38 - 40*
- *Hechos 16:1 - 21*

"Tú levantarás y tendrás misericordia de Sión; porque es tiempo de tener misericordia de ella, porque el plazo ha llegado."

Salmos 102:13-14

10 Julio

Mis notas:

Si, nuestras oraciones por la iglesia serán escuchadas. El tiempo es llegado. Amamos las reuniones de oración, la escuela dominical y todos los servicios hechos en la casa de Dios. Nuestro corazón se une a todo el pueblo de Dios para cantar:

No hay cordero en el rebaño

Que yo desdeñe pastorear,

Ni enemigo ante quien tema

Por tu santa causa hablar.

Si éste es el deseo general, pronto disfrutaremos de tiempos de refrigerio en la presencia del Señor. Nuestros cultos serán muy concurridos, los santos se reavivarán y los pecadores hallarán su salvación. Esto sólo podrá hacerlo la misericordia de Dios. Llegará ciertamente, y debemos esperarlo. Despertemos. Amemos cada piedra de Sión, aunque esté caída. Guardemos como un tesoro la más insignificante partecita de verdad, el más pequeño de los mandamientos y el más humilde de los creyentes, aun cuando sean despreciados como el polvo de los caminos. Cuando nosotros nos interesamos por la obra del Señor, Él mismo tendrá gran contentamiento.

***La Biblia** en un año:*

- *Job 41 - 42*
- *Hechos 16:22 - 40*

11 Julio

Juan 11:26

"Y todo aquel que vive y cree en mí, no morirá eternamente. ¿Crees esto?"

Mis notas:

Sí, Señor, lo creemos: no moriremos jamás. Nuestra alma podrá ser separada de nuestro cuerpo, lo cual en cierto sentido constituye la muerte; pero nuestra alma nunca podrá ser separada de Dios; ésta sería la verdadera muerte que es el salario del pecado, y esta pena de muerte sería lo peor que pudiera acontecernos. Lo creemos sin la menor duda, porque ¿quién nos apartará del amor de Dios que es Cristo Jesús, Señor nuestro? Somos miembros del cuerpo de Cristo, ¿perderá Jesús alguno de sus miembros? Estamos unidos a Jesús, ¿podrá perdernos? De ninguna manera. Dentro de nosotros hay una vida que no puede ser separada de Dios: porque el Espíritu Santo habita en nosotros, y con Él, ¿cómo podemos morir? Jesús mismo es nuestra vida; por tanto, no podemos morir, porque Él ya no puede morir. En Él estamos muertos al pecado una vez, y la sentencia de muerte no puede ser ejecutada nuevamente. Ahora vivimos y vivimos para siempre. El salario de la justicia es la vida eterna, y tenemos la misma justicia de Dios; por consiguiente, podemos reclamar la recompensa más alta.

Viviendo y creyendo hoy, creemos que viviremos y gozaremos de este bien. Por lo tanto, vayamos adelante con la firme confianza de que nuestra vida está asegurada en la de nuestro Jefe y Cabeza, Jesucristo.

***La Biblia** en un año:*

- *Salmos 1 - 3*
- *Hechos 17:1 - 15*

12 Julio

"Sabe el Señor librar de tentación a los piadosos y reservar a los injustos para ser castigados en el día del juicio."

2 Pedro 2:9

Mis notas:

Los hombres piadosos son tentados y probados. La fe que no es sometida a prueba no es verdadera. Mas los que honran a Dios son liberados de sus pruebas, no por casualidad, sino por el mismo Señor. Él se encarga personalmente de salvar a los que en Él confían. Dios ama a quienes le siguen y le son semejantes, y toma a su cargo el saber dónde están y cómo se encuentran.

A veces su camino les parece un laberinto, y no se imaginan cómo pueden salir del peligro que les amenaza. Pero lo que ellos ignoran lo sabe el Señor. Él sabe quiénes están en peligro y cuándo y cómo ha de librarlos. Libra al justo del modo más provechoso para él, y más humillante para sus tentadores, y más glorioso para el Señor. No nos preocupemos del «cómo» y dejémoslo en manos de Dios; contentémonos y regocijémonos de saber que Él sabe librar a su pueblo de todo peligro, prueba o tentación, y esto con su mano diestra y con gloria.

No me incumbe escudriñar hoy los secretos del Señor, sino esperar con paciencia la hora de la liberación, sabiendo ciertamente que, aunque yo nada sepa, mi Padre Celestial lo sabe todo.

***La Biblia** en un año:*

- *Salmos 4 - 6*
- *Hechos 17:16 - 34*

13 Julio

Jeremías 39:18

"Porque ciertamente te libraré, y no caerás a espada, sino que tu vida te será por botín, porque tuviste confianza en mí, dice Jehová."

Mis notas:

Considerad el poder protector de la fe en Dios. Los poderosos de Jerusalén perecieron al filo de la espada; mas el pobre Ebed_Melec estaba seguro porque confiaba en Jehová. ¿En quién debe confiar el hombre mejor que en su Creador? Somos insensatos cuando preferimos la criatura al Creador. ¡Ojalá en todas las cosas pudiéramos vivir de la fe! A buen seguro seríamos librados siempre de todo peligro. Nadie creyó jamás, ni creerá en vano en el Señor.

Dice el Señor: «Ciertamente te libraré». Notemos la seguridad con que habla. Por muchas cosas inciertas que haya en la vida, el cuidado que Dios tiene con los suyos es cierto. Él es el protector de sus hijos. Bajo las alas divinas hay seguridad aun cuando nos cerque toda clase de peligros. ¿Podemos aceptar como cierta esta promesa? Si así es, veremos cómo se cumple en todas nuestras necesidades presentes. Esperamos vernos libres porque tenemos amigos, o porque somos prudentes, o porque vislumbramos grandes esperanzas; pero ninguna de estas cosas vale la mitad de lo que vale esta declaración de Dios: «porque tuviste confianza en mi». Querido lector, entra en este camino y persevera en él toda tu vida. Es tan grato como seguro.

***La Biblia** en un año:*

- *Salmos 7 - 9*
- *Hechos 18*

"Echa sobre Jehová tu carga y él te sustentará; no dejará para siempre caído al justo."

Salmos 55:22

14 Julio

Mis notas:

¿La carga es pesada? Échala sobre el Omnipotente. Ahora es tu carga, y te oprime; mas cuando la lleva el Señor, no pesa. Si todavía debes llevarla, «Él te sustentará». La carga es tuya y no lo es. De tal modo serás sostenido que para ti será una bendición. Llama al Señor en tu auxilio y podrás mantenerte en pie bajo su peso; de lo contrario, te abrumaría.

Nuestro mayor temor es que la prueba nos desvíe del camino del deber; mas esto nunca lo permitirá el Señor. Si somos sinceros con Dios, jamás permitirá que nuestra aflicción nos separe de nuestro recto camino. En Jesús nos acepta como justos y en Jesús nos guardará.

¿Y en el momento presente? ¿Piensas ir solo al encuentro de las pruebas de este día? ¿Quieres que sean tus hombros llagados de nuevo con la carga opresora? No seas tan insensato. Cuéntale al Señor todas tus penas y depositálas en Él. No arrojes tu carga para volverla a tomar: échala sobre el Señor, y déjala allí. Así podrás caminar con holgura cantando las alabanzas de Aquél que te sostiene en tus penas.

***La Biblia** en un año:*

- *Salmos 10 - 12*
- *Hechos 19:1 - 20*

15
Julio

Mateo 5:4

"Bienaventurados los que lloran: porque ellos recibirán consolación."

Mis notas:

Llegamos a Sión por un valle de lágrimas. Podría creerse que el llanto y la bendición eran términos irreconciliables, pero el Salvador, que es infinitamente sabio, los une en esta bienaventuranza. Por tanto, lo que Dios ha juntado no trate de separalo el hombre. Llorar sobre nuestro pecado y el pecado de los demás es el sello que Dios pone sobre sus fieles hijos. Cuando el Espíritu de gracia es derramado sobre la casa de David, o sobre cualquiera otra casa, harán llanto. Por medio del llanto recibimos las más ricas bendiciones, del mismo modo que por el agua se obtienen los frutos más excelentes. El que llora será bendecido no en un día lejano, sino ahora mismo, porque Cristo le llama bienaventurado.

El Espíritu Santo consolará a los que lloran su pecado. Serán consolados por la virtud de la sangre de Jesucristo y por el poder purificador del Espíritu Santo. Serán consolados con respecto al pecado que tanto abunda en su ciudad y en el mundo, por la certeza de que Dios será glorificado a pesar de la rebelión de los hombres. Serán consolados con la esperanza de que pronto se verán libres del pecado y llevados a las man siones eternas en la gloriosa presencia de su Señor.

***La Biblia** en un año:*

- *Salmos 13 - 15*
- *Hechos 19:21 - 41*

"Y salvaré a la que cojea."

Sofonías 3:19

16 Julio

Mis notas:

Abundan los cojos en ambos sexos. Puedes encontrar cojos veinte veces en cada hora. Se encuentran en las grandes vías de comunicación, tienen ansias de correr por ellas con diligencia, pero son cojos y es una lástima verlos caminar. En el camino celestial abundan también estos lisiados. Tal vez digan en su interior: ¿Qué será de nosotros? El pecado nos alcanzará y Satanás nos destruirá. Por naturaleza estamos inclinados a cojear, el Señor jamás podrá hacer de nosotros buenos soldados ni rápidos mensajeros. Sin embargo, Él nos salvará, y eso es todo. Dice el Señor: «Salvaré a la coja». Nuestra salvación será su gloria. Todos dirán: ¿Cómo esta pobre enferma ha podido ganar el premio de la carrera y obtener la corona? La alabanza será atribuida enteramente a la gracia todopoderosa de Dios.

Señor, aun cuando mi fe cojee en la oración, en la alabanza, en el trabajo, en la paciencia, te suplico que me salves. Sólo Tú puedes salvar a un cojo como yo. No permitas que perezca yo por encontrarme entre los rezagados; acoge con tu gracia al más lento de tus peregrinos. El Señor lo ha dicho y, por tanto, como Jacob, prosigo mi camino fortalecido con la oración, aunque mi tendón esté contraído.

La Biblia *en un año:*

- *Salmos 16 - 17*
- *Hechos 20:1 - 16*

17

Julio

Daniel 11:32

"El pueblo que conoce a su Dios se esforzará y actuará."

Mis notas:

«Jehová, varón de guerra; Jehová es su nombre». Quienes se alistan bajo su bandera tendrán un capitán que les instruirá para el combate y les infundirá fuerza y valor. Los tiempos que Daniel describe eran más difíciles, y, sin embargo, fue prometido al pueblo de Dios que saldría a banderas desplegadas, que tendría fortaleza y valentía para hacer frente a su temible enemigo.

Aprendamos a conocer a nuestro Dios, su poder, su fidelidad, su amor inmutable, y estemos dispuestos a arriesgarlo todo por su causa. Él puede estimular nuestro entusiasmo, de suerte que nos decidamos a vivir y morir por Él. ¡Ojalá conociéramos a Dios por medio de una comunión intima con Él, porque entonces nos asemejaríamos a Él y siempre estaríamos dispuestos a defender la verdad y la justicia. Quien ha contemplado el rostro de Dios, jamás temblará ante el rostro de los hombres. Si estamos con Él, obtendremos un temple heroico para considerar a un ejército de enemigos como una gota suspendida en la hoja del árbol. Un ejército inmutable de hombres y aun de demonios serán ante nuestros ojos como los pueblos en la presencia de Dios. A su vista son como langostas. Que Dios nos haga valientes en estos días de mentira para defender con valentía la verdad.

***La Biblia** en un año:*

- *Salmos 18 - 19*
- *Hechos 20:17 - 38*

"Yo la atraeré y la llevaré al desierto, y hablaré a su corazón."

Oseas 2:14

18
Julio

Mis notas:

Nuestro benigno Dios, viendo cuántos atractivos tiene para nosotros el pecado, ha querido, para llevarnos a Él, ejercer sobre nosotros el más poderoso atractivo de su amor. ¿No recordamos aún cómo nos atrajo el mejor amigo de nuestras almas para arrancarnos de los encantos del mundo? Esto mismo está dispuesto a hacer cuantas veces sea necesario para sacaros de las redes del pecado.

Dios promete, con el fin de ejercer una acción más eficaz con nosotros, llevarnos a un lugar apartado, que no es precisamente un paraíso, sino un desierto, porque allí nada habrá que pueda estorbar nuestra atención por las cosas de Dios. En el desierto de la aflicción, la presencia de Dios es nuestro mayor bien; allí juzgamos su compañía mucho más preciosa que la de nuestros amigos cuando estábamos sentados bajo nuestra vid y nuestra higuera. La soledad y la aflicción sirven para acercarnos a nuestro Padre mucho mejor que cualquier otro medio.

Cuando de este modo somos apartados y llevados a Él, el Señor puede decirnos muchas cosas excelentes para nuestro consuelo. ¡Ojalá pudiéramos saber por experiencia cuán grande es el valor de esta promesa! Atraídos por su amor, separados por la prueba y consolados por el Espíritu de verdad, conoceremos al Señor y cantaremos con gozo sus alabanzas.

***La Biblia** en un año:*

- *Salmos 20 - 22*
- *Hechos 21:1 - 17*

19

Julio

Deut. 33:25 (trad. kjv)

"Hierro y metal tu calzado, y como tus días tu fortaleza."

Mis notas:

Dos cosas son concedidas al peregrino: el calzado y la fortaleza.

El calzado es necesario para viajar por los caminos malos, y debemos pisar mortales enemigos. No caminaremos descalzos; esto no diría bien en príncipes de sangre real. Nuestro calzado no será de un material cualquiera; tendrá suelas de metal duro que no se gastarán aun cuando el viaje sea largo y penoso. Estaremos protegidos en la medida de las necesidades del camino y del combate. Por lo tanto, caminaremos con intrepidez sin temor alguno, aunque tengamos que pisar serpientes y dragones.

Nuestra fortaleza será tan duradera como los días de nuestra vida y estará en proporción con el trabajo y la carga que llevemos. Las palabras son cortas: «como tus días tu fortaleza», pero el significado es completo. Si en este día nos sobreviene una prueba penosa o un trabajo que requiere toda nuestra energía, también se nos concederá una fortaleza adecuada. Esta promesa, hecha a Aser, también ha sido hecha a todos aquellos que tienen fe para apropiársela. Tengamos esa santa osadía que la promesa de Dios está destinada a producir en el corazón del creyente.

***La Biblia** en un año:*

- *Salmos 23 - 25*
- *Hechos 21:18 - 40*

"Y aparecerá por segunda vez, sin relación con el pecado, para salvar a los que le esperan."

Hebreos 9:28

20 Julio

Mis notas:

Tal es nuestra esperanza. Aquél a quien ya hemos visto y que vino una vez para quitar los pecados de muchos, se manifestará nuevamente entre los hijos de los hombres. ¡Magnífica y gloriosa perspectiva! Este segundo advenimiento irá acompañado de circunstancias especiales que lo harán sobremanera glorioso.

Nuestro Señor habrá aniquilado el pecado. De tal modo lo ha borrado de su pueblo y con tanta eficacia ha saldado nuestra deuda, que ya en su segunda venida nada tendrá que ver con Él. Ya no tendrá que presentar ofrenda alguna por el pecado, porque lo habrá quitado del todo.

Nuestro Señor consumará entonces la salvación de su pueblo. Todos serán perfectamente salvos y gozarán para siempre de la plenitud de la salvación. No viene a llevar la paga de nuestras transgresiones, sino a traernos el resultado de su obediencia; no viene a liquidar nuestra condenación, sino a perfeccionar nuestra salvación.

Nuestro Señor se manifiesta a los que en Él esperan. No será visto así por aquellos cuyos ojos están cegados por el egoísmo y el pecado. Para éstos será juez terrible, y nada más. Primero hemos de mirarle y después esperar en Él; en ambos casos nuestra mirada será para vida eterna.

***La Biblia** en un año:*

- *Salmos 26 - 28*
- *Hechos 22*

21
Julio

Daniel 12:3

"Los entendidos resplandecerán como el resplandor del firmamento; y los que enseñan la justicia a la multitud, como las estrellas a perpetua eternidad."

Mis notas:

Palabras muy a propósito para despertarme y que me señalan un fin por el que bien vale la pena vivir. Ser inteligente es algo inapreciable, pero la inteligencia de que aquí se trata es sabiduría divina, que únicamente el Señor puede conceder. ¡Ojalá me conociese a mí mismo, a mi Dios y a mi Salvador! ¡Oh, Dios, enséñame a poner en práctica la verdad divina y a vivir en su luz! ¿Vivo yo una vida prudente? ¿Busco yo lo que debo buscar? ¿Vivo como desearía haber vivido en la hora de mi muerte? Sólo esta sabiduría podrá asegurarme un resplandor tan permanente como el del firmamento.

Ganar almas es un fin glorioso y es menester ser sabio para enseñar a una sola persona la justicia, y más aún para enseñarla a muchos. ¡Oh, si tuviera yo este conocimiento de Dios, de su Palabra y de Cristo para poder llevar a la conversión a un gran número de personas! Podría consagrarme enteramente a esta empresa, y no descansaría hasta lograrlo. Esto valdría para mí más que todos los honores de que podría gozar en la corte. Esto hará de mí una estrella resplandeciente por toda la eternidad y más brillante que muchas estrellas del firmamento. ¡Señor, despiértame! ¡Señor, vivifícame!

***La Biblia** en un año:*

- *Salmos 29 - 30*
- *Hechos 23:1 - 15*

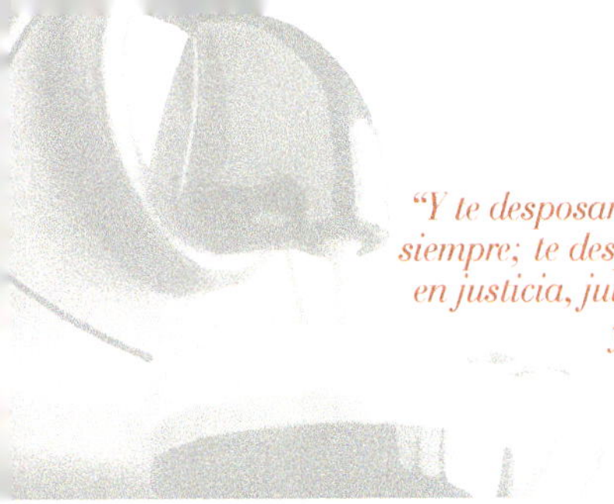

22 Julio

"Y te desposaré conmigo para siempre; te desposaré conmigo en justicia, juicio, benignidad y misericordia."

Oseas 2:19-20

Mis notas:

¡Desposados con el Señor! ¡Qué honor y qué gozo! Alma mía, ¿estás desposado con Jesús por tu libre voluntad? Si así es, advierte que tu desposorio es para siempre. El Señor nunca quebrantará su promesa y mucho menos pedirá el divorcio con un alma que se ha unido a Él con los lazos del matrimonio.

El Señor dice por tres veces: «te desposaré». ¡Cómo prodiga las palabras para anunciar su desposorio! La justicia interviene para legalizar el contrato; nadie puede impedir estas lícitas amonestaciones. El juicio ratifica la alianza con un decreto: nadie puede ver en esta alianza un error o una locura. La misericordia garantiza que aquí se trata de una unión por el amor, porque sin amor el matrimonio, en vez de ser una bendición, se convierte en esclavitud. Entretanto, la misericordia sonríe y canta; se multiplica «en miseraciones» a causa de la gracia abundante que acompaña esta santa unión.

La fidelidad es el escribano que registra el casamiento, y el Espíritu Santo dice: «Amén», y enseña al corazón desposado todo lo que sea menester para cumplir con las obligaciones de su estado. ¡Qué magnífica promesa!

***La Biblia** en un año:*

- *Salmos 31 - 32*
- *Hechos 23:16 - 35*

23
Julio

Hebreos 10:17

"Y nunca más me acordaré de sus pecados y transgresiones."

Mis notas:

El Señor, en cumplimiento de su pacto de gracia, trata a su pueblo como si nunca hubiese pecado. Prácticamente olvida todas sus transgresiones. Considera sus pecados, cualquiera que sea su gravedad, como si jamás hubieran existido; como si se hubiesen borrado de su memoria. ¡Oh, gran milagro de la gracia! Dios hace en esto lo que hasta cierto sentido, es imposible de hacer. Su misericordia obra prodigios que sobrepujan todos los prodigios.

Nuestro Dios nada sabe de nuestro pecado después que Jesucristo ha ratificado su alianza. Podemos regocijarnos en Él sin temor de provocar su ira contra nosotros a causa de nuestros pecados. Nos cuenta por hijos suyos y nos considera como justos; toma contentamiento en nosotros como si fuéramos perfectos y santos. Más aún, nos pone en puestos de confianza, nos hace guardianes de su honor, de sus tesoros y de su Evangelio. Nos considera dignos y nos confiere un ministerio. Esta es la prueba más evidente de que no se acuerda más de nuestros pecados. Cuando perdonamos a nuestros enemigos, tardamos en depositar en ellos nuestra confianza; juzgamos que esto sería imprudente. Pero el Señor olvida nuestros pecados y nos trata como si nunca le hubiéremos ofendido. ¡Oh, alma mía, acepta esta promesa y alégrate!

***La Biblia** en un año:*

- *Salmos 33 - 34*
- *Hechos 24*

"El que venciere será vestido de vestiduras blancas."

Apoc. 3:5

24 Julio

Mis notas:

¡Soldado de la cruz, sigue luchando! No descanses hasta que la victoria sea completa, porque tendrás una recompensa digna de tu vida de combate.

¡Mira, aquí hay perfecta pureza para ti! Unos pocos en Sardis no habían ensuciado sus vestiduras y su recompensa es andar con vestiduras blancas. La perfecta santidad es el precio de nuestra divina vocación. No lo perdamos.

¡Aquí hay gozo! Llevarás vestidos de fiesta, como los que llevan los convidados a bodas; serás vestido de alegría y resplandecerás de felicidad. Las luchas penosas terminarán con la paz de conciencia y el gozo del Señor.

¡Aquí hay victoria! Obtendrás el triunfo. Palmas, coronas y vestidos blancos serán tu galardón; serás tratado como vencedor y como tal reconocido por el Señor.

¡Aquí hay vestimentas sacerdotales! Te presentarás delante del Señor con los vestidos que llevaban los hijos de Aarón; ofrecerás sacrificios de acción de gracias, y te allegarás a Él con incienso de alabanza.

¿Quién no peleará por un Señor que promete tales honores al último de sus fieles servidores? ¿Quién no llevará su traje de bufón por amor de Cristo que nos vestirá de gloria?

***La Biblia** en un año:*

- *Salmos 35 - 36*
- *Hechos 25*

25

Julio

Daniel 12:13

"Y tú irás hasta el fin, y reposarás, y te levantarás para recibir tu heredad al fin de los días."

Mis notas:

Nosotros no podemos entender todas las profecías, pero no debemos mirarlas con espanto, sino con verdadero placer. En la voluntad del Padre, nada puede haber que pueda inquietar a su hijo. Aun cuando viéramos levantarse la abominación de la desolación, no será contaminado el verdadero creyente; al contrario, será purificado y emblanquecido en la prueba. Aunque la tierra fuere abrasada, no llegará el olor del fuego a los escogidos. En el derrumbamiento de la materia y la ruina del mundo, el Eterno sabrá preservar a los suyos.

Resueltos a cumplir con nuestros deberes, valientes en el combate, sufridos en la prueba, sigamos rectos nuestro camino, sin desviarnos ni a la diestra, ni a la siniestra. Un día llegará el fin: avancemos por el camino hasta que venga.

El descanso será nuestro. Todo lo de este mundo vacila y se estremece, mas nuestro fundamento permanece inconmovible. Dios reposa en su amor, por eso nosotros reposamos en Él. Nuestra paz es, y será siempre, a manera de río. Una suerte nos ha sido reservada en la celestial Canaán, y la ocuparemos suceda lo que suceda. El Dios de Daniel dará una porción digna a todos los que se deciden valerosamente como Daniel, por los fueros de la verdad y santidad. Ningún foso de leones nos privará de nuestra herencia eterna.

***La Biblia** en un año:*

- *Salmos 37 - 39*
- *Hechos 26*

"En aquel tiempo, dice Jehová, me llamarás Ishi, y nunca más me llamarás Baali."

Oseas 2:16-17

26 Julio

Mis notas:

Ese día ha llegado. Ya no vemos a Dios como un Baal, tirano poderoso, porque no estamos bajo la ley, sino bajo la gracia. Jehová, Dios nuestro, es ahora nuestro Esposo querido, nuestro amoroso Señor, nuestro pariente cercano, al que nos unen los lazos de un parentesco sagrado. No le reverenciamos menos por eso, pero le amamos más. No le servimos con menos obediencia, pero le servimos por móviles más elevados y afectuosos. No temblamos ya bajo su látigo, pero nos regocijamos de su amor. El esclavo se ha trocado en hijo, y el trabajo en placer.

¿Sucede contigo esto, querido lector? ¿Ha echado la gracia fuera de ti todo temor servil infundiéndole un amor filial? ¡Qué contentos vivimos con esta experiencia! Ahora consideramos el domingo como una delicia, y la adoración nunca es fatigosa. La oración y la alabanza son un privilegio. Obedecer es el cielo y dar para la obra del Señor un banquete. Todas las cosas son hechas nuevas. Nuestra boca se hinche de risa y nuestro corazón, de música. ¡Bendito sea para siempre este Esposo querido de nuestras almas!

***La Biblia** en un año:*

- *Salmos 40 - 42*
- *Hechos 27:1 - 26*

27

Julio

Hechos 13:34

"Os daré las misericordias fieles de David."

Mis notas:

Nada es seguro en el hombre; en Dios todo lo es. Fieles son las misericordias de la alianza, como cantó David: «Él ha hecho conmigo pacto perpetuo, ordenado en todas las cosas, y será guardado».

Seguramente el Señor quiso decir que usaría con nosotros de misericordia. Sus palabras no son vanas. Todas sus promesas son verdaderas. Su misericordia en verdad es misericordia, y aun cuando la muerte nos impida ver sus efectos, sin embargo reconoceremos que la palabra del Señor nunca será desmentida.

Estamos ciertos de que Dios concederá las promesas hechas a todos los hijos del pacto. Cada uno de los elegidos de Dios recibirá a su tiempo la gracia prometida. Son «firmes a toda simiente», desde la más pequeña hasta la más grande.

Estamos ciertos de que el Señor continuará prodigando sus misericordias a su pueblo. Él no da para después quitar. Lo que concede es garantía de dones más espléndidos. Lo que aún no hemos recibido es tan seguro como lo que nos ha dado. Toda duda sobre el particular es injustificada. El amor, la palabra y la felicidad de Dios son ciertos. De muchas cosas podemos dudar, pero del Señor cantamos: «Para siempre es su misericordia». Esta misericordia siempre es fiel y siempre cierta.

***La Biblia** en un año:*

- *Salmos 43 - 45*
- *Hechos 27:27 - 44*

28 Julio

"Humillaos, pues, bajo la poderosa mano de Dios, para que él os exhalte cuando fuere tiempo." 1 Pedro 5:6

Mis notas:

Esto equivale a una promesa; si nos humillamos, el Señor nos ensalzará. La humildad nos conduce al honor; la sumisión es el camino del encumbramiento. La mano de Dios que nos oprime puede levantarnos siempre que estemos dispuestos para la bendición. Nos humillamos para vencer. Muchos lisonjean a los hombres y, sin embargo, no consiguen la protección que desean. Empero el que se humilla bajo la mano poderosa de Dios, será enriquecido, levantado, sostenido y consolado por Él, que es siempre misericordioso. Jehová acostumbra abatir a los orgullosos y levantar a los humildes.

Sin embargo, hay un tiempo para las obras del Señor. Ahora, en este mismo instante, es cuando debemos humillarnos. Nuestra obligación es seguir haciéndolo, sea que la mano del Señor quiera probarnos o no. Cuando el Señor hiere, nuestro deber es aceptar el castigo con profunda sumisión. En cuanto a nuestro ensalzamiento por el Señor, éste vendrá solamente «cuando fuere tiempo». Dios es el mejor juez de ese día y de esa hora. ¿Por qué lloramos impacientes por esa bendición? ¿Por qué la deseamos antes de tiempo? ¿Qué pretendemos? Seguramente no somos humildes de verdad, porque si lo fuéramos, esperaríamos con calma. Danos, Señor, esta humildad.

***La Biblia** en un año:*

- *Salmos 46 - 48*
- *Hechos 28*

29

Julio

Sofonías 3:15

"Ha echado fuera tus enemigos."

Mis notas:

¡Qué cosa tan admirable! Satanás perdió su trono en nuestros corazones, como perdió su puesto en el cielo. Nuestro Señor ha quebrantado el poder del enemigo sobre nosotros; éste puede atacarnos, mas no reclamarnos como suyos. Ya no estamos encadenados, hemos sido liberados y somos verdaderamente libres.

Todavía este gran enemigo es el acusador de nuestro hermanos, pero el Señor le ha echado de sus posiciones. Nuestro abogado le fuerza a callar, reduciendo a la nada los cargos que formula contra nosotros, y defiende la causa de nuestra alma de suerte que ninguna injuria del diablo puede causarnos el menor daño.

El espíritu maligno nos acomete todavía como un tentador y se insinúa en nuestro espíritu; pero también de aquí ha sido arrojado perdiendo la preeminencia de que gozaba. Se desliza como una serpiente, mas no reinará como soberano. Pone en nosotros, cuando puede, pensamientos de blasfemia, pero, ¡cuán aliviados nos sentimos cuando se le obliga a callar y tiene que retirarse como un perro azotado! Señor, obra así en todos aquellos que actualmente se vean molestados por sus ladridos. Echa fuera a su enemigo y muéstrate glorioso a su vista. ¡Tú le has vencido, Señor, échalo fuera y arrójalo del mundo!

***La Biblia** en un año:*

- *Salmos 49 - 50*
- *Rom. 1*

"Os volveré a ver y se gozará vuestro corazón."

Juan 16:22

30 Julio

Mis notas:

Ciertamente Jesús vendrá de nuevo y cuando nos vea y nosotros le veamos a Él, habrá gran gozo. ¡Ojalá vuelva pronto el Señor!

Esta promesa se está cumpliendo cada día en otro sentido. Nuestro bondadoso Señor repite en muchas ocasiones «otra vez» cuando habla con nosotros. Nos dio el perdón, y cada vez que nos ve entristecidos a causa de nuestros pecados, nos repite palabras de absolución. Él nos ha revelado que hemos sido aceptados por Dios, y cuando ve cómo desfallece nuestra fe, se acerca nuevamente a nosotros para decirnos: «Paz a vosotros», y nuestros corazones se llenan de gozo.

Amados, las misericordias pasadas son garantía de bendiciones futuras. Si Jesús ha vivido con nosotros, nos verá de nuevo. No mires los favores pasados como cosa muerta y enterrada para lamentarla, sino como simiente sembrada que crecerá y levantará su cabeza sobre el polvo, y clamará: «Otra vez os veré». ¿Son estos tiempos oscuros porque Jesús no está con nosotros como lo estaba antes? Cobremos ánimo, porque no está lejos. Sus pies son como los del gamo o del ciervo, y pronto lo traerán entre nosotros. Por tanto, regocijémonos, porque aun ahora nos dice: «Otra vez os veré».

***La Biblia** en un año:*

- *Salmos 51 - 53*
- *Rom. 2*

31 Julio

Salmos 50:15

"E invócame en el día de la angustia; te libraré, y tú me honrarás."

Mis notas:

¡Ésta sí que es magnífica promesa! Es dada para un caso urgente: «el día de la angustia». En un día como éste, aun a pleno sol hay oscuridad; cada hora parece más tenebrosa que la anterior. Acordémonos entonces de estas palabras que se nos dirigen expresamente para sostenernos en los días de tinieblas.

He aquí un consejo lleno de benevolencia: «invócame». No debía sernos necesaria tal exhortación: orar debería ser la ocupación constante de todo el día y de cada día. ¡Cuán sabios nos mostraremos si sabemos utilizarla! ¡Y cuán insensatos somos si andamos de acá para allá mendigando la ayuda de los hombres! El Señor nos invita a presentarle nuestro caso. No vacilemos en hacerlo.

A continuación tenemos un poderoso incentivo: «te libraré». Cualquiera que sea la angustia en que nos encontremos, el Señor no hace excepciones, sino que promete una liberación completa. Él mismo llevará a cabo nuestra liberación. Creámoslo, y el Señor honrará nuestra fe.

En último término, he aquí el resultado final: «tú me honrarás». Hagámoslo superabundantemente. Cuando nos haya liberado, le alabaremos en alta voz; y como ciertamente lo hará, comencemos a glorificarle ahora mismo.

***La Biblia** en un año:*

- *Salmos 54 - 56*
- *Rom. 3*

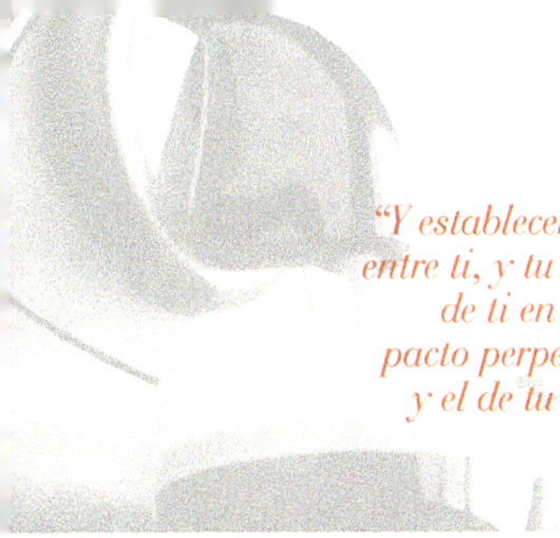

"Y estableceré mi pacto entre mí y entre ti, y tu descendencia después de ti en sus generaciones, por pacto perpetuo, para ser tu Dios, y el de tu descendencia después de ti."

Génesis 17:7

1 Agosto

Mis notas:

¡Oh, Señor! Tú has hecho un pacto conmigo, tu siervo, en Jesucristo mi Salvador, y ahora te suplico que mis hijos sean incluidos también en tus amorosos designios. Permíteme creer que esta promesa ha sido hecha para mí, lo mismo que para Abraham. Sé que mis hijos nacieron en pecado y en maldad han sido formados, del mismo modo que los demás hombres; por tanto, nada pido a causa de su nacimiento, porque sé perfectamente que «lo que es nacido de la carne, carne es», y nada más. Señor, haz que nazcan del Espíritu Santo y que entren así en el pacto de la gracia.

Ruego también por mis descendientes y por todas sus generaciones. SéTú, Señor, de ellos como lo eres mío. El honor más grande que Tú me hiciste es haberme permitido estar a tu servicio; que mis descendientes puedan servirte también en los años venideros. ¡Oh, Dios de Abraham, sé Tú el Dios de Isaac! ¡Oh, Dios de Ana, acepta también a su Samuel!

Señor, si has aceptado la oración que te presento por los míos, ruégote que te acuerdes de otras familias de tu pueblo que todavía no tienen tu bendición. Que ninguno de los que temen tu nombre pase por el duro trance de tener una familia inconversa; te lo suplico por tu Hijo Jesucristo. Amén.

***La Biblia** en un año:*

- *Salmos 57 - 59*
- *Rom. 4*

2

Agosto

Éxodo 4:12

"Ahora, pues, ve, y yo estaré con tu boca, y te enseñaré lo que hayas de hablar."

Mis notas:

Muchos fieles siervos del Señor son tardos de palabra, y cuando tienen que defenderlo, se ven en gran confusión por el temor de perjudicar su causa con una mala defensa. Recuerden en tal caso que el Señor les ha dado una lengua torpe y no culpen a Dios por ello. No olviden que una lengua pesada a veces no es tan gran mal como una lengua expedita, y que en muchas ocasiones muy pocas palabras pueden atraer más bendiciones que una verbosidad superabundante. Cierto que el verdadero poder de la salvación no está en la retórica humana con sus expresivas figuras, pulidas frases y elocuentes párrafos. La poca facilidad de palabra no es un defecto tan grande como parece.

Si Dios está en nuestra boca y en nuestra mente, tendremos algo mejor que el metal que retiñe con elocuencia, o el címbalo que resuena en un lenguaje insinuante. La enseñanza de Dios es sabiduría, y su presencia, poder. Faraón tenía más motivos de temer a Moisés, que era tartamudo, que todos los razonamientos del mejor orador de Egipto, porque en sus palabras había poder y anunciaban plagas y muertes. Si el Señor está con nosotros, en nuestra natural debilidad, seremos ceñidos de sobrenatural fortaleza. Hablemos, pues, con intrepidez de Jesús, como es nuestro deber.

***La Biblia** en un año:*

- *Salmos 60 - 62*
- *Rom. 5*

3 Agosto

"Mas cuando el sacerdote comprare algún esclavo por dinero, éste podrá comer de ella, así como también el nacido en su casa podrá comer de su alimento."

Levítico 22:11

Mis notas:

Los extranjeros, huéspedes y jornaleros no podían comer de las cosas sagradas. Lo mismo sucede con las cosas espirituales. Sin embargo, dos clases de personas tenían libre acceso a la mesa del sacerdote: las que fueron compradas con su dinero, y las que nacieron en su casa. Comprados y nacidos, tales eran las condiciones que daban un derecho incontestable al uso de las cosas santas.

Comprados. Nuestro gran Sumo Sacerdote ha comprado a gran precio a todos los que en Él han depositado su confianza. Son propiedad absoluta suya y pertenecen enteramente al Señor. No por sus méritos propios, sino por el amor de su Redentor, han sido admitidos a participar de los mismos privilegios de que Él goza, y «éstos comerán de su pan». Tiene una comida que el mundo desconoce. «Porque sois de Cristo», tendréis parte con el Señor.

Nacidos. El nacimiento da también derecho cierto a estos privilegios: si hemos nacido en la casa del sacerdote, ocupamos un puesto dentro de su misma familia. La regeneración nos hace coherederos y un mismo cuerpo con Él, y por tanto, la paz, el gozo y la gloria que el Padre le ha dado Cristo nos lo ha dado a nosotros. La redención y la regeneración nos confieren un doble derecho divino a la participación de esta promesa.

***La Biblia** en un año:*

- *Salmos 63 - 65*
- *Rom. 6*

4
Agosto

Números 6:24

"Jehová te bendiga y te guarde."

Mis notas:

Esta bendición del sumo sacerdote constituye en si misma una promesa. La bendición que nuestro gran Sumo Sacerdote pronuncia sobre nosotros seguramente tendrá su efecto, porque expresa la voluntad de Dios.

¡Qué delicia vivir bajo la bendición divina! Esto infunde un aroma delicioso a todas las cosas. Si somos bendecidos, todos nuestros bienes y todas nuestras alegrías serán bendecidas; nuestras pérdidas y aflicciones también lo serán. La bendición de Dios es profunda, real, efectiva. La bendición del hombre puede consistir sólo en palabras; pero la de Dios enriquece y santifica. Lo que más apetecemos para nuestro mejor amigo, no es que abunde en la prosperidad, sino que el Señor le bendiga.

Asimismo, cosa deliciosa es ser guardados por Dios: guardados por Él, guardados en Él y guardados cerca de Él. A quienes Dios guarda bien guardados están, porque son guardados del mal y reservados para la dicha eterna. La guarda de Dios va acompañada de la bendición divina con el fin de establecerla y confirmarla.

El deseo que mueve al autor de este libro es que cuantos lean estas líneas obtengan estas ricas bendiciones y gocen de esta divina protección.

***La Biblia** en un año:*

- *Salmos 66 - 67*
- *Rom. 7*

"La ley de su Dios está en su corazón; por tanto, sus pasos no resbalarán."

Salmos 37:31

5 Agosto

Mis notas:

Poned la ley en el corazón del hombre, y éste siempre caminará bien. Ahí es donde debe estar escrita, porque entonces será como las tablas de piedra del arca, ocupando el lugar que se la ha señalado. En la cabeza, confunde; sobre las espaldas abruman, y en el corazón sostiene.

¡Qué expresión tan atinada es ésta: «la ley de su Dios»! Cuando al Señor conocemos como Dios nuestro, su ley significa libertad para nosotros. Él hará lo que es recto y por tanto, obrará con prudencia. Las buenas acciones son siempre las más prudentes, aunque por el momento no lo parezca. Vamos caminando por el sendero de la providencia y gracia de Dios cuando perseveramos en la guarda de sus mandamientos. La Palabra de Dios a nadie ha engañado todavía. Su dirección es clara: nos enseña a caminar con humildad, justicia, amor y temor de Dios. No sólo son consejos llenos de sabiduría para que nuestro camino prospere, sino también reglas de santidad para que nuestros vestidos no se contaminen. Anda seguramente quien anda rectamente.

***La Biblia** en un año:*

- *Salmos 68 - 69*
- *Rom. 8:1 - 21*

6
Agosto

Deut. 1:21

"Mira, Jehová tu Dios te ha entregado la tierra; sube y toma posesión de ella, como Jehová el Dios de tus padres te ha dicho; no temas ni desmayes."

Mis notas:

Existe una herencia de gracia que debemos tener la valentía de conquistar para que llegue a ser posesión nuestra. Todo lo que un creyente ha conseguido, pueden conseguirlo los demás. Puedes ser valiente en la fe, ferviente en el amor y fecundo en trabajos; nada puede impedirlo, mas para ello es preciso subir y tomar posesión. La más dulce experiencia y la gracia más preciosa son para nosotros, tanto como para cualquiera de nuestros hermanos. Jehová nos las ha dado y nadie podrá negar nuestro derecho: subamos, pues, y poseámoslas en su nombre. El mundo está delante de nosotros y debe ser conquistado para Jesús. No debe existir pueblo ni lugar alguno que no le esté sometido. Delante de nuestras casas se halla la morada de los pobres, no para que permanezcamos inactivos, sino para socorrerles. Tengamos valor y vayamos adelante, porque así ganaremos para Jesús las moradas sombrías y los corazones endurecidos. A nadie dejemos morir en la calle por no tener bastante fe en Jesús y en su Evangelio para subir y poseer la tierra. No hay lugar por tenebroso que sea, ni persona tan degradada que no esté al alcance del poder de la gracia. ¡Fuera toda cobardía! Por la fe marchemos a la conquista.

***La Biblia** en un año:*

- *Salmos 70 - 71*
- *Rom. 8:22 - 39*

7 Agosto

"Solamente esfuérzate, y sé muy valiente, para cuidar de hacer conforme a toda la ley que mi siervo Moisés te mandó; no te apartes de ella ni a diestra ni a siniestra, para que seas prosperado en todas las cosas que emprendas."

Josué 1:7

Mis notas:

El Señor estará con nosotros en esta guerra santa, pero exige que sigamos escrupulosamente sus prescripciones. Venceremos ciertamente si le obedecemos con todo nuestro corazón, y si ponemos toda la energía en los actos de nuestra fe. Si somos tibios de corazón, sólo podremos esperar a medias la bendición de Dios.

Hemos de obedecer a Dios con cuidado y meditación. La frase empleada aquí es «cuidar de hacer», y está henchida de sentido. Esta condición es esencial, y nos obliga a conocer la voluntad de Dios en todos sus pormenores; hemos de obedecer con prontitud y estar siempre dispuestos a obrar «conforme a toda ley». No tenemos derecho a elegir según nos plazca, sino que debemos seguir todos los mandamientos del Señor, sin excepción alguna, y tal como nos han sido dados. Hagámoslo con exactitud y perseverancia. Nuestro camino ha de ser recto, que no se tuerza ni a la derecha ni a la izquierda. No queramos ser más rígidos que la ley, ni por ligereza emprender el camino más fácil y desembarazado. Una obediencia así nos acarreará más prosperidad espiritual. ¡Que tu promesa, Señor, no nos sea vana!

***La Biblia** en un año:*

- *Salmos 72 - 73*
- *Rom. 9:1 - 15*

8 Agosto

Isaías 50:7

"Jehová el Señor me ayudará."

Mis notas:

Tenemos en esta profecía las palabras del Mesías en el día de su obediencia hasta la muerte, cuando ofreció su cuerpo a los azotes de sus verdugos, y sus mejillas a quienes mesaban sus cabellos. Confiaba en el auxilio divino y esperaba en Jehová.

¡Oh, alma mía! Tus tristezas son como las partículas de polvo sobre el platillo de la balanza, comparadas con las tristezas del Señor. ¿No crees que el Señor te ayudará? El Señor se encontraba en una posición especial, porque, como representante de todos los pecadores y sustituto de todos ellos, era necesario que el Padre le abandonara y que su alma sintiera toda la amargura de la separación. De ti no se ha exigido tanto; no te has visto obligado a exclamar: «¿Por qué me has desamparado?» Aun así, tu Salvador confió en el Señor. ¿No puedes confiar tú también? Él murió por ti, y de este modo imposibilitó el que tú fueras abandonado. Confía, pues, y ten valor.

En los afanes de este día, exclama: «El Señor Jehová me ayudará». Sal fuera con intrepidez. Haz tu rostro como el pedernal y toma la resolución de que ni la flaqueza, ni la timidez logren apoderarse de ti. Si estás cierto de la ayuda del Omnipotente, ¿puede haber alguna carga excesivamente pesada para ti? Empieza con gozo este día, y que ninguna sombra de duda cruce entre tu mente y el resplandor del sol.

***La Biblia** en un año:*

- *Salmos 74 - 76*
- *Rom. 9:16 - 33*

"Todo pámpano que en mí no lleva fruto, lo quitará; y todo aquel que lleva fruto, lo limpiará, para que lleve más fruto."

Juan 15:2

9 Agosto

Mis notas:

He aquí una promesa preciosa para quien desea llevar fruto. Por el momento, presenta un carácter de severidad. ¿El pámpano que lleva fruto ha de ser podado? ¿Deberá cortar el cuchillo lo mejor y más provechoso? Así debe ser, porque la mayor parte de la obra purificadora del Señor se lleva a cabo por medio de aflicciones, cualquiera que sea su naturaleza. No son los malvados, sino los justos a quienes les han sido anunciadas las tribulaciones en esta vida. Pero el fin compensa sobradamente lo doloroso de los medios. Si de ello resulta mucho fruto para el Señor, poco nos importará la poda y la pérdida de algunas hojas.

Sin embargo, en ocasiones, esa limpieza es hecha por la Palabra, sin necesidad de que vengan las pruebas, este pensamiento lima todo lo áspero de la promesa. Por medio de la Palabra llegaremos a ser más suaves y más útiles. El Señor, que ha hecho que nosotros llevemos algún fruto, obrará en nosotros hasta que logremos una mayor prosperidad. ¿No es esto motivo de alegría? En verdad hay más consuelo en la promesa de que hemos de llevar fruto, que si nos hubieran prometido riquezas, salud y honores.

¡Señor Jesús, cumple pronto la palabra misericordiosa que me has dado, y haz que abunde yo en frutos para gloria tuya!

***La Biblia** en un año:*

- *Salmos 77 - 78*
- *Rom. 10*

10 Agosto

1 Samuel 2:7

"Jehová empobrece, y él enriquece; abate, y enaltece."

Mis notas:

Todos los cambios acaecidos en mi vida vienen de Aquél que nunca cambia. Si hubiese sido enriquecido, habría visto en ello la mano del Señor y le alabaría. Que reconozca también su mano si caigo en la pobreza y le bendiga con la misma sinceridad. Cuando nuestra posición desciende, hemos de atribuirlo al Señor, y debemos soportarlo con paciencia. Si, por el contrario, nuestra posición mejora, también es obra del Señor, y para Él ha de ser nuestro agradecimiento. En ambos casos, es el Señor quien lo ha hecho, y todo está bien.

En general, el Señor se complace en humillar a quienes quiere ensalzar, y desnudar a quienes piensa vestir. Su método es el más sabio y el mejor. Si sufro ahora humillaciones, bien puedo regocijarme, porque en ellas podré ver el preludio de mi elevación. Cuanto más somos humillados por la gracia, más ensalzados seremos en la gloria. El empobrecimiento que conduce a nuestra riqueza siempre debe ser bien acogido.

¡Oh, Señor! Tú me has humillado haciéndome sentir mi nulidad y pecado. Esta es una experiencia desagradable, pero te suplico que la hagas provechosa para mí. Hazme apto para soportar un mayor peso de gozo y una mayor actividad. Y cuando esté dispuesto para ello, concédemelo por el amor de Cristo. Amén.

***La Biblia** en un año:*

- *Salmos 79 - 80*
- *Rom. 11:1 - 18*

11 Agosto

"En Dios solamente está acallada mi alma; de él viene mi salvación."

Salmos 62:1

Mis notas:

¡Bendita seguridad: esperar sola y únicamente en el Señor! Tal debe ser nuestra condición hoy y todos los días de nuestra vida. Esperar su tiempo, esperar en su auxilio, esperar con alegría, esperar en oración y contentamiento. El alma que así espera observa la verdadera actitud de una criatura delante del Creador, de su siervo delante de su Señor, de un hijo delante de su Padre. Jamás tratemos de dictar órdenes a Dios, ni de quejarnos en su presencia; no seamos petulantes ni desconfiados. No osemos correr delante de la nube, ni buscar el socorro de los demás, porque ninguna de ambas cosas sería esperar en Dios. Dios y sólo Dios debe ser la esperanza de nuestras almas.

¡Bendita certeza! «De Él viene la salud», ya está en camino. La salvación de Él nos vendrá y de ningún otro. Suya será toda la gloria, porque solamente Él podrá conseguírnosla. Sin duda Él nos la traerá a su debido tiempo y a su manera.

Él nos librará de la duda, del sufrimiento, de la calumnia y de la miseria. Aun cuando no veamos señal alguna de esta liberación, gocémonos esperando la voluntad del Señor, porque jamás podremos abrigar la menor duda acerca de su amor y fidelidad. Su obra será cierta y no se hará esperar mucho, y nosotros le alabaremos ahora por su misericordia futura.

***La Biblia** en un año:*

- *Salmos 81 - 83*
- *Rom. 11:19 - 36*

12 Agosto

2 Samuel 22:29

"Tú eres mi lámpara, oh Jehová; mi Dios alumbrará mis tinieblas."

Mis notas:

¿Estoy en la luz? Entonces Tú, oh Señor, eres mi lámpara. Si Tú desaparecieras, acabaría mi gozo; empero mientras estés conmigo, puedo pasar sin las antorchas de este siglo y sin las luces del auxilio de los hombres. ¡Cuánta claridad proyecta la presencia de Dios sobre todas las cosas! Se dice que hay un faro que puede ser visto a una distancia de veinte millas; Jehová, Dios nuestro, no sólo está cerca, sino que se le ve de lejos, aun desde tierras enemigas. ¡Oh, Señor, cuando tu amor llena mi corazón, estoy tan contento como los ángeles del cielo! Tú eres mi único deseo.

¿Estoy en las tinieblas? Entonces, tú, oh Señor, me darás luz. Pronto cambiarán las cosas. Mis negocios pueden empeorar de día en día, y una nube cubrir a otra nube; mas aun cuando llegue a ser tan oscura que me impida ver mi propia mano, siempre podré ver la mano del Señor. Cuando en mí mismo, o entre mis amigos, o en el mundo, no pueda hallar luz, el Señor, que dijo «sea la luz» y la luz fue, puede repetirlo de nuevo: su Palabra me dará luz. No moriré, sino que viviré. El alba llega. Este versículo resplandece como la estrella de la mañana. Antes de que transcurran algunas horas batiré palmas de gozo.

***La Biblia** en un año:*

- *Salmos 84 - 86*
- *Rom. 12*

"Y antes que clamen, responderé yo; mientras aún hablan, yo habré oído."

Isaías 65:24

13 Agosto

Mis notas:

¡Cuán rápido es su obrar! El Señor nos oye antes de que le llamemos, y a veces nos responde con la misma rapidez. Previendo nuestras necesidades y oraciones, su Providencia, de tal forma dispone las cosas, que antes de que se sienta la necesidad, ya queda ésta remediada, y antes de que sobrevenga la lucha, estemos armados contra ella. Tal es la prontitud de la omniscencia, y más de una vez la hemos experimentado.

Cuando ni siquiera sospechábamos que pudiera sobrevenirnos la aflicción, ya contábamos con el consuelo poderoso destinado a sostenernos. ¡Cuán presto está Dios a responder a nuestras oraciones!

La segunda cláusula nos recuerda al teléfono. Dios está en el cielo y nosotros moramos en la tierra, pero Él hace que nuestra palabra corra con tanta rapidez como la suya. Cuando oramos con fervor, hablamos al oído mismo de Dios. Nuestro benigno Mediador presenta al momento nuestras súplicas a su Padre, el cual las despacha favorablemente. ¡Sublime privilegio poder orar así!

¿Quién no se decidirá a orar con fervor, sabiendo que el Rey de Reyes le está escuchando? Oraré hoy con fe, creyendo no sólo que seré oído, sino que lo soy ahora mismo, no sólo que obtendré respuesta, sino que ya la he obtenido. Espíritu Santo, ayúdame a orar así.

***La Biblia** en un año:*

- *Salmos 87 - 88*
- *Rom. 13*

14
Agosto

1 Reyes 11:39

"Y yo afligiré a la descendencia de David a causa de esto, mas no para siempre."

Mis notas:

En la familia de la gracia hay una disciplina y esta disciplina es bastante severa para que en ella el pecado sea tenido como una cosa grave y amarga. Salomón se apartó del recto camino por sus mujeres extranjeras; hizo sacrificios a otros dioses y de este modo ofendió gravemente al Dios de sus padres. Por eso le fue arrebatada la décima parte de su reino, y se estableció como estado rival. Esta fue una gran aflicción sobre la casa de David y sobre esa dinastía cayó visiblemente la mano de Dios a causa de su mala conducta. El Señor castigará también a sus mejores servidores si se apartaren del cumplimiento de sus leyes: tal vez en este mismo instante se cierna sobre nosotros un castigo parecido. Clamemos con humildad: «Oh, Señor, hazme entender por qué pleiteas conmigo».

¡Qué frase tan consoladora es esta: «mas no para siempre»! El castigo del pecado es eterno; pero en un hijo de Dios la corrección es pasajera. La enfermedad, la pobreza, el abatimiento de espíritu pasarán cuando hayan producido su efecto. Recordemos que no vivimos bajo la ley, sino bajo la gracia. La vara de Dios puede causarnos dolor, pero su espada no nos matará. Nuestra pena presente tiene como finalidad llevarnos al arrepentimiento, para que no perezcamos con los inicuos.

***La Biblia** en un año:*

- *Salmos 89 - 90*
- *Rom. 14*

"Y todo lo que pidiereis al Padre en mi nombre, lo haré para que el Padre sea glorificado en el Hijo."

Juan 14:13

15 Agosto

Mis notas:

No todos los creyentes han aprendido a orar en el nombre de Jesús. Pedir, no solamente por amor a Él, sino en su nombre. Como autorizados por Él, es una oración más elevada. Hay cosas que no nos atreveríamos a pedir en su santo nombre, porque sería profanarlo; pero cuando la petición es tan buena que nos atrevemos a pedirla en nombre de Jesús, ciertamente será concedida.

La oración será con tanta mayor razón contestada cuando en ella se busca la gloria del Padre por el Hijo. Glorifica su verdad, su poder, su fidelidad y gracia. La contestación a la oración cuando ésta se hace en nombre de Jesús, revela el amor del Padre para con su Hijo y el honor de que le ha revestido. La gloria de Jesús y del Padre están tan íntimamente unidas que la gracia que glorifica al uno, glorifica al otro. El canal se hace célebre por la abundancia de la fuente que le llena, y la fuente es celebrada por el canal que hace correr sus aguas. Si la respuesta a nuestras oraciones deshonrara a nuestro Señor, no osaríamos orar; mas ya que en ello es glorificado, pediremos sin cesar en su nombre bendito, en el cual recíprocamente se complacen Dios y su pueblo.

***La Biblia** en un año:*

- *Salmos 91 - 93*
- *Rom. 15:1 - 13*

16

Agosto

Prov. 28:13

"El que encubre sus pecados no prosperará; mas el que los confiesa y se aparta, alcanzará misericordia."

Mis notas:

He aquí cómo un pecador arrepentido obtendrá misericordia. Debe abandonar la costumbre de encubrir su pecado. La mentira niega el pecado; la hipocresía lo esconde. La jactancia lo justifica, y la ostentosa profesión de piedad trata de compensarlo.

Obligación del pecador es confesar su pecado y apartarse de él. Ambas cosas van juntas. La confesión debe ser hecha con rectitud al mismo Señor, y ha de incluir en sí misma un reconocimiento de la culpa, una comprensión de la maldad y un aborrecimiento de la misma. No intentemos culpar a otros, ni a las circunstancias, ni disculparnos con nuestra propia debilidad. Descarguemos nuestra conciencia y declarémonos culpables. Sólo a este precio habrá misericordia.

Además, hemos de abandonar el pecado: después de reconocer nuestra falta, desechemos toda intención de persistir en ella ahora y en lo futuro. No podemos perseverar en la rebelión y morar al mismo tiempo con la Majestad del Rey. Debe ser abandonado todo hábito de pecado, juntamente con los lugares, compañeros, ocupaciones o libros que pueden ser ocasión de cometerlo. Ni la confesión de nuestros pecados, ni nuestra reforma, pueden procurarnos el perdón sino en conexión con ellas, alcanzamos el perdón por la fe en la sangre de Jesucristo.

***La Biblia** en un año:*

- *Salmos 94 - 96*
- *Rom. 15:14 - 33*

17 Agosto

"Él le dijo: no tengas miedo, porque más son los que están con nosotros que los que están con ellos."

2 Reyes 6:16

Mis notas:

Caballos y carros y un numeroso ejército habían cercado al profeta en Dolhan. Su joven siervo se alarmó. ¿Cómo podían escapar de en medio de tantos enemigos? Pero el profeta tenía ojos que su siervo no tenía; podía ver un ejército mucho más numeroso y dotado de armas superiores que les defendía. Los caballos de fuego son más poderosos que los caballos de carne, y los carros de fuego más temibles que los carros de hierro.

Lo mismo acontece hoy día. Los enemigos de la verdad son muchos, influyentes, entendidos y astutos; la verdad sufre en sus manos. Sin embargo, el siervo de Dios no tiene por qué temer. Al lado de la justicia luchan fuerzas visibles e invisibles. Dios cuenta con ejércitos de reserva que se revelarán en el momento de peligro. Las fuerzas que defienden el bien y la verdad son mucho más importantes que todos los ejércitos del mal. Por tanto, esforcémonos y marchemos al lado de aquellos cuyo gozo y alegría está por encima de todo temor. Tenemos a nuestro lado la victoria. Podrá ser encarnizada la batalla, pero sabemos cómo terminará. La fe, que tiene a Dios con ella, tiene asegurada la victoria. «Más son los que están con nosotros que los que están con ellos».

***La Biblia** en un año:*

- *Salmos 97 - 99*
- *Rom. 16*

18

Agosto

1 Crónicas 28:9

"Si tú le buscares, lo hallarás."

Mis notas:

Necesitamos de Dios, y a Dios podemos hallarlo si le buscamos, porque jamás se negará a ser hallado por quienes personalmente buscasen su rostro. Y esto acaecerá, no si tú lo mereces o sabes ganarte su favor, mas si le «buscares». Quienes ya conocen al Señor deben seguir buscando su rostro por medio de la oración, sirviéndole más diligentemente, y con gratitud más sincera. A estos tales nunca rehusará ni su favor, ni su amistad. Quienes todavía no le conocen por el descanso de sus almas, deberían comenzar a buscarle desde ahora y no parar hasta que lo encuentren como su Salvador, Amigo, Padre y como a su Dios.

¡Qué certidumbre da esta promesa a quienes le buscan! «El que busca halla». Si tú mismo buscas a Dios le hallarás. Cuando le halles, habrás hallado vida, perdón, santificación y gloria. ¿Por qué no le buscas continuamente, ya que tu trabajo no será vano? Querido amigo, busca al Señor ahora mismo. Este es el lugar y el tiempo favorable. Dobla tus rodillas inflexibles; dobla tu cerviz más inflexible todavía, y clama al Dios vivo. Busca tu purificación y justificación en el nombre de Jesús y no serás rechazado. Aquí tienes el testimonio de David a su hijo Salomón, y tal es el testimonio del autor. Créelo y hazlo así por amor a Jesucristo.

***La Biblia** en un año:*

- *Salmos 100 - 102*
- *1Cor. 1*

19 Agosto

"Entonces dirá el hombre: Ciertamente hay galardón para el justo; ciertamente hay Dios que juzga en la tierra."

Salmos 58:11

Mis notas:

No siempre son conocidos los juicios de Dios en la tierra, porque sucede a veces que un mismo hecho a todos atañe por igual. Vivimos en un estado de prueba, no de recompensa. Sin embargo, en ocasiones la justicia de Dios se manifiesta de un modo espantoso, de suerte que aun los indiferentes se ven obligados a reconocer su mano.

En esta misma vida, los justos reciben esta recompensa, preferida a todas las demás cosas, a saber: la tranquilidad de conciencia. A veces reciben otros beneficios, porque no quiere ser deudor de nadie. No obstante, la recompensa de los justos está reservada para la vida futura.

Entre tanto, podemos reconocer en gran manera los juicios de Dios en medio de las naciones. Él hace añicos los tronos de los tiranos y castiga a los pueblos culpables. Nadie puede estudiar la historia del alza y baja de los imperios, sin reconocer un poder que obra con justicia y que cita la iniquidad ante su tribunal para condenarla inexorablemente. El pecado no quedará sin castigo, ni la bondad sin recompensa. El Juez de toda la tierra siempre hará lo que es justo. Por eso, temámosle y no nos amendrentemos ante el poder de los malvados.

***La Biblia** en un año:*

- *Salmos 103 - 104*
- *1Cor. 2*

20
Agosto

Job 5:19

"En seis tribulaciones te librará, y en la séptima no te tocará el mal."

Mis notas:

En esto Eliphaz habló según Dios. Podemos vernos en tantas aflicciones como días de trabajo hay en la semana, pero el Dios que nos ha ayudado durante estos seis días seguirá protegiéndonos hasta que nuestra liberación sea completa. La rápida sucesión de nuestros males es una de las pruebas más duras a que se ve sometida nuestra fe. Antes de habernos repuesto de un golpe, viene otro, y después otro, hasta que llegamos a perder la confianza. Pero también la continua sucesión de liberaciones nos anima extraordinariamente. Nuevas canciones resuenan en el yunque bajo el martillo de la aflicción, hasta que en el mundo espiritual vemos el anticipo del «Herrero Armonioso». Nuestra confianza es que cuando el Señor nos envía seis pruebas, serán seis; ni una más.

Tal vez no tengamos un día de descanso, porque sobre nosotros vienen siete pruebas. ¿Qué sucederá entonces? «En la séptima no te tocará el mal». El mal puede rugir, pero será mantenido a distancia y no nos tocará. Su aliento podrá molestarnos, pero ni siquiera su dedo meñique nos dañará.

Ceñidos nuestros lomos, saldremos al encuentro de las seis o siete pruebas, y dejaremos el temor para los que no tienen Padre, ni Salvador, ni Santificador.

***La Biblia** en un año:*

- *Salmos 105 - 106*
- *1Cor. 3*

21 Agosto

"Porque un momento será su ira; pero su favor dura toda la vida; por la noche durará el lloro, y a la mañana vendrá la alegría."

Salmos 30:5

Mis notas:

Un instante vivido bajo la ira de nuestro Padre nos parece un siglo, y, sin embargo, sólo dura un momento. Cuando contristamos al Espíritu, no podemos esperar su sonrisa; pero es un Dios de misericordia y pronto disipará el recuerdo de nuestras culpas. Cuando desmayamos hasta el punto de sucumbir a causa de su enojo, su favor nos llena de vida.

Este versículo tiene otra nota gozosa. Nuestra tarde de lágrimas pronto se torna en mañana de alegrías. La brevedad del castigo es la característica de la misericordia divina. Al Señor no le place usar la vara con sus escogidos; descarga uno o dos golpes, y todo ha pasado; después de la cólera y las lágrimas, vienen el gozo y la vida que compensan sobradamente la saludable tristeza.

¡Ven, alma mía, y canta tus aleluyas! No llores toda la noche; seca tus ojos ante la perspectiva de la mañana. Esas lágrimas son el rocío que nos hace tanto bien como los rayos de la mañana. Las lágrimas aclaran los ojos para que podamos ver a Dios en su gracia; hacen que la visión de su favor sea más preciosa. La noche de tristeza es para nosotros como las sombras del cuadro que hacen resaltar más su parte luminosa. Por tanto, todo está bien.

***La Biblia** en un año:*

- *Salmos 107 - 109*
- *1Cor. 4*

22 Agosto

Salmos 76:10

"Ciertamente la ira del hombre te alabará: tú reprimirás el resto de las iras."

Mis notas:

Los inicuos se enojarán. Soportar su ira es una parte de nuestro ministerio y una prueba de que nos hemos apartado de los perversos. Si fuéramos del mundo, el mundo nos amaría. Nuestro consuelo es que la ira del mundo redundará en gloria de Dios. Cuando los hombres, llevados de su odio, crucificaron al Hijo de Dios, cumplían, sin saberlo, los designios divinos; lo mismo hace muchas veces la perversidad de los hombres. Se creen libres; pero, a manera de galeotes, ejecutan involuntariamente los decretos del Omnipotente.

Los proyectos del malvado contribuyen a su derrota. Obran con fines destructivos y frustran sus propias maquinaciones. Su enojo sólo daños y perjuicios puede ocasionarles. El humo de las hogueras en que se consumieron los mártires sólo sirvió para hacer más odiosos a quienes le atormentaron.

Entretanto, Dios tiene bozal y cadenas para los osos y sabe cómo reprimir la ira de nuestros enemigos. Es algo así como el molinero que retiene una parte de la corriente, y la que deja correr la utiliza para hacer dar vueltas a la rueda de su molino. Cantemos en lugar de gemir. Por mucho que ruja el viento, no temamos porque el Señor lo gobierna.

***La Biblia** en un año:*

- *Salmos 110 - 112*
- *1Cor. 5*

"Yo amo a los que me aman, y me hallan los que temprano me buscan."

Prov. 8:17

23 Agosto

Mis notas:

La sabiduría ama a los que la aman y busca a los que van en pos de ella. El que desea ser sabio ya lo es, y podemos decir que casi ha encontrado la sabiduría el que la busca con afán. Lo que decimos de la sabiduría en general, debemos afirmarlo con mayor razón de la sabiduría personificada en Jesucristo. Debemos amarle y buscarle para que podamos gozar de su amor después de ser hallado.

Nuestra gran preocupación ha de ser buscar a Jesús en la mañana de la vida. ¡Dichosos los jóvenes que pasan sus mañanas al lado de Jesús! Nunca será demasiado temprano para buscar al Señor Jesús. Los que de madrugada le buscan, ciertamente le hallarán. Deberíamos buscarle con diligencia, madrugando. Los comerciantes que prosperan son madrugadores, y los santos cuya alma prospera, buscan con afán a Jesús. Quienes buscan a Jesús para enriquecerse, ponen todo su corazón en buscarle. Primero hemos de buscar, de madrugada, a Jesús. Ante todo a Jesús; Él es el primero y el último.

La bendición está en haberle hallado. Cuando le buscamos, se revela con mayor claridad, y se entrega más completamente a nosotros. Dichoso el hombre que busca a Aquél, que, una vez hallado, mora con Él para siempre. Entonces será para su corazón y su alma un tesoro cada vez más precioso.

Señor Jesús, te he hallado; sé Tú mi alegría y mi suprema satisfacción.

***La Biblia** en un año:*

- *Salmos 113 - 115*
- *1Cor. 6*

24 Agosto

1 Corintios 1:19

"Pues está escrito: destruiré la sabiduría de los sabios, y desecharé el entendimiento de los entendidos."

Mis notas:

Este versículo constituye una amenaza para los sabios de este mundo, mas para el creyente sencillo es una promesa. Quienes hacen profesión de sabios procuran destruir la fe de los humildes; empero sus esfuerzos resultan inútiles. Sus argumentos se quebrantan; sus teorías se desmoronan, y sus proyectos artificiosos quedan al descubierto antes que lleguen a tener cumplimiento. El Evangelio no ha sido aniquilado todavía, ni lo será mientras viva el Señor. Si fuera posible acabar con Él, hace mucho tiempo que habría desaparecido la tierra.

No podemos nosotros destruir la sabiduría de los sabios, ni es preciso que lo intentemos, porque la obra está en mejores manos que las nuestras. El mismo Señor dice: «Destruiré», y Él nunca habla en vano. Por dos veces declara su propósito en este versículo, y podemos estar ciertos de que no lo abandonará.

¡Cómo sabe Dios desbaratar toda la filosofía del «pensamiento moderno» cuando Él pone su mano! Toda su hermosa apariencia queda reducida a la nada y destruye la madera, el heno y la hojarasca. Está escrito que así será. ¡Señor, acelera el tiempo y haz que triunfe tu Palabra! ¡Amén, amén!

***La Biblia** en un año:*

- *Salmos 116 - 118*
- *1Cor. 7:1 - 19*

"Yo apacentaré mis ovejas, y yo les daré aprisco, dice Jehová el Señor."

Ezeq. 34:15

25 Agosto

Mis notas:

Los santos son abundantemente saciados bajo la dirección del divino Pastor. Su pasto no es el flatulento e insuficiente forraje de la «opinión humana»; el Señor apacienta a su manada con la verdad sustancial de su divina revelación. En las Escrituras, aplicadas al Corazón por el Espíritu Santo, encuentran las almas su verdadera nutrición. Jesús mismo es alimento sólido que sostiene la vida de los creyentes. Nuestro soberano Pastor nos promete aquí que Él mismo se nos dará en alimento sagrado. Si, el domingo, nuestro pastor terreno viene con las almas vacías, el Señor se acerca a nosotros con las manos llenas.

Cuando nos hallamos saciados de la verdad divina, nuestro entendimiento descansa. Aquellos a quienes Dios apacienta gozan de paz. Ningún perro les molestará, ni lobo alguno les devorará, ni se verán aquejados por molestas inclinaciones. Se acostarán y rumiarán tranquilos el alimento que han saboreado. Las doctrinas de la gracia sustentan y consuelan: en ellas tenemos los medios para nuestra edificación y descanso. Si los predicadores no nos proporcionan este reposo, busquémoslo en el Señor.

Quiera el Señor apacentarnos hoy con los pastos de Su Palabra para que en ellos podamos descansar. Que ninguna locura ni tormento amarguen este día, sino que en Él prevalezca la meditación y la paz.

***La Biblia** en un año:*

- *Salmos 119:1 - 88*
- *1Cor. 7:20 - 40*

26

Agosto

Ezeq. 34:22

"Y juzgaré entre oveja y oveja."

Mis notas:

Hay a veces personas que, por creerse fuertes y prósperas, se muestran duras con los débiles. Este es un pecado que causa mucha tristeza. La actitud que algunos adoptan de volver la espalda o acometer a los flacos y humildes causa profunda tristeza en las asambleas de los creyentes. El Señor toma nota de estas acciones inspiradas por el orgullo y se enoja grandemente, porque ama a los débiles.

¿Te ves así despreciado, lector querido? ¿Eres tú uno de los afligidos de Sión y te ves molestado a causa de tu conciencia? ¿Te juzgan tus hermanos con severidad? No guardes resentimiento alguno. No les mires desdeñosamente ni les acometas en venganza. Déjalo todo en las manos de Dios; Él es juez. ¿Por qué queremos usurpar su poder? Él juzgará con más justicia que nosotros, y su juicio será el mejor; no queramos adelantarlo con prisas.

El opresor, de duro corazón, temblará aun cuando consiga su propósito sin castigo por el momento; que no olvide que sus actos orgullosos son notados y de cada uno de ellos dará cuenta ante el tribunal del Gran Juez.

¡Paciencia, alma mía! ¡Paciencia! El Señor sabe tu angustia. ¡Jesús, tu Salvador, tiene misericordia de ti!

***La Biblia** en un año:*

- *Salmos 119:89 - 176*
- *1Cor. 8*

27 Agosto

"Te he escogido en horno de aflicción."

Isaías 48:10

Mis notas:

Durante mucho tiempo ha presidido este versículo en las paredes de mi habitación, y también ha estado grabado de muchas maneras en mi corazón. No es cosa despreciable haber sido elegido de Dios. La elección divina hace verdaderamente escogidos. Mejor es ser elegido de Dios, que no de todo un pueblo. Tan grande es este privilegio, que a pesar de los inconvenientes que consigo lleve, debe ser aceptado con alegría, de la misma manera que el judío comía las hierbas amargas para sazonar el Cordero Pascual. Así nosotros escogemos el horno, ya que Dios nos ha escogido en él.

Somos elegidos como un pueblo afligido y no como un pueblo próspero; no en un palacio, sino en el horno. En el horno desaparece la hermosura, la forma se destruye, se pierde la fuerza, la gloria se consume, y, sin embargo, aquí es donde el amor eterno revela sus secretos y hace su elección. En el tiempo de la prueba más cruel, Dios nos ha llamado y nosotros hemos respondido a su llamamiento: entonces es cuando hemos escogido al Señor como Dios nuestro y Él ha manifestado que ciertamente somos sus hijos. Por tanto, si hoy se enciende el horno siete veces más de lo que suele estar, no temamos, porque el glorioso Hijo de Dios se paseará con nosotros por en medio de carbones encendidos.

***La Biblia** en un año:*

- *Salmos 120 - 122*
- *1Cor. 9*

28
Agosto

Salmos 55:16

"A Dios clamaré; y Jehová me salvará."

Mis notas:

Debo orar y oraré. ¿Qué otra cosa debo hacer? ¿Y qué cosa mejor podré hacer? Vendido, desamparado, afligido, y hecho objeto de escarnio, a ti clamaré, oh mi Señor. Mi Siclag1 ha quedado reducida a cenizas, y los hombres intentan apedrearme; pero mi corazón se ha fortalecido en el Señor, el cual me sostendrá en esta prueba como me ha sostenido en otras muchas. Jehová me salvará; estoy cierto y creo que lo hará.

El Eterno me librará, y no otro. No quiero otra ayuda, ni apoyarme en un brazo de carne, aun cuando pudiera sostenerme. A Él clamaré de noche y de día y a mediodía; y sólo a Él, porque es un Dios soberano y suficiente.

No sé cómo me salvará; pero sé que lo hará. Lo hará de la mejor y más segura manera, y en el sentido más amplio, verdadero y completo. El gran Yo soy me sacará de esta prueba y de todas las que me sobrevengan, tan ciertamente como Él vive; y cuando llegue la muerte con todos los misterios de la eternidad, siempre será verdad que «Jehová me salvará». Esta será mi canción en los días amargos. ¿No es como una manzana madura del árbol de la vida? De ella comeré. ¡Cuán dulce es a mi paladar!

1. Ciudad que sirvió de refugio a David y que fue quemada por los amalecitas. (Véase 1 S. 30:1)

***La Biblia** en un año:*

- *Salmos 123 - 125*
- *1Cor. 10:1 - 18*

"Su alma será como huerto de riego."

Jeremías 31:12

29 Agosto

Mis notas:

¡Oh, quién tuviera el alma bajo la protección celestial, para que no fuera un desierto, sino un huerto florido del Señor! Al abrigo de las devastaciones, rodeado de la gracia, sostenida por la instrucción, visitada por el amor, purificada por la disciplina y defendida por el poder divino, el alma está preparada para llevar mucho fruto al Señor.

Pero un huerto puede secarse por falta de agua, y entonces decaen todas sus plantas y se marchitan. ¡Oh, alma mía! ¡Cuán rápidamente te sobrevendría esta desgracia si el Señor te abandonara! En Oriente, un huerto sin agua deja de serlo, porque nada puede madurar, crecer y vivir. Cuando hay riego continuo, el resultado es maravilloso. ¡Ojalá pudiéramos ser regados uniformemente por el Espíritu Santo, teniendo cada parte del huerto su propia corriente; en abundancia, que refrescará cada árbol y cada planta, por muy sedienta que esté; continuamente, de modo que cada hora traiga el agua calor y refrigerio; sabiamente, de suerte que cada planta reciba lo necesario. Del mismo modo que en un huerto se nota por el verdor dónde corre el agua, así también se nota en el alma cuándo viene el Espíritu Santo.

¡Oh, Señor, riégame hoy y haz que lleve abundante fruto, por el Señor Jesús! Amén.

***La Biblia** en un año:*

- *Salmos 126 - 128*
- *1Cor. 10:19 - 33*

30 Agosto

2 Samuel 23:5

"No es así mi casa para con Dios: sin embargo, él ha hecho conmigo pacto perpetuo, ordenado en todas las cosas, y será guardado; aunque todavía no haga él florecer toda mi salvación y mi deseo."

Mis notas:

Este versículo no es una promesa, es un conjunto de promesas, una cajita de perlas. El pacto es el arca que todo lo contiene.

Estas últimas palabras de David pueden ser hoy las mías. Aquí hay un suspiro. Las cosas no marchan tan bien conmigo y con los míos como fuera mi deseo; abundan las pruebas, las inquietudes, los pecados. Todo esto endurece la almohada.

Aquí hay consuelo. «Él ha hecho conmigo pacto perpetuo». Jehová ha empeñado su palabra y sellado el pacto con la sangre de Jesús. Estoy unido con mi Dios, y Dios está unido conmigo.

Esto pone de manifiesto la seguridad, porque el pacto es perpetuo, bien establecido y seguro; nada he de temer por lo que respecta al futuro, o la omisión de alguna cláusula olvidada, o a la incertidumbre natural de las cosas. El pacto es una cosa sobre la cual se puede construir para vida o muerte.

David siente la satisfacción; no necesita más para su salvación; sus deseos se ven cumplidos. En esta alianza encuentra todo lo que se puede desear.

¡Oh, alma mía! Vuélvete en este día a tu Señor Jesús, a quien Dios ha dado como garantía al pueblo. Acéptalo como tu todo en todo.

***La Biblia** en un año:*

- *Salmos 129 - 131*
- *1Cor. 11:1 - 16*

31 Agosto

"Mas la palabra del Señor permanece para siempre. Y ésta palabra que por el Evangelio os ha sido anunciada."

1 Pedro 1:25

Mis notas:

Todas las enseñanzas de los hombres, y los mismos hombres, pasarán como la hierba del campo; mas aquí se nos asegura que la Palabra del Señor es cosa muy distinta, porque permanecerá para siempre.

Este Evangelio es una palabra divina, porque ¿qué palabra puede permanecer para siempre, sino la que el Dios eterno nos habló?

Este Evangelio vive para siempre, tan lleno de vida como cuando salió de la boca de Dios; tan poderoso para convencer y convertir, para sostener y santificar, como lo fue en los días de los milagros.

Este Evangelio es inmutable; hoy no es hierba verde, y mañana heno seco; siempre permanece la verdad del inmutable Jehová. Las opiniones cambian, mas la verdad certificada por Dios no puede cambiar como no cambia el Dios que la pronunció.

Este Evangelio que nos anuncia la Palabra de Dios es un motivo de gozo, un fundamento sólido en el cual podemos apoyarnos con seguridad. «Perpetuamente» incluye la vida, la muerte, el juicio y la eternidad. ¡Gloria sea dada a Dios en Jesucristo por este divino consuelo! Aliméntate hoy y todos los días de tu vida de la palabra de Dios.

***La Biblia** en un año:*

- *Salmos 132 - 134*
- *1Cor. 11:17 - 34*

1

Septiembre

Juan 15:10

"Si guardareis mis mandamientos, permaneceréis en mi amor."

Mis notas:

Permanecer en la obediencia y perseverar en el amor de Jesús son dos cosas que no pueden separarse. Sólo una vida puesta bajo el mando de Cristo puede probar que somos objeto del gozo de nuestro Señor. Si queremos vivir al calor de su amor, hemos de guardar sus mandamientos. No es posible vivir en el amor de Cristo sin alejarnos del pecado; sin la santidad, lo único que complace al Señor, no podemos agradar a Jesús. Quien no tiene en alta estima la santidad, nada sabe del amor de Jesús.

Este gozo consciente del amor de nuestro Señor es la cosa más delicada. Es más sensible al pecado que el mercurio al frío y al calor. Cuando poseemos un corazón tierno, y procuramos honrar a nuestro Señor Jesucristo con pensamiento, palabras y obras, recibiremos innumerables señales de su amor. Si queremos perpetuar esta bienaventuranza, hemos de perpetuar la santidad. El Señor Jesús no esconderá de nosotros el rostro mientras no apartemos el nuestro de Él. El pecado forma la nube que oculta nuestro Sol. Si nuestra obediencia es vigilante y nuestra consagración total, andaremos en la luz, como Dios está en la luz y permaneceremos tan seguramente en el amor de Jesús como Él persevera en el amor del Padre. Dulce promesa, precedida de un «sí» solemne. ¡Haz, Señor, que pronuncie yo este «sí», porque con Él tendré la llave para abrir un tesoro!

***La Biblia** en un año:*

- *Salmos 135 - 136*
- *1Cor. 12*

"Y conoceremos y proseguiremos en conocer a Jehová."

Oseas 6:3

2 Septiembre

Mis notas:

El conocimiento de Dios no se adquiere totalmente y de una sola vez, sino por grados, y a nosotros toca perseverar en Él e ir aprendiendo poco a poco. Aunque nuestro progreso sea lento, no hemos de desmayar, porque pronto sabremos más. El Señor, que es nuestro Maestro, no nos abandonará aun cuando seamos lentos en aprender; en verdad, no sería muy honroso para Él que la ignorancia humana fuera un impedimento para llegar a su conocimiento. El Señor se complace en hacer sabios a los sencillos.

Nuestro deber consiste en seguir la buena dirección y proseguir en el conocimiento, no de esta o de la otra doctrina, sino del mismo Dios. Conocer sólo al verdadero Dios, Padre, Hijo y Espíritu Santo, es vida eterna. Esta debe ser nuestra mejor instrucción y a ella debemos atenernos para salir sabiamente enseñados. Si continuamos en el conocimiento de Dios, sabremos cómo hemos de ser curados de nuestras enfermedades, vendados de nuestras heridas y qué cosa es la vida después de la muerte. La experiencia perfecciona la obra, cuando el corazón sigue el camino del Omnipotente.

Alma mía, mantente cerca de Jesús, prosigue en el conocimiento de Jesús y así llegarás a conocer a Cristo, que es la mejor de las ciencias. El Espíritu Santo te guiará en el camino de la verdad. ¿No es éste su glorioso ministerio? Cuenta con su poder, que Él lo ejecutará.

***La Biblia** en un año:*

- *Salmos 137 - 139*
- *1Cor. 13*

3 Septiembre

Ezeq. 37:13

"Y sabréis que yo soy Jehová, cuando abra vuestros sepulcros, y os saque de vuestras sepulturas, pueblo mío."

Mis notas:

En verdad así debe ser: quienes de entre los muertos reciben la vida ciertamente reconocerán la mano del Eterno en semejante resurrección. Este es el mayor y más extraordinario cambio que un hombre puede experimentar: ser sacado de la tumba de la muerte espiritual para ser conducido a la luz de la vida y de la libertad. Nadie sino el Dios viviente, el Señor y Autor de la vida, puede hacer esto.

¡Ay de mí! ¡Cuán perfectamente me acuerdo de cuando estaba en el campo de huesos secos, y estaba yo más seco todavía! ¡Bendito el día aquel cuando la gracia soberana y libre de Dios envió a su Hijo para que profetizara sobre mí! ¡Gloria a Dios por el despertamiento que su palabra produjo entre los huesos áridos! ¡Y más bendito aún aquel soplo celestial de los cuatro vientos que me dio la vida! Ahora conozco el Espíritu vivificador del Eterno. Jehová es el Dios vivo que da vida. Mi vida nueva, aun con sus tristezas y abatimientos, es para mí un testimonio vivo de que el Señor puede matar y dar vida. Sólo Él es Dios. En Él se encierra todo lo grande, benigno y misericordioso; mi alma vivificada le adora como el gran Yo soy. ¡Sea toda la gloria para su santo nombre. Le alabaré todos los días de mi vida!

***La Biblia** en un año:*

- *Salmos 140 - 142*
- *1Cor. 14:1 - 20*

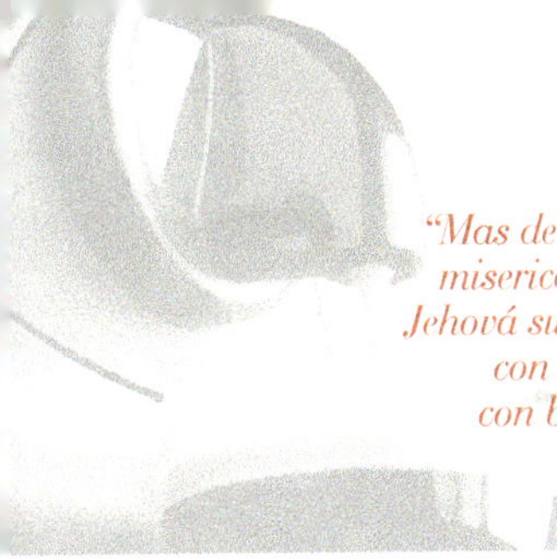

"Mas de la casa de Judá tendré misericordia, y los salvaré por Jehová su Dios; y no los salvaré con arco, ni con espada, ni con batalla, ni con caballos ni jinetes."

Oseas 1:7

4 Septiembre

Mis notas:

¡Magnífica palabra! El mismo Dios librará a su pueblo en la grandeza de su misericordia, mas para ello no empleará medios ordinarios. Los hombres son tardos para dar a Dios la gloria que a su nombre es debida. Cuando van al combate con espada y con arco y salen victoriosos, deberían alabar a Dios; pero en vez de hacerlo así, se envanecen de sí mismos y se vanaglorian de sus caballos y caballeros. Por eso, Dios a veces se decide a salvar a su pueblo sin causas segundas, para que toda la gloria sea suya.

Mira, pues, alma mía, únicamente al Señor, y no al hombre. Espera verle más claramente cuando no haya otra persona a quien mirar. Si no tengo amigos ni consejeros que me favorezcan, no por eso he de dejar de confiar, si tengo la experiencia de que el Señor está a mi lado; y me regocijaré si Él me da la victoria sin combate, como la anuncia en este versículo. ¿Por qué pedir caballos y caballeros si el mismo Señor se apiada de mí y alza su brazo en mi defensa? ¿Para qué necesito yo arco ni espada si Dios me salvará? En Él confiaré y no tendré miedo, desde ahora y para siempre. Amén.

***La Biblia** en un año:*

- *Salmos 143 - 145*
- *1Cor. 14:21 - 40*

5 Septiembre

2 Crónicas 20:17

"Jehová estará con vosotros."

Mis notas:

Gran misericordia fue ésta para Josafat, porque una inmensa multitud había salido contra él; y gran misericordia será para mí porque estoy muy necesitado, y no tengo poder ni sabiduría. Si el Señor está contigo, no te importe que los demás te abandonen. Si el Señor está conmigo, venceré en la batalla de la vida, y cuanto mayores sean mis pruebas, más resonante será mi victoria. Mas ¿cómo sabré yo que el Señor está conmigo?

Ciertamente está conmigo si yo estoy con Él. Si confío en su fidelidad, creo su palabra y guardo sus mandamientos, a buen seguro está conmigo. Si estoy al lado de Satanás, Dios está contra mí; no puede ser de otro modo; pero si vivo para gloria de Dios, puedo estar seguro de que Él me glorificará.

Ciertamente Dios está conmigo si Jesús es mi único Salvador. Si he depositado mi alma en las manos del Unigénito de Dios, puedo estar seguro de que el Padre empleará todo su poder para guardarme con el fin de que su Hijo no sea deshonrado.

¡Oh, si tuviese fe para apropiarme del contenido de este versículo, corto, pero sustancioso! ¡Oh, Señor, cumple esta promesa en tu siervo! Sé Tú también con todo tu pueblo.

***La Biblia** en un año:*

- *Salmos 146 - 147*
- *1Cor. 15:1 - 28*

"Aguarda a Jehová; esfuérzate y aliéntese tu corazón; sí, espera a Jehová."

Salmos 27:14

6 Septiembre

Mis notas:

¡Espera! ¡Espera! ¡Y que tu espera sea en el Señor! Digno es de ser esperado y jamás confundirá al alma que en Él espera.

Mientras esperas, mantente firme. Cuenta con una completa liberación y estáte dispuesto a bendecir a Dios por ella.

La promesa libertadora se halla en la mitad del versículo: «Aliéntese tu corazón». Esta promesa va directamente dirigida al punto en que necesitas ayuda. Si el corazón está sano, todo el organismo funcionará bien. El corazón necesita calma y tranquilidad, y ambas cosas se lograrán si se encuentra fortalecido. Un corazón fuerte descansa y se regocija, y envía la fuerza de sus latidos a todos los miembros del cuerpo.

Nadie puede penetrar en esta urna secreta de la vida, que es el corazón, para fortalecerlo. Dios está lleno de fortaleza, y, por lo tanto, puede darla a quienes están necesitados de ella. ¡Sé valiente!, porque el Señor te la concederá, y así hallarás calma en la tempestad y gozo en la tristeza.

El autor de estas líneas puede decir con David: «Si, espera a Jehová». Lo digo con toda verdad. Por larga y profunda experiencia sé que es bueno esperar en el Señor.

***La Biblia** en un año:*

- *Salmos 148 - 150*
- *1Cor. 15:29 - 58*

7
Septiembre

Oseas 1:10

"Y en el lugar en donde les fue dicho: Vosotros no sois pueblo mío, les será dicho: Sois hijos del Dios viviente."

Mis notas:

La gracia soberana puede hacer de los extraños, hijos, y el Señor declara aquí su propósito de obrar de este modo con los rebeldes haciéndoles saber que ya lo ha hecho. Querido lector, el Señor lo ha hecho conmigo. ¿Lo ha hecho contigo? En tal caso, juntemos nuestras manos y nuestros corazones y alabemos su santo nombre.

Algunos de nosotros estábamos tan apartados de Dios, que su Palabra podía aplicarse con toda verdad a nuestra conciencia y corazón: «Vosotros no sois mi pueblo». En la casa de Dios, lo mismo que en nuestros hogares, cuando leíamos la Biblia, la voz del Espíritu Santo decía a nuestras almas: «Vosotros no sois mi pueblo». Ciertamente era una voz triste y condenatoria. Mas ahora, en esos mismos lugares, por la Escritura y el Espíritu Santo, se nos dice: «Sois hijos del Dios viviente».

¿Sabemos agradecer esta dádiva como se merece? ¿No es esto digno de admiración? ¿Y no nos infunde la esperanza de que también otros lo serán? ¿Quién no está al alcance de la gracia soberana de Dios? ¿Cómo podremos desesperar de nadie, ya que el Señor ha obrado en nosotros un cambio tan maravilloso?

El que ha cumplido esta gran promesa, cumplirá todas las demás; sigamos, pues, adelante con cánticos de alabanza y adoración.

***La Biblia** en un año:*

- *Prov. 1 - 2*
- *1Cor. 16*

"No quebrará la caña cascada, ni apagará el pábilo que humeare."

Isaías 42:3

8 Septiembre

Mis notas:

Según esto, puedo confiar en que mi Señor me tratará con dulzura. Soy, en verdad, tan débil, tan quebradizo y despreciable como una caña. Alguien dijo: «Usted a mí no me importa un bledo». Aunque estas palabras sean poco amables, sin embargo son verdaderas. ¡Ay!, soy peor que una caña que crece a la vera del río, porque ésta al menos puede levantar su cabeza. Yo estoy abatido, cruelmente quebrantado. No hay en mí música; toda la melodía se escapa por una hendidura. Mas Jesús no me quebrará; y si Él no lo hace, poco debe importarme lo que traten de hacer los demás. ¡Oh, Señor, dulce y misericordioso, bajo tu protección me escondo y en ella olvido todos mis quebrantos!

En realidad, me parezco al «pábilo que humea», cuya luz se ha extinguido y sólo queda humo. Más bien soy un estorbo que un beneficio. Las sugestiones de mi espíritu turbado me dicen que el diablo ha apagado mi luz, y sólo me ha dejado con el humo desagradable, y que el Señor pronto me apagará. Sin embargo, noto que en el tabernáculo de la Antigua Alianza había despabiladores, no apagadores; Jesús no me apagará. Tengo, pues, confianza. ¡Señor, inflámame en tu amor, y haz que brille yo para gloria tuya y para ensalzar tu misericordia y bondad!

***La Biblia** en un año:*

- *Prov. 3 - 5*
- *2Cor. 1*

9 Septiembre

Prov. 28:14

"Bienaventurado el hombre que siempre teme a Dios."

Mis notas:

El temor de Dios es el principio y fundamento de la verdadera religión. Sin un temor reverencial de Dios, no es posible encontrar apoyo para las virtudes más brillantes. El alma que no adora, jamás conocerá la santidad.

Feliz aquél que siente un temor santo de hacer el mal. El santo temor no sólo mira antes de saltar, sino también antes de moverse. Teme errar; teme faltar a su deber; teme cometer el pecado; teme las malas compañías, las conversaciones livianas y la astucia engañosa. Esto a nadie hace miserable, mas trae felicidad. El centinela que vigila es más feliz que el soldado que duerme en su puesto. Quien prevé el mal y lo huye es más afortunado que quien anda descuidado y es destruido.

El temor de Dios es una gracia tranquila que guía al hombre por camino seguro. De él está escrito: «No habrá allí león, ni bestia fiera subirá por él». El temor de toda apariencia de mal es un principio purificador que, por el poder del Espíritu Santo, pone al hombre en condiciones de conservar sus vestiduras limpias en este mundo. En ambos casos, el que «siempre está temeroso» es feliz. Salomón había probado los regalos del mundo y el temor de Dios; en los primeros encontró vanidad, y en el último, la felicidad. No repitamos la prueba que él hizo; atengámonos a su veredicto.

***La Biblia** en un año:*

- *Prov. 6 - 7*
- *2Cor. 2*

"Bendito serás en tu entrar y bendito en tu salir."

Deut. 28:6

10 Septiembre

Mis notas:

Las bendiciones de la ley no han sido anuladas. Jesús confirmó las promesas cuando Él llevó sobre sí el castigo del transgresor. Si observo los mandamientos del Señor, indudablemente puedo apropiarme de las bendiciones de esta promesa.

En este día, entraré en mi casa sin temer malas noticias, y entraré en mi cámara con la esperanza de oír buenas nuevas de mi Señor. No temeré entrar en mí mismo para examinar diligentemente los negocios de mi conciencia. Tengo mucho que hacer en mi interior, dentro de mi propia alma. ¡Ojalá recibiera una bendición, la bendición que el Señor Jesús que ha prometido para mi alma!

También debo salir. La timidez me impulsa a quedarme en casa y nunca salir de ella. Pero fuerza es salir a mis obligaciones, para ayudar a mis hermanos y ser útil a los pecadores. Debo ser un defensor de la fe y enemigo declarado del mal. Quiera el Señor que también sobre mi salida descienda la bendición de Dios en este día! ¡Señor, iré adonde Tú me guíes, realizando aquellos trabajos que Tú me has confiado siempre bajo tu dirección y con el poder de tu Santo Espíritu!

Señor Jesús, entra conmigo y sé mi huésped; y después sal fuera conmigo, y haz que mi corazón arda mientras me hables por el camino.

***La Biblia** en un año:*

- *Prov. 8 - 9*
- *2Cor. 3*

11 Septiembre

Lament. 3:27

"Bueno le es al hombre llevar el yugo desde su juventud."

Mis notas:

Aquí tenemos una nueva promesa. Siempre ha sido y será bueno para mí llevar el yugo.

Al comienzo de mi vida, tuve que sentir el peso de la convicción, y desde entonces he comprendido que esa carga enriquece mi alma. ¿Habría yo podido amar tanto el Evangelio si mi propia experiencia no me hubiese enseñado la salvación por gracia? Jabes fue más ilustre que sus hermanos, porque su madre le parió con dolor, y todos los que sufren al nacer de nuevo para Dios, se hacen firmes creyentes en la gracia soberana.

El yugo de la crítica es penoso, pero dispone al alma para la gloria futura. Quien no acepta el desafío del desprecio, no es apto para ser jefe. El elogio embriaga cuando no va precedido de la afrenta. Los hombres que se encaraman sin esfuerzo, de ordinario caen en la deshonra.

El yugo de la aflicción, de los contratiempos y del excesivo trabajo, nunca debe ser buscado; mas cuando el Señor nos lo impone en nuestra mocedad, a menudo forma un carácter dispuesto a glorificar a Dios y bendecir a la iglesia.

Ven, alma mía, dobla tu cuello; y toma tu cruz. Buena fue para ti cuando eras joven, y ahora no te hará daño. Por amor de Jesús cárgala sobre tus hombros con alegría.

***La Biblia** en un año:*

- *Prov. 10 - 12*
- *2Cor. 4*

"Cree en el Señor Jesucristo, y serás salvo, tú y tu casa."

Hechos 16:31

12 Septiembre

Mis notas:

Estas palabras dirigidas a un hombre que había puesto su espada al cuello son también el Evangelio para mí. Esto mismo es lo que me convendría si estuviera moribundo, y en verdad es lo que necesito mientras viva. Aparto la vista de mí mismo, de mi pecado, de toda idea de méritos personales, y confío en el Señor Jesús como el Salvador que Dios me ha dado. Creo en Él, descanso en Él y le acepto enteramente. Señor, soy salvo y lo seré por toda la eternidad, porque creo en Jesús. ¡Bendito sea su santo nombre! Manifieste yo cada día con mi vida que soy salvo del egoísmo, del amor al mundo y de todo pecado.

Por lo que se refiere a la última palabra «casa»: Señor, no quiero irme con una promesa a medias, ya que Tú me la das completa. Te ruego que salves a toda costa mi familia. Salva a los más cercanos y queridos; convierte a los hijos y nietos si los tuviere, sé benigno a mis criados y a cuantos viven bajo mi techo o que trabajan bajo mis órdenes. Tú me haces esta promesa a mí personalmente, si creo en el Señor Jesús; te ruego que obres conforme a tu palabra.

Quisiera repasar todos los días en mis oraciones los nombres de mis hermanos y hermanas, padres, hijos, amigos, parientes, criados, y no darte descanso hasta que sea cumplida esta palabra «y tu casa».

***La Biblia** en un año:*

- *Prov. 13 - 15*
- *2Cor. 5*

13 Septiembre

Deut. 33:28

"También sus cielos destilarán rocío."

Mis notas:

Lo que en Oriente es el rocío para la naturaleza, eso es la influencia del Espíritu Santo en el reino de la gracia. ¡Cuánto lo necesito! Sin el Espíritu de Dios, soy una planta seca que se mustia. Desmayo, decaigo y muero. ¡Cuán gratamente me refresca este rocío! Pero desde que este rocío me refresca, me reanimo y me siento contento, fortalecido, gozoso. No necesito otra cosa. El Espíritu Santo me trae vida y todo cuanto se requiere para vivir. Todo lo demás, sin el rocío del Espíritu Santo, lo reputo como nada: oigo, leo, oro, canto, me acerco a la mesa de la comunión, y no encuentro bendición hasta que me visita el Espíritu Santo. Tan pronto como Él me ciega, todos los medios de gracia me resultan dulces y provechosos.

¡Qué promesa tan grata para mí!... «Sus cielos destilarán rocío». Seré visitado por la gracia; no seré abandonado en mi sequedad natural, ni al calor abrasador del mundo, ni al soplo ardiente de la tentación. ¡Sienta yo ahora mismo el rocío apacible, silencioso y bienhechor del Señor! ¿Y por qué no? Él me ha dado la vida y me ha hecho crecer como la hierba de los prados, me tratará como se trata a la hierba y me refrescará desde lo alto. La hierba no puede clamar por el rocío, como puedo clamar yo. El Señor, que visita la planta que no pide, contestará a su hijo que le ruega.

***La Biblia** en un año:*

- *Prov. 16 - 18*
- *2Cor. 6*

"Bienaventurado el varón que soporta la tentación; porque cuando haya resistido la prueba, recibirá la corona de la vida, que Dios ha prometido a los que le aman."

Santiago 1:12

14 Septiembre

Mis notas:

Sí, bienaventurado es mientras sufre la tentación. Nadie puede ver esto hasta que sus ojos hayan sido ungidos con el divino colirio. Mas debe sufrir sin rebelarse contra Dios ni apartarse de su integridad. Bienaventurado es el que ha pasado por el fuego y no ha sido consumido como el falso metal.

Cuando ha terminado la prueba, viene la marca de la aprobación divina: «la corona de la vida». Como si dijera el Señor: «Que viva; ha sido pesado en balanza y no es hallado falto». La vida es el galardón: no la simple existencia, sino una existencia santa, feliz y verdadera, que realiza el plan de Dios en nosotros. Una forma más elevada de vida espiritual y de felicidad, corona a quienes han pasado por las más duras pruebas de la fe y del amor.

El Señor ha prometido la corona de la vida a los que le aman. Sólo quienes le aman pueden mantenerse firmes en el momento de la prueba; los demás, caerán, murmurarán o volverán al mundo. Alma mia, ¿amas al Señor? ¿Le amas de verdad? ¿Con todo tu corazón? Entonces has de saber que ese amor será probado; pero las muchas aguas no lo apagarán, ni los ríos lo ahogarán. Señor, haz que tu amor alimente el mio hasta el fin.

***La Biblia** en un año:*

- *Prov. 19 - 21*
- *2Cor. 7*

15 Septiembre

Isaías 32:2

"Y será aquel varón como escondedero contra el viento, y como refugio contra el turbión."

Mis notas:

Todos sabemos quién es ese varón. ¿Quién podría ser sino el segundo Adán, el Señor de los cielos, varón de dolores, el Hijo del Hombre? ¡Qué escondedero para su pueblo! Él mismo ha soportado toda la furia del viento, y por eso puede amparar a todos los que se refugian en él. Por su medio hemos escapado nosotros de la ira de Dios y escaparemos de la ira de los hombres, de los cuidados de esta vida y del temor de la muerte. ¿Por qué exponernos al viento cuando tan fácilmente y con total seguridad podemos refugiarnos en nuestro Señor? Corramos hoy en pos de Él y gozaremos de paz.

Muchas veces se levanta el viento de la aflicción con tanta fuerza que se convierte en tempestad que lo arrastra todo. Cosas que parecían estar firmes se tambalean ante el ímpetu del viento, y muchas y grandes son las caídas de nuestra confianza carnal. Nuestro Señor Jesucristo, el varón glorioso, es un refugio que nunca se derrumba. Escondidos en Él, vemos cómo pasa la tormenta arrolladora, mas nosotros descansamos tranquilos en su seguridad.

Refugiémonos hoy en nuestro escondedero y cantemos confiadamente bajo la protección de nuestro refugio: ¡Bendito Jesús! ¡Cuánto te amamos! Bien podemos amarte, porque Tú eres nuestro refugio en la tempestad.

***La Biblia** en un año:*

- *Prov. 22 - 24*
- *2Cor. 8*

"Y cualquiera que dé a uno de estos pequeñitos un vaso de agua fría solamente, por cuanto es discípulo, de cierto os digo que no perderá su recompensa."

Mateo 10:42

16 Septiembre

Mis notas:

Ciertamente, al menos puedo hacer eso. Puedo realizar una buena acción en favor de un siervo del Señor. Él sabe que les amo y que para mí sería un honor poder lavarles los pies. Por amor al Maestro amo a sus discípulos.

¡Cuán bondadoso es el Señor al mencionar una acción tan insignificante!: «cualquiera que diese un vaso de agua fría solamente». Esto puedo hacerlo yo por pobre que sea; y lo haré con gusto. Por pequeño que sea, el Señor lo ve aun cuando se haga al más humilde de sus discípulos. Dios no mira el precio, ni la habilidad, ni la cuantía de lo que se da, sino el motivo. Cuanto hacemos a un discípulo, como tal, el Señor lo ve y recompensa. No nos galardona por lo que hacemos, sino según las riquezas de su gracia.

Doy un vaso de agua fría y Él me da a beber del agua de la vida. Doy a uno de sus pequeñitos, y Él me trata como a uno de ellos. Jesús halla una disculpa para su liberalidad en lo que su gracia me ha motivado a hacer, y dice: «De cierto os digo que no perderá su recompensa».

***La Biblia** en un año:*

- *Prov. 25 - 26*
- *2Cor. 9*

17 Septiembre

Salmos 92:12

"El justo florecerá como la palmera; crecerá como cedro en el Líbano."

Mis notas:

Estos árboles no son cortados ni podados por los hombres; las palmeras y los cedros son «árboles de Jehová» y por su cuidado florecen. Lo mismo sucede con los santos del Señor que son objeto de sus cuidados. Estos árboles siempre están verdes y son hermosos en todas las estaciones del año. Los creyentes no son a veces santos y a veces impíos; siempre reflejan la hermosura del Señor. Dondequiera que estén estos árboles son dignos de admiración; nadie puede contemplar un paisaje donde haya palmas o cedros sin prestar atención a su talla majestuosa. Los discípulos del Señor son observados de todos; son como las ciudades asentadas sobre un monte que no pueden esconderse.

El hijo de Dios florece como la palma que sube recta hacia lo alto, en una sola dirección, formando una columna rectilínea, coronada con un glorioso capitel. No se expande ni a la derecha ni a la izquierda, sino que se eleva hacia el cielo con toda su fuerza, y lleva su fruto tan cerca del cielo como le es posible. Señor, cumple en mí esta figura.

El cedro desafía todas las tormentas y crece cerca de las nieblas eternas, llenándolo de savia el mismo Señor, que mantiene caliente su corazón y sus ramas fuertes. Señor, te ruego que así sea conmigo. Amén.

***La Biblia** en un año:*

- *Prov. 27 - 29*
- *2Cor. 10*

"A Benjamín dijo: El amado de Jehová habitará confiado cerca de él; lo cubrira siempre y entre sus hombros morará."

Deut. 33:12

18 Septiembre

Mis notas:

No hay seguridad tan grande como habitar confiado cerca del Señor. Dios no puede hallar un lugar tan seguro para sus amados. ¡Concédeme, Salvador mío, que siempre more debajo de tu sombra, al lado de tu costado herido. Quisiera vivir cada vez más cerca de ti, oh Señor, y cuando estuviese muy cerca de ti, desearía permanecer ahí para siempre.

¡Cuánta protección prodiga el Señor a sus escogidos! No es una recia techumbre la que te cubrirá, ni una barbacana a prueba de bomba, ni alas de ángel, sino el mismo Jehová. Cuando así estamos cubiertos, nadie podrá llegar a nosotros. El Señor nos concederá esta protección durante todo el día. ¡Haz que habite hoy debajo del pabellón de tu amor y poder soberano!

La tercera frase de este versículo, ¿significa que el Señor establecerá su templo en las montañas de Benjamín, o que Él estará allí dispuesto a recibir sobre sus espaldas su carga, o que somos llevados sobre los hombros del Eterno? De todos modos, el Señor es el amparo y fortaleza de sus santos. Señor, haz que siempre goce yo de tu ayuda, y la fuerza de tu brazo será suficiente para mí.

***La Biblia** en un año:*

- *Prov. 30 - 31*
- *2Cor. 11:1 - 15*

19 Septiembre

Sofonías 3:17

"Jehová está en medio de ti, poderoso, él salvará; se gozará sobre ti con alegría, callará de amor, se regocijará sobre ti con cánticos."

Mis notas:

¡Magnífica palabra! ¡Dios en medio de su pueblo con toda la majestad de su poder! Su presencia es suficiente para inundarnos de paz y de esperanza. En nuestro Dios se ocultan tesoros de infinito poder; Él mora en su Iglesia; por tanto, su pueblo puede prorrumpir en cantos de alegría. No sólo gozamos de su presencia, sino que Él está de continuo ocupado en el trabajo de nuestra salvación: «Él salvará». Siempre está salvando; tal es el significado del nombre de Jesús. No tememos ningún peligro, porque poderoso es para salvar.

Más aún, siempre permanece el mismo: ama, persevera en el amor, y no dejará de amar. En este amor se goza y encuentra materia para cantar a su amada. Esto es admirable. Después de haber acabado la creación, no cantó, sino que dijo «que todo era bueno»; pero, llevada a cabo la redención, la Trinidad gloriosa sintió tanto gozo, que no podía ser expresado sino por un cántico triunfal. ¡Piensa en esto, y llénate de asombro! Jesús canta un himno nupcial por su Esposa querida. De ella hace el objeto de su amor, de su gozo, de su descanso y de sus cánticos. ¡Oh, Señor Jesús, por tu infinito amor, enséñanos a amarte, a regocijarnos en ti y cantarte nuestro salmo de alabanza!

***La Biblia** en un año:*

- *Ecl. 1 - 3*
- *2Cor. 11:16 - 33*

"Tu pueblo se te ofrecerá voluntariamente en el día de tu poder."

Salmos 110:3

20 Septiembre

Mis notas:

¡Bendito sea el Dios de gracia! Tiene un pueblo al que escogió en otro tiempo para que fuese su particular heredad. Por naturaleza los hijos de este pueblo tienen una voluntad tan rebelde como los demás hijos de Adán; mas cuando Dios manifiesta su poder, o cuando despliega su omnipotencia, dispone su corazón al arrepentimiento y a creer en Jesús. Nadie se salva contra su voluntad. ¡Poder maravilloso es éste que nunca fuerza la voluntad, sino que la abre con llave maestra que Él sólo sabe manejar.

Ahora estamos dispuestos a ser, obrar o sufrir lo que el Señor quiera. Si nos vemos tentados a rebelarnos, con sólo venir Él, podremos correr por el camino de sus mandamientos con todo nuestro corazón. Que en este día, mi voluntad esté dispuesta a realizar un generoso esfuerzo para la gloria de Dios y el bien de mis semejantes. Señor, heme aquí; sea hoy el día de tu poder. Estoy enteramente a tu disposición, deseoso de que te sirvas de mí para tus designios sacrosantos. Que nunca me vea obligado a exclamar: «tengo el querer, mas el efectuar el bien no lo alcanzo». Dame el poder como me das la voluntad.

***La Biblia** en un año:*

- *Ecl. 4 - 6*
- *2Cor. 12*

21 Septiembre

Romanos 5:3

"Sabiendo que la tribulación produce paciencia."

Mis notas:

Esta es una promesa no de hecho, sino de forma. La paciencia nos es necesaria y tenemos los medios para alcanzarla. Sólo por medio del sufrimiento aprendemos a sufrir, como nadando aprendemos a nadar. No podríamos aprender este arte en tierra firme, como tampoco podemos aprender la virtud de la paciencia sin tribulación. ¿No vale la pena sufrir la tribulación para poder ganar esta serenidad de alma, que tranquilamente se somete a la voluntad de Dios?

Sin embargo, nuestro versículo establece un principio que es contrario a la ley natural. La contradicción, por sí misma, produce irritación, incredulidad y rebelión. La paciencia se produce en nosotros por la alquimia sagrada de la gracia. No trillamos el trigo para levantar polvo; pero en la era de Dios, así lo hace el trillo de la tribulación. No lanzamos a un hombre de aquí para allá para que descanse; sin embargo, así hace Dios con sus hijos. En verdad, no obran así los hombres, pero redunda en gloria de nuestro sapientísimo Dios.

¡Ojalá pueda ser bendecido en mis pruebas! ¿Por qué me he de oponer a la obra de la gracia? Señor, te pido que quites mi aflicción, pero diez veces más te ruego que quites mi impaciencia. Salvador precioso, graba con tu cruz en mi corazón la imagen de tu paciencia.

***La Biblia** en un año:*

- *Ecl. 7 - 9*
- *2Cor. 13*

22 Septiembre

Isaías 33:21

"Porque ciertamente allí será Jehová para con nosotros fuerte, lugar de ríos, de arroyos muy anchos, por el cual no andará galera de remos, ni por él pasará gran nave."

Mis notas:

El Eterno quiere ser nuestro bien supremo, y en Él jamás encontraremos decepción alguna de las muchas que acompañan a las cosas de la tierra. Una ciudad está situada al lado de un ancho río, está expuesta al ataque de las galeras y de otros barcos de guerra. Mas cuando el Señor manifiesta la abundancia de su bondad bajo este símbolo, Él se encarga de apartar todo el temor que esta figura pudiera sugerir. ¡Bendito sea un amor tan perfecto!

Señor, si Tú me envias riquezas a modo de grandes ríos, no permitas que jamás vea aparecer sobre sus olas los peligrosos navíos del mundo y del orgullo. Si me concedes salud en abundancia, y un carácter alegre, no permitas que «el gallardo navío» del descanso carnal suba por el río caudaloso. Si tengo éxito en mi ministerio, tan grande como el Rhin, que nunca tropiece con la galera de la vanidad y de la confianza en mí mismo. Si fuese yo tan sumamente feliz que año tras año gozara de la luz de tu rostro, que nunca desprecie yo a tus santos débiles, ni que la vana idea de mi propia perfección suba por los anchos ríos de mi completa seguridad. Señor, concédeme esta bendición que enriquece, y no añade tristeza ni ayuda alguna al pecado.

***La Biblia** en un año:*

- *Ecl. 10 - 12*
- *Gálatas 1*

23 Septiembre

Amós 9:9

"Porque he aquí yo mandaré y haré que la casa de Israel sea zarandeada entre todas las naciones, como se zarandea el grano en una criba y no cae un granito en la tierra."

Mis notas:

El trabajo de zarandear sigue todavía. Dondequiera que vayamos, debemos ser limpiados y ceñidos. En todas las naciones el pueblo de Dios es probado «como se zarandea el grano en el harnero». A veces el diablo tiene el harnero y nos zarandea muy de prisa, con el fin de verse libre para siempre de nosotros. La incredulidad sabe también cómo agitar nuestros corazones y nuestro espíritu con temores que nos inquietan. A veces el mundo tiende una mano para ayudarla y nos agita a uno y otro lado con vigor. Y lo que es peor, la Iglesia, apóstata en gran parte, añade sus esfuerzos a este trabajo para que sus sacudidas sean más violentas todavía.

¡Enhorabuena, que prosiga! La paja será así separada del trigo. El trigo queda limpio de polvo y paja. ¡Cuán grande es la misericordia que se nos promete en este versículo: «¡No cae un granito en la tierra!» Será guardado todo lo bueno, todo lo verdadero, todo lo precioso. Ninguno de los creyentes débiles se perderá, ni podrá perder nada que pueda llamarse pérdida. Tan preservados seremos en el zarandeo, que por Cristo Jesús será para nosotros una verdadera ganancia.

***La Biblia** en un año:*

- *Cantares 1 - 3*
- *Gálatas 2*

"Y toda alma viviente que nadare por dondequiera que entraren estos dos ríos, vivirá."

Ezeq. 47:9

24 Septiembre

Mis notas:

En la visión del profeta, las aguas de vida descendían al Mar Muerto, y llevaban la vida hasta aquel lago de aguas estancadas. Donde circula la gracia, llega inmediatamente la vida espiritual. La gracia procede soberanamente de la voluntad de Dios, del mismo modo que un río en todos sus rodeos sigue su propia voluntad, y dondequiera que entra no espera que la vida se manifieste en ella para correr, sino que por su propia corriente vivificadora produce la vida. ¡Ojalá se derramara por todas nuestras calles y anegara todos los bajos fondos! ¡Ojalá entrara ahora en mi casa y anegara todas sus habitaciones! Señor, que el agua de vida alcance en su corriente a mi familia, amigos, y que no pase sin tocarme a mí. De ella he bebido, como lo espero; en ella quisiera anegarme y nadar. ¡Oh mi Salvador!, necesito la vida en mayor abundancia. Vcn a mí, tc suplico, hasta que toda mi alma y todo mi ser sean vivificados intensamente. Dios viviente, lléname de tu propia vida.

Soy una rama pobre y seca; ven y vivifícame para que como la vara de Aarón, brote, eche flores y lleve fruto para gloria tuya. Vivifícame, por el amor de mi Señor Jesús. Amén.

***La Biblia** en un año:*

- *Cantares 4 - 5*
- *Gálatas 3*

25 Septiembre

Jueces 13:23

"Si Jehová nos quisiera matar, no aceptaría de nuestras manos el holocausto y la ofrenda, ni nos hubiera mostrado todas estas cosas."

Mis notas:

Hay aquí una promesa que la lógica nos impone. Es una deducción sacada de hechos probados. No era probable que Dios revelara a Manoa y a su esposa que tendrían un hijo, y que él, sin embargo, tuviese el propósito de matarlos. La mujer razonaba bien, y nosotros podemos imitarla en sus argumentos.

El Padre ha aceptado el gran sacrificio del Calvario y Él mismo ha declarado su gran contentamiento con dicho sacrificio. ¿Cómo es posible que ahora nos quiera matar? ¿Por qué un sustituto, si el pecador debe perecer? El sacrificio aceptado de Cristo pone término a todo temor de nuestra parte.

El Señor nos ha mostrado nuestra elección, nuestra adopción, nuestra unión con Cristo, nuestras bodas con el Amado. ¿Cómo podrá, pues, destruirnos? Las promesas de Dios están llenas de bendiciones, las cuales, todas a una, exigen para su realización, que seamos guardados para vida eterna. No es posible que el Señor nos deseche y al mismo tiempo cumpla su pacto. Lo pasado nos da seguridad y lo futuro la confirma. No moriremos, sino que viviremos, porque hemos visto a Jesús y en Él al Padre por la luz del Espíritu Santo, y con esta visión que nos da la vida, viviremos eternamente.

***La Biblia** en un año:*

- *Cantares 6 - 8*
- *Gálatas 4*

"He aquí un pueblo que habitará confiado, y no será contado entre las naciones."

Números 23:9

26 Septiembre

Mis notas:

¿Quién desearía habitar entre las naciones y ser contado entre ellos? La misma Iglesia que hace profesión de ser cristiana es tal, que aun dentro de su seno resulta muy difícil seguir fielmente al Señor. Hay tanta confusión en ella, que muchas veces preferíamos vivir en una choza en medio de un desierto.

Cierto que el Señor quiere que su pueblo siga un camino distinto del mundo y que salga de él con decisión y valentía. Por divino decreto hemos sido llamados, redimidos y puestos aparte, y nuestra experiencia interior nos testifica que somos diferentes de los hombres del mundo; por lo tanto, nuestro sitio no está en «la feria de la vanidad», ni en la «ciudad de destrucción», sino en el camino angosto por donde todo verdadero peregrino debe seguir a su Señor.

Esto, no solamente hará que nos resignemos con la indiferencia y el desprecio de los hombres, sino que los aceptemos con gusto como parte que nos corresponde en el pacto. Nuestro nombre no está registrado en el mismo libro que los suyos: no somos de la misma simiente, no estamos en el mismo sitio, ni tenemos el mismo guía. Es, pues, muy razonable que tampoco seamos del mismo número. Mas debemos contarnos en el número de los redimidos, y gozarnos de ser extraños hasta el final de nuestro viaje.

***La Biblia** en un año:*

- *Isaías 1 - 2*
- *Gálatas 5*

27
Septiembre

Salmos 18:28

"Tú encenderás mi lámpara."

Mis notas:

Tal vez mi alma esté sentada en tinieblas, y si éstas son espirituales, ningún poder humano podrá iluminarme. ¡Bendito sea Dios! Él puede alumbrar mis tinieblas y encender inmediatamente mi lámpara. Aunque me vea cercado de tinieblas «tales que puedan palparse», sin embargo Dios puede disipar la oscuridad y hacerla luminosa en mi derredor.

Su misericordia consiste en que si Él alumbra mi lámpara, nadie la podrá apagar, ni tampoco se apagará por falta de aceite, ni se consumirá en el transcurso del tiempo. Las luces que el Señor encendió al principio, brillan todavía en el firmamento. Tal vez sea necesario limpiar las lámparas del Señor, pero Él no las apaga.

Yo, pues, cantaré en la oscuridad como el ruiseñor. La espera me proporcionará la melodía y la esperanza elevará el tono, porque pronto brillará para mí la lámpara de Dios. Ahora estoy triste y pesado. Tal vez provenga este estado mio del tiempo, de mi debilidad corporal, o de alguna prueba inesperada; empero cualquiera que sea la causa de mi oscuridad, el Señor la disipará. Mis ojos están fijos solamente en Él. Pronto la lámpara del Señor arrojará su luz sobre mí; y más allá, a su tiempo, estaré donde no necesitaré de ninguna lámpara, ni de la luz del sol. ¡Aleluya!

La Biblia *en un año:*

- *Isaías 3 - 4*
- *Gálatas 6*

"Por tanto, queda un reposo para el pueblo de Dios."

Hebreos 4:9

28 Septiembre

Mis notas:

Dios ha preparado un reposo en el cual todos podemos entrar. Aquellos a quienes primero fue anunciado no entraron a causa de su incredulidad. Por tanto, este sábado es ofrecido al pueblo de Dios. David lo cantó, pero tuvo que contentarse con el tono menor porque Israel rechazó el reposo de Dios. Josué no pudo darlo, ni tampoco Canaán. Queda, pues, para los creyentes.

Venid, y esforcémonos por entrar en este reposo. Dejemos a un lado el fatigoso camino del pecado y del egoísmo. Dejemos aun esas obras de las cuales se podría decir: «son buenas en gran manera». ¿Tenemos tales obras? Aunque así fuere, descansemos de ellas, como lo hizo Dios de las suyas. Busquemos el descanso en la obra consumada de nuestro Señor Jesucristo. Todo en Él está perfectamente cumplido; la justicia no pide más. Una gran paz es nuestra herencia en Jesús.

En cuanto a las demás cosas, como la obra de la gracia en nuestra alma y la obra de Dios en el alma de los otros, dejémoslo en manos del Señor y descansemos en Él. Cuando el Señor pone un yugo sobre nosotros, de tal manera lo hace que, al llevarlo, encontramos reposo. Por fe entramos en el reposo de Dios y renunciamos a encontrar este descanso en nuestra satisfacción personal o en nuestra pereza. Jesús es el reposo perfecto cuando llena nuestro corazón.

***La Biblia** en un año:*

- *Isaías 5 - 6*
- *Efesios 1*

29 Septiembre

Juan 16:14

"Él me glorificará; porque tomará de lo mío y os lo hará saber."

Mis notas:

El Espíritu Santo no puede glorificar a Cristo de un modo más excelente que mostrándonos al mismo Cristo. Jesús es su mejor recomendación. No se le puede adornar sino con su propio oro.

El Consolador nos manifiesta lo que Él ha recibido de nuestro Señor Jesucristo. Nada podemos ver con claridad si Él no nos lo revela. Tiene un método especial para iluminar nuestros entendimientos y para abrirnos las Escrituras y anunciarnos por este medio al Señor Jesús. Se necesita mucho arte para presentar un asunto, y aquí está en su mayor perfección el secreto del Espíritu de verdad. Él nos presenta las cosas como son y como por experiencia lo saben todos cuantos han sido visitados por estas celestiales visiones.

Busquemos la luz del Espíritu, no tanto para satisfacer nuestra curiosidad o para buscar consuelos espirituales, sino para glorificar al Señor Jesús. ¡Ojalá tuviéramos ideas claras acerca de Él! Conceptos rastreros deshonran a nuestro precioso Salvador. ¡Ojalá tuviésemos una impresión viva de su persona, de su obra y de su gloria, de suerte que con toda el alma y corazón prorrumpiéramos en alabanzas! Donde hay un corazón enriquecido por las enseñanzas del Espíritu Santo, allí será en gran manera glorificado el Salvador. Ven, Espíritu Santo, luz divina, y muéstranos a Jesucristo, nuestro Señor.

***La Biblia** en un año:*

- *Isaías 7 - 8*
- *Efesios 2*

"Abre tu boca, y yo la llenaré."

Salmos 81:10

30 Septiembre

Mis notas:

¡Qué estímulo para la oración! Nuestras nociones humanas nos inducirían a pedir cosas pequeñas, porque nuestros méritos son pequeños. La oración debería ser una cosa tan sencilla como abrir la boca; una expresión natural y espontánea. Cuando una persona es fervorosa, ensancha su boca; y este versículo nos enseña a ser fervientes en nuestras oraciones.

Mas también significa que podemos tener confianza en Dios y pedir que sus manos derramen grandes bendiciones sobre nosotros. Lee todo el versículo y comprenderás la razón: «Yo soy Jehová tu Dios que te hice subir de la tierra de Egipto; ensancha tu boca, y henchirla he». Puesto que el Señor nos ha dado tanto, nos invita a pedir más y a esperar más todavía.

Observad cómo los pajarillos en sus nidos abren su pico cuando la madre viene a alimentarlos. Hagamos nosotros lo mismo, para que recibamos la gracia por todas las puertas de nuestra alma, a la manera que la esponja absorbe el agua en que está metida. Dios está dispuesto a llenarnos, siempre que nosotros lo estemos para ser henchidos. Que nuestras necesidades nos hagan abrir la boca: nuestra flaqueza para suspirar con ansia; nuestras alarmas para gritar como un niño. La boca abierta será llena por el mismo Señor. Que así sea con nosotros desde el día de hoy.

***La Biblia** en un año:*

- *Isaías 9 - 10*
- *Efesios 3*

1 Octubre

Salmos 111:5

"Ha dado alimento a los que le temen; para siempre se acordará de su pacto."

Mis notas:

Quienes temen a Dios no tienen por qué temer la pobreza. A través de muchos años, siempre ha encontrado el Señor la manera de nutrir a sus hijos, cuando estuvieron en Egipto, junto al arroyo de Cherith, en la cautividad, o cercados por el hambre. Hasta el presente, nos ha dado el Señor, día tras día, el pan cotidiano, y no dudamos que seguirá alimentándonos hasta que no tengamos necesidad.

En cuanto a las bendiciones más excelentes del pacto de gracia, nunca cesará de derramarlas sobre nosotros según nuestras necesidades. Se acuerda de la alianza que hizo con nosotros, y nunca obra como si se hubiera arrepentido de haberlo hecho. De ella se acuerda cuando le provocamos a destruirnos. Se acuerda de amarnos, de guardarnos y consolarnos, y se ha comprometido a hacerlo. Se acuerda hasta de la última tilde de sus compromisos, no olvidando ninguna de sus palabras.

Nosotros, por desgracia, nos olvidamos de nuestro Dios, mas Él, en su misericordia, no se olvida de nosotros. No puede olvidarse de su Hijo, que es el fiador de la alianza, ni de su Espíritu Santo, que realiza el pacto, ni de su propia gloria que está incluida en el pacto. Por tanto, el fundamento de Dios está firme, y ningún creyente perderá la herencia divina que le pertenece por derecho de alianza.

***La Biblia** en un año:*

- *Isaías 11 - 13*
- *Efesios 4*

2 Octubre

"Y José dijo a sus hermanos: Yo voy a morir; mas Dios ciertamente os visitará y os hará subir de esta tierra a la tierra que juró a Abraham, a Isaac y a Jacob."

Génesis 50:24

Mis notas:

José había sido para sus hermanos la providencia personificada. Todos nuestros Josés mueren, y todos los consuelos con ellos. No se portó así Egipto con Israel después de la muerte de José, ni tampoco el mundo se porta con nosotros del mismo modo que cuando vivían nuestros seres queridos.

Pero mirad cómo fue aliviada la triste pena de su muerte. Recibieron la promesa de que el Dios viviente los visitaría. ¡Una visita de Jehová! ¡Qué consuelo! ¡Qué cielo en la tierra! Oh, Señor, visítanos hoy, aunque en verdad no somos dignos de que entres en nuestra morada.

Y se les prometió algo más: el Señor los haría subir de la tierra. Encontrarían en Egipto una acogida fría después de la muerte de José; más aún, vendría a ser para ellos una casa de siervos. Mas no lo sería para siempre; saldrían por una liberación divina y marcharían a la tierra prometida. Nuestras lágrimas no serán eternas. Seremos llamados al hogar de la gloria para juntarnos allí con nuestros seres queridos. Por lo tanto, «consolaos los unos a los otros en estas palabras».

***La Biblia** en un año:*

- *Isaías 14 - 16*
- *Efesios 5:1 - 16*

3 Octubre

Salmos 17:15

"En cuanto a mí, veré tu rostro en justicia; estaré satisfecho cuando despierte a tu semejanza."

Mis notas:

La heredad de las gentes del mundo alimenta sus cuerpos y enriquece a sus hijos; mas la heredad del creyente es de otra clase. Los hombres del mundo cifran su tesoro en la tierra, mas los hombres del siglo venidero miran más lejos y más alto.

Nuestra posesión es doble. Tenemos la presencia de Dios aquí, y su semejanza, después. Aquí vemos el rostro del Señor en justicia, porque en Cristo Jesús somos justificados. ¡Qué gozo ver el rostro de un Dios reconciliado! La gloria de Dios, vista en el rostro de Jesucristo, nos trae el cielo a la tierra; mas allá arriba será el cielo de los cielos.

Hay más todavía: seremos transformados en aquello que contemplamos. Dormiremos algún tiempo, y después despertaremos para convertirnos en espejos que reflejen la gloria de nuestro Señor. La fe ve a Dios con una mirada que transforma. El corazón recibe la imagen de Jesús en todas sus profundidades, y su carácter queda impreso en el alma. Esta es una verdadera satisfacción. Ver a Dios y ser semejante a Él. ¿Qué más podré desear? La confianza cierta de David se trocó, por el Espíritu Santo, en una promesa del Señor. La creo, la espero. Señor, concédemela. Amén.

***La Biblia** en un año:*

- *Isaías 17 - 19*
- *Efesios 5:17 - 33*

4 Octubre

"Y yo, si fuere levantado de la tierra, a todos atraeré a mí mismo."

Juan 12:32

Mis notas:

Venid, obreros del Evangelio, y cobrad ánimo. Teméis que no os será posible llevar a Él una congregación. Intentad predicar a un Salvador crucificado, resucitado y que ha subido a los cielos, porque éste es el mayor atractivo que puede ser presentado a los hombres. ¿Quién los llevará a Cristo sino Cristo mismo? ¿Qué os atrae a Él sino su sagrada persona? Si habéis sido atraídos a la religión por otra cosa, pronto os apartaréis de ella. Jesús os ha retenido y os retendrá hasta el fin. ¿Por qué, pues, dudáis de poder atraer a otros? Id en nombre de Jesús a los que hasta el presente se han manifestado reacios y probad si con esto lográis atraerlos.

Ningún hombre se halla fuera del alcance de este poder atractivo. Viejos y jóvenes, ricos y pobres, ignorantes y sabios, depravados y rectos, todos sentirán su poderosa atracción. Jesús es el único imán. No busquéis otros. La música no llevará a los hombres a Jesús, ni tampoco la elocuencia, ni la lógica, ni la liturgia, ni el aparato. Es Jesús quien debe atraerlos, y Él es poderoso para cumplir con esta tarea en todo tiempo y lugar. No os dejéis arrastrar por la charlatanería moderna; trabajad como obreros en la viña del Señor, y utilizad sus propios medios, y servíos de las redes de Cristo. Atraed a Cristo y atraed por Cristo, porque Cristo atraerá a todos por vuestro medio.

***La Biblia** en un año:*

- *Isaías 20 - 22*
- *Efesios 6*

5 Octubre

Miqueas 5:7

"El remanente de Jacob será en medio de muchos pueblos como el rocío de Jehová, como las lluvias sobre la hierba, las cuales no esperan varón, ni aguardan a hijos de hombres."

Mis notas:

Si esto es verdadero con respecto a Israel, mucho más lo será en lo que se refiere al Israel espiritual, al pueblo creyente de Dios. Cuando los santos son lo que deben ser, constituyen una verdadera bendición para aquellos que les rodean.

Son como el rocío, porque de una manera tranquila y reposada refrescan a todos los que están a su alrededor. Silenciosa, pero eficazmente, cumplen un ministerio en su favor y contribuyen al gozo y crecimiento de los que conviven con ellos. Recién venidos del cielo y reluciendo como diamantes al sol, los buenos se cuidan de los débiles y de los pequeños, de suerte que hasta una brizna de hierba tiene su gota de rocío. Son menudas individualmente, es cierto, pero, unidas, son suficientes para las obras que el Señor se propone realizar en ellas. Las gotas de rocío pueden regar campos inmensos. ¡Haznos, Señor, como el rocío!

Los hijos de Dios son como las lluvias, que vienen por mandato del cielo sin el consentimiento y la autorización del hombre. Trabajan por Dios, quiéranlo o no quieran los hombres; a nadie piden permiso, como no lo piden las lluvias. Señor, haznos intrépidos y libres en tu servicio dondequiera que sea echada nuestra suerte.

***La Biblia** en un año:*

- *Isaías 23 - 25*
- *Fil. 1*

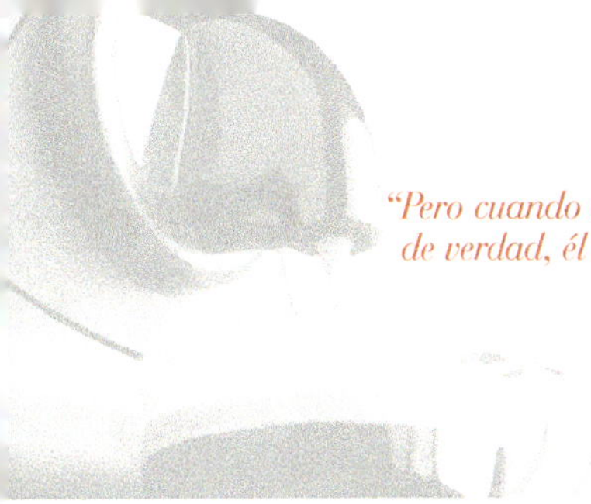

"Pero cuando venga el Espíritu de verdad, él os guiará a toda la verdad."

Juan 16:13

6 Octubre

Mis notas:

La verdad es como una profunda gruta en la que deseamos entrar, pero no podemos atravesarla solos. La entrada es clara y brillante; pero si quisiéramos entrar más adentro y explorar todos sus rincones, necesitaríamos un guía; de lo contrario nos perderíamos. El Espíritu Santo, que conoce perfectamente toda la verdad, es el guía señalado a todos los creyentes, y Él los conduce en la medida en que son capaces de ser conducidos, de una cámara a otra, para que vean las cosas profundas de Dios y para que les sean revelados sus secretos.

¡Qué promesa tan grande para un entendimiento humilde e investigador! Todos deseamos conocer la verdad y entrar en ella. Tenemos conciencia de que estamos sujetos a error, y sentimos la necesidad urgente de un guía. Nos regocijamos de que el Espíritu Santo haya venido y que more entre nosotros. Consiente en ser nuestro guía, y nosotros aceptamos complacidos su dirección. Deseamos saber «toda la verdad» para que no seamos parciales y desequilibrados. No quisiéramos ser voluntariamente ignorantes de ninguna parte de la revelación, no sea que por esta ignorancia perdamos una bendición y caigamos en el pecado. El Espíritu de Dios ha venido para guiarnos en toda verdad. Escuchemos con corazón obediente sus palabras y sigamos su dirección.

***La Biblia** en un año:*

- *Isaías 26 - 27*
- *Fil. 2*

7

Octubre

Marcos 16:7

"Él va delante de vosotros a Galilea; allí le veréis como os dijo."

Mis notas:

Allí donde convocó a sus discípulos, allí estaría Jesús a su tiempo. Jesús acude a la cita. Si promete encontrarnos ante el trono de la gracia, en el culto, en los sacramentos, podemos estar ciertos de que allí estará Él. Por culpa nuestra podemos ausentarnos del puesto que se nos ha señalado, pero Él nunca se ausenta. «Donde están, dice, dos o tres congregados en mi nombre, allí estoy en medio de ellos»; no dice: «allí estaré», sino «allí estoy».

Jesús siempre es el primero en acudir a la cita. «Él va antes que vosotros». Su corazón está con su pueblo; se goza con los suyos y nunca tarda en hacerse encontradizo. Siempre es Él quien se nos adelanta.

Pero, además, se revela a los que le siguen: «Allí le veréis». ¡Qué visión tan gozosa. Poco nos importa dejar de ver a los hombres más ilustres, pero si vemos a Él, estamos llenos de gozo y de paz. Y ciertamente le veremos porque Él promete venir a los que en Él creen, y manifestarse en ellos. Podéis estar seguros de que así será, porque siempre obra en conformidad con sus palabras: «Como os dijo». Tomad estas últimas palabras, y confiad en que hasta el fin Él hará con vosotros «como os dijo».

***La Biblia** en un año:*

- *Isaías 28 - 29*
- *Fil. 3*

"Nunca más te llamarán Desamparada."

Isaías 62:4

8 Octubre

Mis notas:

Desamparada es una palabra triste. Suena como cuando las campanas tocan a muerto. Es el recuerdo de las penas más amargas y el presagio de males espantosos. Un abismo de miseria se abre en esta palabra «desamparada». ¡Desamparado por quien empeñó su palabra! ¡Desamparado de un amigo probado y en quien hemos confiado! ¡Desamparado de un pariente querido! ¡Desamparado de un padre, de una madre! ¡Desamparado de todos! ¡Terrible desgracia! Y, sin embargo, puede ser tolerada con paciencia si el Señor nos acoge.

Pero ¿qué gran desastre no será verse desamparado de Dios? Piensa en aquel grito, el más amargo de todos: «Dios mío, Dios mío, ¿por qué me has desamparado?» ¿Hemos gustado jamás el ajenjo y la hiel de haber sido así desamparados? En tal caso, roguemos a nuestro Señor que no incurramos nuevamente en tan indecible angustia. ¡Que tal oscuridad no vuelva jamás! Alguien dijo en cierta ocasión a un siervo de Dios: «Dios lo ha dejado; perseguid y tomadle». Pero Dios hará que nuestros crueles enemigos se equivoquen o que guarden silencio.

Todo lo contrario es esta magnífica palabra «Hephzibah», «porque el amor de Jehová será en ti». Esto cambia el llanto en alegría. Los que creían estar desamparados, oigan lo que dice el Señor: «No te desampararé ni te dejaré».

***La Biblia** en un año:*

- *Isaías 30 - 31*
- *Fil. 4*

9
Octubre

Levítico 4:7

"Y el sacerdote pondrá de esa sangre sobre los cuernos del altar del incienso aromático, que está en el tabernáculo de reunión, delante de Jehová."

Mis notas:

El altar de los perfumes es el lugar donde presentan los santos sus oraciones y alabanzas; y nos place pensar que ha sido rociado con la sangre del gran sacrificio. Esto es lo que hace aceptable delante de Dios nuestro culto: ve la sangre de su Hijo, y, por tanto, acepta nuestros homenajes.

Fijemos nuestra mirada sobre la sangre de esta oblación única por el pecado. Este se mezcla aun en las cosas más santas, y nuestro arrepentimiento, nuestra fe y oración, nuestras acciones de gracias no serían agradables a Dios si no fuera por el valor del sacrificio expiatorio. Muchos hablan con desprecio de «la sangre»; mas para nosotros es el fundamento de todo consuelo y esperanza. Lo que está sobre los cuernos del altar debería estar delante de nuestros ojos cuando nos allegamos a Dios. La sangre nos da fuerzas para orar; por eso está sobre los cuernos del altar. Se halla «delante de Jehová», y por eso debe estar delante de nosotros. Está sobre el altar antes que traigamos el perfume. ¡Está allí para santificar nuestras ofrendas!

Venid, oremos con confianza, ya que la víctima es ofrecida; su mérito ha sido invocado la sangre está dentro del velo, y las oraciones de los creyentes tienen que ser agradables al Señor.

***La Biblia** en un año:*

- *Isaías 32 - 33*
- *Col. 1*

10 Octubre

"He puesto delante de ti una puerta abierta, la cual nadie puede cerrar."

Apoc. 3:8

Mis notas:

Los santos que permanecen fieles a la verdad de Dios tienen una puerta abierta delante de sí. Alma mía, tú estás decidida a vivir y morir por lo que el Señor ha revelado en su Palabra, y, por lo tanto, delante de ti hay una puerta abierta.

Entraré por la puerta abierta de la comunión con Dios. ¿Quién me la negará? Jesús ha borrado mis pecados y me ha revestido de su justicia; por eso puedo entrar libremente. Señor, así lo hago por tu gracia.

También tengo delante de mí una puerta abierta para entrar en los misterios de la Palabra; puedo entrar en las profundidades de Dios. La elección, la unión con Cristo, la segunda venida, todos estos misterios están delante de mí y en ellos puedo gozarme. Para mí no está cerrada ninguna promesa, ninguna doctrina.

Una puerta abierta está delante de mí en el servicio de la oración privada y en el servicio público. Dios me oirá: Dios se servirá de mí. Una puerta abierta está delante de mí para señalarme el camino a su Iglesia celestial, y para mi comunión diaria con los santos de la tierra. Algunos tal vez pretendan encerrarme o prohibirme la entrada; mas será en vano.

Pronto veré la puerta abierta en el cielo: la puerta de perlas será mi camino de entrada, y entraré a mi Señor y mi Rey, y estaré eternamente con Dios.

***La Biblia** en un año:*

- *Isaías 34 - 36*
- *Col. 2*

11 Octubre

Zacarías 10:12

"Y yo los fortaleceré en Jehová, y caminarán en su nombre, dice Jehová."

Mis notas:

Es este un motivo de consuelo para los creyentes enfermos. Se sienten débiles y temen que nunca jamás se levantarán del lecho de la duda y del temor; pero el gran Médico puede hacer desaparecer la enfermedad y alejar la debilidad que de ella se sigue. Esto lo llevará a cabo del mejor modo posible, porque será «en Jehová». Mucho mejor es que nuestra confianza esté en Dios que no en nosotros mismos. Si está en Dios, produce comunión; si en nosotros, orgullo. En nosotros sería limitada; en Dios no tiene límites.

Cuando se le da fortaleza, el creyente hace uso de ella. Camina en el nombre del Señor. ¡Qué gozo causa caminar después de una enfermedad! ¡Y qué consuelo confortarnos en el Señor después de una larga postración! El Señor permite caminar a su pueblo, y le ofrece oportunidad para el ejercicio de esa libertad. Él nos hace nobles: no somos esclavos que nunca pueden descansar, ni ver nada, sino libres para viajar cómodamente por todo el país de Enmanuel.

Ven, alma mía, cesa de estar enferma y triste. Jesús te manda que te esfuerces, y que andes con tu Dios en santa contemplación. Obedece su palabra de amor.

***La Biblia** en un año:*

- *Isaías 37 - 38*
- *Col. 3*

12 Octubre

"Y circuncidará Jehová tu Dios tu corazón, y el corazón de tu descendencia, para que ames a Jehová tu Dios con todo tu corazón, y con toda tu alma, a fin de que vivas."

Deut. 30:6

Mis notas:

Aquí nos habla el Señor de la verdadera circuncisión. Notad que dice: «Jehová tu Dios». Sólo Él puede obrar con eficacia en el corazón y quitar de él todo lo carnal y manchado. El que amemos a Dios con todo nuestro corazón y con toda nuestra alma es un milagro de la gracia que sólo el Espíritu Santo puede realizar. Para esto sólo hemos de mirar al Señor, y sólo esto ha de satisfacernos.

Notad dónde se hace esta circuncisión. No es en la carne, sino en el espíritu. Es la marca esencial de la Alianza de gracia. El amor de Dios es la señal indeleble de la simiente escogida; por medio de esta señal secreta, es confirmada en el creyente la elección de la gracia. Miremos que nuestra confianza no esté cifrada en ningún rito externo, sino que seamos sellados en el corazón por la operación del Espíritu Santo.

Notad, finalmente, el resultado: «a fin de que tú vivas». La intención de la carne es muerte. Venciendo a la carne, tenemos vida y paz. Si andamos en el Espíritu, viviremos. Quiera el Señor Dios nuestro cumplir en nosotros su palabra para que, en el sentido más perfecto y más elevado, podamos vivir para el Señor!

***La Biblia** en un año:*

- *Isaías 39 - 40*
- *Col. 4*

13

Octubre

2 Crónicas 7:14

"Si se humillare mi pueblo, sobre el cual mi nombre es invocado, y oraren, y buscaren mi rostro, y se convirtieren de sus malos caminos, entonces yo oiré desde los cielos, y perdonaré sus pecados, y sanaré su tierra."

Mis notas:

Aunque llamados con el nombre de Jehová, no por eso estamos menos sujetos a descarriarnos. ¡Cuán bueno es que nuestro Dios esté tan propicio a perdonar! Si hemos pecado, acudamos al trono de su gracia para pedir perdón.

Debemos humillarnos. ¿Por qué no ser humildes después de habernos manifestado tanto amor? ¡Oh, Señor, nos inclinamos hasta el polvo en tu presencia y confesamos nuestra negra ingratitud. ¡Cuánta infamia hay en el pecado! ¡Infamia siete veces peor en los que, como nosotros, han sido favorecidos!

Debemos pedir misericordia para ser limpios y redimidos del poder del pecado. ¡Oh, Señor, escúchanos y no cierres tus oídos a nuestro clamor!

En esta oración debemos buscar el rostro del Señor. Él nos ha dejado a causa de nuestras culpas, y hemos de rogarle que vuelva. ¡Oh, Señor, míranos en la persona de tu Hijo Jesús, y sé propicio a tus siervos!

Todo esto debe ir acompañado del propósito de apartarnos del mal. Dios no puede volver hacia nosotros si no dejamos el pecado.

De este modo tenemos la triple promesa de que nos oirá, perdonará y sanará. Padre nuestro, concédenos estas cosas en este momento, por el amor de nuestro Señor Jesucristo.

***La Biblia** en un año:*

- *Isaías 41 - 42*
- *1 Tes. 1*

"A cualquiera, pues, que me confiese delante de los hombres, yo también le confesaré delante de mi Padre, que está en los cielos."

Mateo 10:32

14 Octubre

Mis notas:

¡Preciosa promesa! Es para mí un gozo confesar a mi Señor. Cualesquiera que sean mis culpas, no me avergüenzo de Jesús, ni temo confesar la doctrina de la Cruz. ¡Oh, Señor, no he ocultado tu justicia en mi corazón!

¡Cuán hermosa la perspectiva que este texto descubre ante mis ojos! Los amigos nos dejan y los enemigos triunfan; pero el Señor no negará a su siervo. Mi Señor me reconocerá aun aquí, y me dará nuevas señales de su misericordia. Día vendrá en que estaré delante del Padre. ¡Qué gozo pensar que Jesús me confesará entonces! Él dirá: «Éste verdaderamente confió en mí, y estaba pronto a ser vituperado por amor de mi nombre; por lo tanto, le reconozco como uno». Un hombre fue nombrado caballero y la reina le entregó la insignia adornada con piedras preciosas. Pero, ¿qué valor tiene todo esto? Será una honra sobre toda honra que el Señor Jesús nos confiese ante la divina Majestad en los cielos. Nunca tenga yo vergüenza de confesar a mi Señor; nunca guarde yo un silencio culpable, no adquiera un compromiso complaciente. ¿Me avergonzaré de confesar a quien ha prometido reconocerme?

***La Biblia** en un año:*

- *Isaías 43 - 44*
- *1 Tes. 2*

15 Octubre

Juan 6:57

Mis notas:

Vivimos por la virtud de nuestra unión con el Hijo de Dios. Como Dios_hombre y Mediador, Jesús vive por el Padre que le envió, de la misma manera que nosotros vivimos por el Salvador que nos ha vivificado. Quien nos ha dado la vida, también la conserva. La vida se sustenta por el alimento. Debemos sustentar nuestra vida espiritual con alimento espiritual; ese alimento es Jesús. Y no es tan sólo su vida, muerte, sus obras y palabras, sino Él mismo que emprende todo esto. Nos nutrimos de Jesús mismo.

Esto tiene lugar para nosotros no sólo cuando participamos de la Cena del Señor, sino también cuando meditamos en Él, creemos en Él con fe viva, le recibimos con amor, y asimilamos su persona por el poder de la vida interior. Sabemos qué cosa sea alimentarnos de Jesús, mas no podemos explicarlo. Lo mejor es ponerlo cada día más en práctica. Nos manda que comamos en abundancia, y para nosotros será infinitamente provechoso hacerlo así por cuanto Jesús es nuestra comida y nuestra bebida.

Señor, te doy gracias porque esto que es necesidad de mi nueva vida, es también mi mayor delicia. Así, ahora, me alimento de ti.

***La Biblia** en un año:*

- *Isaías 45 - 46*
- *1 Tes. 3*

Juan 14:19

16 Octubre

Mis notas:

La vida de los creyentes es tan segura como la del mismo Jesús. Con la misma seguridad en que vive la cabeza, vivirán los miembros. Si Jesús no ha resucitado de los muertos, estamos muertos en nuestros delitos, mas porque ha resucitado, los creyentes han resucitado también en Él. Su muerte ha borrado todas nuestras rebeliones y desatado los lazos que nos tenían sujetos a la sentencia de muerte. Su resurrección prueba nuestra justificación: hemos sido absueltos, y el Señor nos dice: «Jehová ha redimido tu pecado: no morirás».

Jesús hace que la vida de los suyos sea tan eterna como la suya. ¿Cómo pueden morir mientras Él vive, siendo una sola cosa con Él? Jesús ya no muere, y la muerte no tiene dominio alguno sobre su persona, por eso sus hijos ya no volverán al sepulcro de sus viejos pecados, sino que vivirán para el Señor en novedad de vida. ¡Oh, creyente!, cuando te halles en gran tentación y temas caer en manos de tus enemigos, consuélate con estas palabras. Nunca perderás la vida espiritual porque está escondida con Cristo en Dios. No dudas de la inmortalidad del Señor; por tanto, no pienses que te dejará morir estando como estás unido con Él. La razón de tu vida es su vida, de la cual no debes temer. Descansa, pues, en tu Señor viviente.

La Biblia *en un año:*

- *Isaías 47 - 49*
- *1 Tes. 4*

17 Octubre

Prov. 13:13

"El que teme el mandamiento, será recompensado."

Mis notas:

El temor respetuoso de la Palabra de Dios es en gran manera despreciado. Piensan los hombres ser más sabios que la Palabra de Dios y la juzgan. «Pero yo no hice así, a causa del temor de Dios». Aceptamos el libro divino como infalible y demostramos nuestra estimación con nuestra obediencia. Nuestro temor a la Palabra es un temor filial. No nos espantan sus castigos porque tememos sus mandamientos.

Este santo temor de los mandamientos nos da el reposo de la humildad que es más dulce que el atrevimiento del orgullo. Viene a ser para nosotros como un guía de nuestros pasos, un freno cuando descendemos y un estímulo cuando subimos. Guardados del mal y guiados en justicia por la obediencia a sus preceptos, obtenemos tranquilidad de conciencia, la liberación del temor y la seguridad de ser gratos a Dios; en una palabra, el cielo en la tierra. Los impíos pueden ridiculizar nuestro profundo respeto por la Palabra de Dios, pero ¿qué importa? El premio de nuestra soberana vocación es para nosotros un gran consuelo y la recompensa de nuestra obediencia nos hace desdeñar los menosprecios de los burladores.

***La Biblia** en un año:*

- *Isaías 50 - 52*
- *1 Tes. 5*

"Los que sembraron con lágrimas, con regocijo segarán."

Salmos 126:5

18 Octubre

Mis notas:

Las estaciones de lluvia son propicias para la siembra; un sol excesivo la endurece demasiado. El grano mojado con las lágrimas de una sincera solicitud brotará más pujante. Las lágrimas saladas de la oración darán sabor al grano bueno y lo preservarán del gusano. La verdad hablada con sincera solemnidad tiene doble vida. Por consiguiente, en lugar de interrumpir nuestra siembra a causa de nuestras penas, redoblemos nuestros esfuerzos, porque éste es el tiempo propicio.

Nuestra semilla celestial no puede ser sembrada con risas. La tristeza y ansiedad acerca de las almas de los demás son un acompañamiento de la enseñanza sagrada más provechoso que si se dice con ligereza. Hemos oído hablar de hombres que salieron gozosos a la guerra, pero fueron vencidos; en general, así sucede con los que siembran de esta manera.

Ven, alma mía, siembra con lágrimas porque tendrás una cosecha de gozo: pronto segarás. Tú mismo verás el resultado de tu trabajo. La medida en que recogerás será tan abundante que desbordará tu alegría y te resarcirás de una cosecha pobre y mezquina. Cuando tus ojos están tristes y llenos de lágrimas, piensa en el trigo dorado. Soporta gozoso el trabajo y los contratiempos, porque la recompensa será grande.

***La Biblia** en un año:*

- *Isaías 53 - 55*
- *2Tes. 1*

19
Octubre

Jeremías 30:11

"Te castigaré con justicia."

Mis notas:

Si nunca fuéramos castigados, sería mala señal. Por parte de Dios significaría: «es dado a ídolos; déjalo». Quiera el Señor que nunca sea nuestra herencia. Una prosperidad continua debe hacernos temblar. Aquellos a quienes Dios ama tiernamente, los reprende y castiga; a los que no ama les deja engordar como bueyes destinados al matadero. Dios castiga a sus hijos únicamente por amor.

Sin embargo, nota que la corrección es con medida: Dios da su amor sin tasa, pero el castigo con medida. El israelita, bajo la ley, no podía recibir más de cuarenta azotes menos uno lo cual obligaba a contar con exactitud y a limitar el sufrimiento. Así sucede con cada miembro afligido del pueblo de la fe: cada azote está contado. Nuestro castigo se ajusta a la medida de la sabiduría, de la simpatía y del amor. Lejos de nosotros toda idea de revelarnos contra los divinos secretos. Señor, si Tú estás a mi lado para contar las gotas amargas de la copa de mi dolor, a mí me toca tomarla de tu mano con alegría, y beberla según tu mandato, diciendo: «Sea hecha tu voluntad».

La Biblia *en un año:*

- *Isaías 56 - 58*
- *2Tes. 2*

"El salvará a su pueblo de sus pecados."

Mateo 1:21

20 Octubre

Mis notas:

¡Señor, sálvame de mis pecados! Tu nombre Jesús, me da confianza para orar. Sálvame de mis pecados pasados para que no me tenga cautivo el hábito de cometerlos. Sálvame de los pecados de mi naturaleza para que no sea esclavo de mi propia flaqueza. Sálvame de los pecados que siempre tengo delante de mi vista para que me inspiren el horror de cometerlos. Sálvame de mis pecados ocultos, de los cuales no me doy cuenta a causa de mi poca luz. Sálvame de mis pecados repentinos para que no resbale ante el ímpetu de la tentación. Sálvame, Señor, de todo pecado, y que ninguna iniquidad se enseñoree de mí.

Tú sólo puedes hacerlo. No puedo romper mis propias cadenas, ni vencer a mis enemigos. Tú sabes qué cosa sea la tentación, porque fuiste tentado; sabes lo que es el pecado porque llevaste su peso; sabes cómo socorrerme en la hora de mi conflicto. Puedes salvarme de pecar y puedes salvarme cuando he pecado. Tu mismo nombre encierra la promesa de que así lo harás, y te ruego que cumplas hoy en mí esta profecía. No permitas que ceda yo al malhumor, al orgullo, al desaliento o a cualquiera otra clase de pecado; sálvame en santidad de vida para que en mí sea abundantemente santificado el nombre de Jesús.

***La Biblia** en un año:*

- *Isaías 59 - 61*
- *2Tes. 3*

21
Octubre

Isaías 60:22

"El pequeño vendrá a ser mil, el menor, un pueblo fuerte."

Mis notas:

Las obras dedicadas al Señor comienzan muchas veces por poca cosa, y no por eso tienen menos valor. La debilidad educa la fe acerca de las cosas de Dios y glorifica su nombre. El grano de mostaza es la más pequeña de todas las semillas, y, sin embargo, se hace un gran árbol y vienen las aves del cielo y en él hacen sus nidos. Comencemos con uno, «el más pequeño», y con todo «será por mil». El Señor se muestra grande en el día de la multiplicación. ¡Cuántas veces decía a su siervo: «te multiplicaré»! Confiad en el Señor los que sois pocos, porque Él estará en medio de vosotros si estáis congregados en su nombre.

«El menor». ¡Quién más miserable a los ojos de aquellos que miran sólo al nombre y a la grandeza! Sin embargo, este es el núcleo de un pueblo grande. Al anochecer, brilla primero una estrella, pero pronto aparece el cielo tachonado de innumerables luceros.

Y no pensemos que esta promesa de crecimiento está todavía lejana, dice el Señor: «Yo Jehová, a su tiempo haré que todo esto sea presto». No habrá precipitación prematura como a veces lo vemos en reuniones sensacionales; será a su tiempo, sin embargo, no habrá tardanza. Cuando el Señor se apresura, su prontitud es gloriosa.

***La Biblia** en un año:*

- *Isaías 62 - 64*
- *1 Tim. 1*

22 Octubre

"Porque tú, Jehová Dios, lo has dicho, y con tu bendición será bendita la casa de tu siervo para siempre."

2 Samuel 7:29

Mis notas:

David se apoya en esta promesa y nos da una doble lección. Todo cuanto Dios ha dicho es verdadero y podemos servirnos de sus declaraciones para presentarlas delante de su trono. ¡Cuán bueno es poder citar a Dios sus propias palabras, y cuán precioso servirse de esta razón: «pues que», como lo hace David en este versículo!

Oramos no porque dudemos, sino porque creemos. Orar sin fe es indigno de los hijos de Dios. Señor, no podemos dudar de ti: estamos persuadidos de que toda palabra tuya es un fundamento firme que alienta nuestras más atrevidas esperanzas. A ti recurrimos diciendo: «Haz conforme has dicho». Bendice la casa de tus siervos; sana a nuestros enfermos, salva a los indecisos; atrae a los perdidos; confirma a los que viven en temor. Señor, danos alimento y vestido según tu palabra. Prospera nuestros esfuerzos, sobre todo los que van dirigidos a la extensión de tu Evangelio en nuestra vecindad. Haz que nuestros sirvientes sean hijos tuyos, y nuestros hijos tus hijos. Que tu bendición descienda sobre las generaciones venideras, y que, mientras vivan nuestros descendientes, te permanezcan fieles. ¡Oh, Señor, Dios nuestro, «con tu bendición será bendita la casa de tu siervo para siempre».

***La Biblia** en un año:*

- *Isaías 65 - 66*
- *1Tim. 2*

23
Octubre

Salmos 97:11

"Luz está sembrada para el justo, y alegría para los rectos de corazón."

Mis notas:

Muchas veces la rectitud cuesta muy cara a los que la siguen en todo momento; pero a la larga, acaba por ser remuneradora y produce inmensos beneficios. Una vida santa es como la semilla: queda en apariencia enterrada y destruida y nunca podrá ser recuperada. Nos equivocamos si esperamos una cosecha inmediata; el error es muy natural, porque parece imposible enterrar la luz. Sin embargo, la luz «está sembrada» según reza el versículo. Está oculta; nadie la puede ver; pero está sembrada y no dudamos de que un día se manifestará.

Tenemos la completa seguridad de que el Señor ha preparado una cosecha para los sembradores de luz, y que cada uno la recogerá por si mísmo. Entonces se alegrarán. Por cada grano de luz se recogerán gavillas. Sus corazones serán rectos delante del Señor, aunque los hombres no les dieran crédito y les censuraran. Eran justos, aunque los que les rodeaban los juzgaran severos. Debían esperar, como esperan los labradores el precioso fruto de su siembra. La luz estaba preparada a su favor por el Señor de la mies.

¡Ánimo, hermanos! No tengamos prisa. Poseamos con paciencia nuestras almas, porque pronto éstas se hallarán en posesión de la luz y de la alegría.

***La Biblia** en un año:*

- *Jer. 1 - 2*
- *1Tim. 3*

"Y te pondré en este pueblo por muro fortificado de bronce, y pelearán contra ti, y no te vencerán: porque yo estoy contigo para guardarte y para defenderte, dice Jehová."

Jeremías 15:20

24 Octubre

Mis notas:

La constancia en el temor de Dios y la fe en Él hace al hombre semejante a un muro de acero que nadie será capaz de derribar. Sólo Dios puede crear tales hombres: pero los necesitamos en la Iglesia y en el mundo, pero sobre todo en el púlpito.

En este siglo engañoso, serán combatidos los hombres de verdad con dientes y con uñas, por sus enemigos. Nada hay que moleste tanto a Satanás y a sus secuaces como la resolución. Atacarán la firmeza del hombre resuelto, como los asirios atacaban las murallas de una plaza fuerte. Por fortuna, nunca prevalecerán contra aquellos a quienes Dios ha revestido de su fortaleza. Algunos, llevados de acá para allá por cualquier viento de doctrina, son barridos por el más ligero viento; pero los que siguen la doctrina de la gracia, porque poseen la gracia de la doctrina, se mantienen como la roca en medio de las olas encrespadas.

¿De dónde viene esa fuerza? «Yo estoy contigo, dice Jehová»: aquí está la respuesta. Jehová salvará a las almas de los fieles de las asechanzas del enemigo. Numerosos ejércitos nos asedian, mas el Señor de los ejércitos está a nuestro lado. No podemos ceder ni siquiera una pulgada, porque el Señor nos mantiene en nuestro puesto y en él permaneceremos para siempre.

***La Biblia** en un año:*

- *Jer. 3 - 5*
- *1Tim. 4*

25 Octubre

Mateo 6:33

"Mas buscad primeramente el reino de Dios y su justicia, y todas estas cosas os serán añadidas."

Mis notas:

La Biblia comienza con estas palabras. «En el principio... Dios». Que tu vida empiece del mismo modo. Busca primeramente con toda tu alma el reino de Dios, como vuestro lugar de ciudadanía, y su justicia como la característica de tu vida. Lo demás te será dado por el Señor mismo, sin que tengas que preocuparte de ello. Todas las cosas que te sean necesarias para esta vida y para la piedad «os serán añadidas».

¡Qué promesa! Dios se encarga de proporcionarte alimento, vestido, casa, todo lo que necesites, mientras lo busques. Si miras por sus negocios, Él se ocupará de los tuyos. Cuando compres alguna mercancía, se os dará también papel y bramante. Del mismo modo, cuando buscamos las cosas del reino de Dios, recibiremos además otros dones de la tierra. Quien hereda la salvación, no morirá de hambre, y el que viste su alma con la justicia de Dios, no quedará desnudo por parte del Señor. ¡Apartemos toda ansiedad inquietante! Pon todo tu empeño en buscar al Señor. La codicia es pobreza, y la ansiedad, miseria: la fe en Dios es una fortuna, y la semejanza con Dios, una herencia celestial. Señor, te busco; haz que seas hallado de mí.

***La Biblia** en un año:*

- *Jer. 6 - 8*
- *1 Tim. 5*

"Por causa de los escogidos, aquellos días serán acortados."

Mateo 24:22

26 Octubre

Mis notas:

Por amor a sus escogidos, el Señor suspende muchos juicios y acorta otros. El mundo será devorado por el fuego espantoso de tribulaciones, si no fuera porque el Señor apaga la llama a causa de sus escogidos. Así, mientras los salva, preserva también a la humanidad por amor a los suyos.

¡Qué honor para los santos! ¡Con cuánta diligencia deberían usar su influencia cerca del Señor! Él oirá sus oraciones en favor de los pecadores y bendecirá cuantos esfuerzos se hagan por su salvación. Él bendice a los creyentes, para que éstos sean una bendición a los que todavía no creen. Muchos pecadores viven a causa de las súplicas de sus madres, esposas e hijas, a las cuales ama el Señor.

¿Hemos hecho uso de este poder maravilloso que el Señor nos ha confiado? ¿Oramos por nuestra patria, por otros pueblos, por el mundo? En tiempos de guerra, hambre o pestilencia, ¿somos intercesores cerca de Dios, para que los días de prueba sean acortados? ¿Lloramos ante el Señor y a causa del desencadenamiento de la incredulidad, del error y la disolución? ¿Pedimos a Dios que acorte el reino del pecado y que apresure su venida gloriosa? Arrodillémonos, y no cesemos de orar hasta la venida de Cristo.

***La Biblia** en un año:*

- *Jer. 9 - 11*
- *1Tim. 6*

27 Octubre

Apoc. 22:3-4

"Sus siervos le servirán."

Mis notas:

Tres bendiciones preciosas serán nuestro lote en la mansión de la gloria.

Sus siervos le servirán. Ningún otro señor nos oprimirá, ni ningún otro trabajo nos afligirá. Serviremos a Jesús perfectamente, sin cansancio y sin error. El cielo para los santos consiste en esto: servir a Cristo en todas las cosas, Y ser reconocido por Él como su siervo será nuestra más grande ambición por toda la eternidad.

Y verán su cara. Esto hace que nuestro servicio le sea agradable: en verdad es la recompensa de este servicio. Conoceremos al Señor, al que veremos tal cual es. El favor más grande que un siervo fiel puede pedir al Señor es ver el rostro de Jesús. ¿Qué más pudo pedir Moisés que esto: «Muéstrame tu rostro?»

Y su nombre estará en sus frentes. Contemplan a su Señor hasta que su nombre quede retratado en sus frentes. Son reconocidos por Él, y ellos le reconocen. La señal secreta de la gracia interior se hace poco a poco visible en el rostro de aquel que vive en intima comunión con Cristo.

¡Oh, Señor, concédenos estas tres cosas en la tierra a fin de que las poseamos en toda su plenitud en tu mansión de gloria!

***La Biblia** en un año:*

- *Jer. 12 - 14*
- *2Tim. 1*

"Y les será perdonado, porque yerro es."

Números 15:25

28 Octubre

Mis notas:

Nuestra ignorancia nos hace incurrir en muchos pecados por error. Y ciertamente nuestros pecados, tanto de comisión como de omisión, son muchos. Con sinceridad podemos creer que servimos a Dios haciendo cosas que ni Él nos mandó, ni puede aceptar.

El Señor conoce cada uno de los pecados de ignorancia. Y en ello habría motivos de alarma, porque en justicia podría pedirnos cuenta de estos pecados; mas, por otra parte, la fe nos dice que el Señor se cuidará de borrar todas estas culpas que nos han pasado inadvertidas. Ve el pecado para cesar de verlo echándolo sobre sus espaldas.

Nuestro gran consuelo proviene de que Jesús, verdadero sacerdote, ha hecho expiación por toda la congregación de los hijos de Israel. Esa expiación nos asegura del perdón de los pecados desconocidos. Su sangre preciosa nos limpia de todo pecado. Que nuestros ojos lo hayan visto para llorarlo, o no, Dios ciertamente lo ha visto, Cristo lo ha expiado y el Espíritu da testimonio de su perdón; y por estas tres razones tenemos paz.

¡Oh, Padre mío! Alabo tu conocimiento divino, que no sólo ve mis iniquidades, sino que provee de una expiación que me libra de su culpa, aun antes de que yo sepa que soy culpable.

***La Biblia** en un año:*

- *Jer. 15 - 17*
- *2Tim. 2*

29 Octubre

Éxodo 8:23

"Y yo pondré redención entre mi pueblo y el tuyo."

Mis notas:

Faraón tiene un pueblo y el Señor tiene también el suyo. Ambos pueden vivir juntos y hasta parece que se hallan en la misma situación; sin embargo, existe entre ellos una gran diferencia que el Señor pondrá de manifiesto. Un mismo acontecimiento no será lo mismo para uno que para otro, sino que habrá gran diferencia entre el pueblo elegido de Dios y los hijos de este siglo.

Esto puede acaecer en tiempo de juicio, cuando el Señor viene a ser santuario de su pueblo. Se ve muy claro en la conversión del creyente, cuando es borrado su pecado, y los incrédulos se hallan en condenación. Desde ese momento, son una raza distinta, viven bajo distinta disciplina y gozan de nuevas bendiciones. En adelante sus casas se ven libres de ese enjambre de males que contaminan y atormentan a los egipcios. Son preservados de la contaminación de la carne, de la concupiscencia, de las mordeduras de la inquietud y del tormento del odio que devora a tantas familias.

Ten por cierto, creyente probado, que aunque padezcas aflicciones, estás libre de nubes de males que infestan las casas y los corazones de los siervos del Príncipe de este mundo. El Señor ha puesto una división: procura guardarla en el espíritu, en tus aspiraciones, en tu carácter y en tus relaciones.

***La Biblia** en un año:*

- *Jer. 18 - 19*
- *2Tim. 3*

30 Octubre

"Esparciré sobre vosotros agua limpia, y seréis limpiados de todas vuestras inmundicias; y de todos vuestros ídolos, os limpiaré."

Ezeq. 36:25

Mis notas:

¡Qué gran motivo de alegría es éste! Él, que nos ha purificado con la sangre de Cristo, nos limpiará también con agua por el Espíritu Santo. Dios lo ha dicho, y así lo hará: «Seréis limpiados». Señor, sentimos y deploramos nuestra inmundicia, y nos consuela saber de tu misma boca que seremos limpiados. ¡Apresúrate a hacerlo!

Él nos librará de nuestros más graves pecados. La incredulidad y los deseos de la carne que batallan contra el alma, los mezquinos pensamientos del orgullo y las instigaciones de Satanás a que blasfememos de su santo nombre..., todos estos pecados serán limpiados y no reaparecerán jamás.

También nos limpiará de nuestros ídolos, sean de oro o de barro: nuestro amor impuro y nuestro excesivo amor a lo que en sí es puro. Lo que hemos adorado como ídolo será quebrantado en nosotros, o bien nosotros nos separaremos de Él.

Dios nos anuncia lo que Él mismo hará. Por lo tanto, su palabra es cierta y firme, y podemos confiadamente esperar lo que se nos asegura. La purificación es una gracia del pacto, y éste es ordenado en todas las cosas, y será guardado.

***La Biblia** en un año:*

- *Jer. 20 - 21*
- *2Tim. 4*

31
Octubre

Salmos 118:17

"No moriré, sino que viviré, y contaré las obras de Jah."

Mis notas:

¡Cuán perfecta es esta confianza! Sin duda estaba fundada sobre una promesa susurrada al corazón del Salmista, de la cual tomó posesión y en la que se gozó. ¿Es mi caso parecido al de David? ¿Estoy desalentado porque el enemigo triunfa de mí? ¿Son muchos en contra mía y pocos en mi favor? ¿La incredulidad me abate, de suerte que me encuentre perdido, vencido y desesperado? ¿Han comenzado mis enemigos a cavar mi fosa?

¿Qué hacer? ¿Cederé a los murmullos del temor, abandonaré la batalla, y con ello toda esperanza? No. Aún tengo vida: «No moriré». Renacerá mi vigor y desaparecerá mi flaqueza: «Viviré». El Señor vive; yo también viviré. Mi boca se abrirá de nuevo: «Contaré las obras de Jehová». Sí, y hablaré de la presente prueba como un nuevo ejemplo de las maravillas que en mí realzan la fidelidad y el amor de mi Señor. Quienes arden en ansias de enterrarme, deben esperar un poco; porque «castigóme gravemente Jah, mas no me entregó a la muerte». ¡Gloria sea dada eternamente a su nombre! Soy inmortal hasta que haya terminado mi trabajo. Hasta que el Señor lo mande, ningún sepulcro puede encerrarme.

***La Biblia** en un año:*

- *Jer. 22 - 23*
- *Tito 1*

"Fiel es el que os ha llama, el cual también lo hará."

1 Tesalon. 5:24

1 Noviembre

Mis notas:

¿Qué hará? Nos santificará en todo. Examinad el versículo anterior. El Señor continuará su obra de purificación hasta que seamos perfectos. Para «que vuestro espíritu y alma y cuerpo sea guardado entero sin reprensión para la venida de nuestro Señor Jesucristo». No permitirá que abandonemos su gracia, ni que caigamos bajo el dominio del pecado. ¡Cuán inmensos son estos favores! Bien podemos adorar al dador de dones tan inefables.

¿Quién hará esto? El Señor que nos ha llamado de las tinieblas a su luz admirable, de la muerte del pecado a la vida eterna en Cristo Jesús. Sólo Él puede venir del Dios de toda gracia.

¿Por qué lo hará? ¡Porque «es fiel»! Fiel a su promesa de salvar al creyente; fiel a su Hijo, cuya recompensa es que su pueblo sea presentado sin mancha delante de Él; fiel a su obra que ha comenzado en nosotros, por un llamamiento eficaz. Los santos pueden confiar no en su propia fidelidad, sino en la fidelidad de Su Señor.

¡Ven, alma mía! Puedes empezar un mes oscuro con un gran banquete. Afuera puede haber tinieblas; pero dentro debe resplandecer la luz del sol.

***La Biblia** en un año:*

- *Jer. 24 - 26*
- *Tito 2*

2 Noviembre

Salmos 84:11

"No quitará el bien a los que andan en integridad."

Mis notas:

El Señor puede rehusarnos muchas cosas agradables, pero nunca nos quitará «el bien». Él sabe lo que nos conviene. Algunas cosas son buenas indudablemente, y éstas, con sólo pedirlas a nuestro Señor Jesucristo, las obtendremos.

La santidad es buena, y Dios nos la dará gratuitamente. Con gusto nos concederá la victoria sobre nuestras malas inclinaciones, sobre nuestro carácter y los malos hábitos. Debemos quedar satisfechos de haberla obtenido.

El nos dará, además, la seguridad completa, la comunión íntima con Él, el conocimiento de toda la verdad, y la confianza que prevalece ante su trono de gracia. Si no poseemos estos dones, es porque nos falta la fe para recibirlos, no porque Dios sea tacaño en dárnoslos. Una calma, un estado de serenidad, mucha paciencia y amor ferviente, todo eso nos lo dará si diligentemente lo buscamos.

Empero hemos de andar «en integridad». En nuestra conducta no ha de haber propósitos contradictorios, ni caminos torcidos, ni hipocresía, ni engaño. Si no procedemos rectamente, Dios no puede favorecernos, porque eso sería premiar el pecado. El camino de la integridad es el camino de las riquezas del cielo, tan grandes que incluyen todo bien.

¡Magnífica promesa que hemos de invocar en la oración! Doblemos nuestras rodillas, y oremos.

***La Biblia** en un año:*

- *Jer. 27 - 29*
- *Tito 3*

"Aunque la visión tardará aún por un tiempo, mas se apresura hacia el fin, y no mentirá; aunque tardare, espéralo, porque sin duda vendrá; no tardará."

Habacuc 2:3

3 Noviembre

Mis notas:

Tal vez parezca que tarda la misericordia de Dios; sin embargo, es cierta. En su sabiduría divina, el Señor ha fijado un tiempo para la manifestación de su poder, y su hora es la mejor. Nosotros tenemos prisa; la vista de una bendición estimula nuestro deseo y aviva nuestro anhelo. Pero el Señor vendrá a su tiempo. Nunca llega antes de hora, pero tampoco después.

La promesa de Dios se nos presenta aquí como una cosa viva y real. Su palabra no es letra muerta, como algunas veces nos sentimos tentados a creer, cuando tarda su cumplimiento. La palabra viva viene del Dios vivo, y aunque parezca tardar, sin embargo, no es así: No llega con retraso. Tengamos paciencia y pronto veremos la fidelidad del Señor. Ninguna promesa suya se perderá en el silencio; «al fin hablará» . ¡Qué palabras tan consoladoras dirá al oído del creyente! Ninguna promesa suya deberá ser renovada como una letra que no ha sido pagada a su debido tiempo: «No tardará».

Ven, alma mía, ¿no puedes esperar a tu Dios? Descansa en Él y permanece tranquila con inefable calma.

***La Biblia** en un año:*

- *Jer. 30 - 31*
- *Fil.*

4 Noviembre

2 Reyes 3:16-17

"Quien dijo: Así ha dicho Jehová: Haced en este valle muchos estanques."

Mis notas:

Tres ejércitos hubieran perecido de sed sin la intervención del Eterno. Sin haber enviado ni nube, ni lluvia, les dio agua en abundancia. Dios no depende de medios ordinarios y puede sorprender a su pueblo con novedades que testimonian su sabiduría y su poder. De este modo reconocemos la mano de Dios mejor de lo que nos revelaría el curso normal de los acontecimientos. Si no se manifiesta a nosotros del modo que esperamos o deseamos o suponemos, con todo, de una forma u otra proveerá. Es una bendición poder mirar por encima de las causas segundas, de suerte que podamos contemplar la faz del Autor de todo.

¿Tenemos hoy gracia suficiente para hacer acequias por las cuales pueda correr la bendición de Dios? ¡Ay!, muy a menudo faltamos al no demostrar en nuestros actos una fe verdadera y práctica. Esperemos hoy la respuesta a nuestras oraciones. Obremos como aquella niña que fue al culto en que debía orarse para pedir lluvia y llevó su paraguas. Esperemos verdadera y prácticamente que el Señor nos bendiga. Hagamos muchas acequias en el valle y confiemos verlas llenas.

La Biblia *en un año:*

- *Jer. 32 - 33*
- *Hebreos 1*

5 Noviembre

"Porque no contenderé para siempre, ni para siempre me enojaré; pues decaería ante mí el espíritu, y las almas que yo he criado."

Isaías 57:16

Mis notas:

Nuestro Padre celestial no busca nuestra destrucción, sino nuestra instrucción. Si contiende con nosotros, es con un propósito bienhechor hacia nosotros. No estará para siempre en contra nuestra. Creemos que el Señor prolonga sus castigos porque tenemos poca paciencia. Para siempre es su misericordia, pero no su ira. La noche puede ser larga y pesada, pero al fin amanece un día alegre de sol. El enojo dura un poco de tiempo, y lo mismo sucede con la causa que lo produce. El Señor ama mucho a sus escogidos para no estar siempre enojado con ellos.

Si siempre nos tratara como algunas veces lo hace, desmayaríamos del todo y descenderíamos sin esperanza a las puertas del sepulcro. ¡Ánimo, hermano! Soporta la prueba, que el Señor te sostendrá. El que te sacó de la nada sabe cuán débil eres y cuán escasas son tus fuerzas. Él tratará con ternura lo que ha formado con tanta delicadeza. Por lo tanto, no temas el sufrimiento presente que conduce a un futuro gozoso. El que te hirió te sanará; su breve enojo será seguido de grandes misericordias.

***La Biblia** en un año:*

- *Jer. 34 - 36*
- *Hebreos 2*

6 Noviembre

Salmos 37:4

"Deléitate asimismo en Jehová, y él te concederá las peticiones de tu corazón."

Mis notas:

El cifrar nuestro contentamiento en Dios tiene por efecto transformarnos y levantarnos por encima de los deseos carnales de nuestra naturaleza caída. La delicia de Jehová no sólo es dulce en sí misma, sino que endulza de tal modo nuestra alma que puede estar segura de que Dios puede cumplir todas sus aspiraciones. ¿No es, en verdad, una delicia saber que nuestros deseos pueden amoldarse a los deseos de Dios?

Nuestra manera insensata de proceder es desear primero y trabajar después para conseguir lo que deseamos. Tal conducta no se ajusta a la voluntad de Dios, que consiste en buscarle primeramente y en esperar después todas aquellas cosas que nos serán añadidas. Si nuestro corazón está lleno de Dios hasta rebosar de gozo, el Señor se cuidará de que nada nos falte. En lugar de ir en busca de alegrías exteriores, quedémonos con Dios y tomemos las aguas de nuestra propia fuente. Él puede hacer por nosotros mucho más de lo que pueden hacer nuestros amigos. Es mejor contentarse únicamente con Dios que entristecerse con el deseo de las bagatelas del mundo. Por algún tiempo podemos sufrir contrariedades; pero si éstas sirven para acercarnos más al Señor, deberían ser tenidas en gran aprecio, porque al fin nos asegurarán el cumplimiento de todos nuestros deseos.

***La Biblia** en un año:*

- *Jer. 37 - 39*
- *Hebreos 3*

"El que se humilla será ensalzado."

Lucas 18:14

7 Noviembre

Cosa fácil debería ser para nosotros humillarnos, porque ¿de qué podemos vanagloriarnos? Deberíamos ocupar el último asiento antes de que nos lo manden. Si fuéramos sensatos y sinceros, seríamos pequeños a nuestros propios ojos, sobre todo cuando nos ponemos en oración delante del Señor. En su presencia, no podemos alegar méritos, porque no los tenemos; nuestro único recurso es decir: «Dios, sé propicio a mí, pecador.

Aquí tenemos una palabra que desciende de su trono y que nos alienta. Si nos humillamos, seremos ensalzados por el Señor. El camino hacia el cielo para nosotros es una bajada. Cuando nos despojamos del egoísmo, nos vestimos de humildad que es el mejor ropaje. Nuestro Dios nos levanta por la paz y alegría del corazón, nos elevará en el conocimiento de su palabra y en la comunión con Él, en el gozo del perdón y de la justificación. El Señor reparte sus honores entre quienes los reciben para honrar al dador. Él da empleo, capacidad e influencia a los que no se envanecen con estos dones, sino que se humillan con el pensamiento de su mayor responsabilidad. Ni Dios ni los hombres ensalzarán a quien se ensalza a sí mismo; pero Dios y los hombres buenos se unen para honrar la modestia. Oh, Señor, haz que me humille para que en ti sea yo ensalzado.

Mis notas:

***La Biblia** en un año:*

- *Jer. 40 - 42*
- *Hebreos 4*

8 Noviembre

2 Corintios 12:9

"Bástate mi gracia; porque mi poder se perfecciona en la debilidad."

Mis notas:

Hemos de apreciar nuestra propia debilidad porque así se manifiesta la potencia divina. Tal vez nunca hubiéramos conocido el poder de la gracia si nunca hubiésemos experimentado la flaqueza de nuestra naturaleza. Bendito sea el Señor por el aguijón de la carne y por las asechanzas de Satanás que nos obligan a recurrir a la potencia de Dios.

Esta preciosa respuesta salida de labios del Señor, debe estremecernos de gozo. ¿La gracia de Dios es suficiente para mí? Lo creo. ¿No es el aire suficiente para el ave, y el océano para los peces? El Dios Todopoderoso es bastante para cubrir todas mis necesidades. Y el que basta para el cielo y la tierra, sin duda podrá satisfacer todas las necesidades de un gusanillo como yo.

Por tanto, confiemos en Dios y en su gracia. Si no quita nuestro dolor, nos ayudará a soportarlo. Su poder nos llenará hasta que el gusano trille los montes. El que nada vale vencerá a los más poderosos. Es mejor poseer la potencia de Dios que no la nuestra; porque si fuéramos mil veces más fuertes de lo que somos, de nada nos valdría contra nuestros enemigos; y si pudiésemos ser más dóciles de lo que somos, lo que parece imposible, todas las cosas podríamos hacer en Cristo.

***La Biblia** en un año:*

- *Jer. 43 - 45*
- *Hebreos 5*

"Y sabrán que yo Jehová su Dios estoy con ellos, y ellos son mi pueblo, la casa de Israel, dice Jehová el Señor."

Ezeq. 34:30

9 Noviembre

Mis notas:

Cosa excelente es pertenecer al pueblo del Señor, pero es una bendición consoladora saber que ya pertenecemos. Una cosa es esperar que Dios esté con nosotros, y otra cosa es saberlo. La fe nos salva, pero la certidumbre nos da la paz. Aceptamos a Dios como Dios nuestro cuando creemos en Él; pero tenemos gozo cuando Él es nuestro y nosotros suyos. Ningún creyente puede satisfacerse con vagas esperanzas, sino que debe pedir al Señor que le otorgue la plena seguridad para que las cosas esperadas sean ciertas.

Entonces es cuando gozamos de las bendiciones del pacto y vemos al Señor Jesús como «una planta de renombre» (Ezequiel 34:29), que se levanta en nuestro favor cuando venimos al conocimiento claro de la gracia de Dios. No olvidemos que somos el pueblo de Dios no por ley, sino por gracia. Miremos siempre hacia la gracia. La certidumbre de la fe nunca puede venir por las obras de la ley. Es una virtud que sólo puede venirnos del Evangelio. No miremos a nosotros mismos; miremos solamente al Señor. Viendo a Jesús, vemos la salvación.

Señor, envíanos tan alta marea de amor, que seamos arrastrados por encima del fango y de la duda.

***La Biblia** en un año:*

- *Jer. 46 - 47*
- *Hebreos 6*

10
Noviembre

Salmos 121:3

"No dará tu pie al resbaladero."

Mis notas:

Si el Señor no lo permite, ni los hombres ni el diablo lo podrán conseguir. ¡Cuánta no sería su gloria si pudiesen hacernos caer vergonzosamente, arrojarnos de nuestras posiciones y hacernos desaparecer! Lo harían ciertamente si no tropezaran con un solo obstáculo: el Señor no lo permite; y si Él no lo permite, nosotros tampoco lo permitiremos.

El camino de la vida es como un viaje por los Alpes. Los senderos montañosos de continuo nos ponen en peligro de resbalar. Donde el camino es alto, la cabeza fácilmente sufre vértigos y los pies resbalan; hay sitios tan lisos como el cristal; otros son pedregosos, y en todos ellos es fácil caer. Quien durante su vida es ayudado a vivir rectamente y a caminar sin tropiezos, tiene sobradas razones para ser agradecido. Con trampas y lazos, con las rodillas débiles, los pies cansados y entre enemigos astutos, ningún hijo de Dios podría mantenerse firme ni siquiera una hora, si no fuera por el amor constante de Dios que no dará su pie al resbaladero.

Entre mil lazos voy andando,

Tu mano fiel me está guardando;

Ella hasta el fin me sostendrá

Y al monte santo me guiará.

***La Biblia** en un año:*

- *Jer. 48 - 49*
- *Hebreos 7*

"Porque el pecado no se enseñoreará de vosotros; pues no estáis bajo la ley, sino bajo la gracia."

Romanos 6:14

11 Noviembre

Mis notas:

Cuantas veces puede, el pecado trata de reinar en nosotros y ocupar el trono de nuestro corazón. A veces tememos que nos vencerá, y entonces clamamos al Señor que «ninguna iniquidad se enseñoree de mí». Su consoladora respuesta es: «El pecado no se enseñoreará de vosotros». Podrá acometernos y aun herirnos, pero nunca enseñorearse de nosotros.

Si viviéramos bajo la ley, nuestro pecado tomaría fuerzas y nos esclavizaría, porque castigo es el pecado que el hombre caiga bajo su poder. Empero vivimos bajo el pacto de la gracia y estamos asegurados, por las cláusulas de dicha alianza, de que no podemos ser separados del Dios viviente. La gracia prometida, por el contrario, hará que volvamos de nuestros extravíos y que seamos liberados de nuestras impurezas y de las cadenas de nuestros malos hábitos.

Podríamos quedar sumidos en la desesperación y «servir a los egipcios», si fuéramos aún como esclavos que trabajan por ganar la vida eterna; pero siendo libres por el Señor, cobramos ánimo para seguir luchando contra el mal y las tentaciones, con la seguridad de que el pecado nunca más volverá a esclavizarnos. Dios nos dará la victoria por el Señor Jesucristo, a quien sea gloria por los siglos de los siglos. Amén.

***La Biblia** en un año:*

- *Jer. 50*
- *Hebreos 8*

12
Noviembre

Jeremías 31:14

"Y mi pueblo será saciado de mi bien, dice Jehová."

Mis notas:

Notad la palabra «mi» que se repite dos veces: «Mi pueblo será saciado de mi bien».

Los que están saciados de Dios, son considerados, por Él, como suyos. Dios pone su contentamiento en ellos, porque ellos tienen contentamiento en Él. Le llaman su Dios, y Él les llama su pueblo; Él se satisface en ellos como en su heredad, y ellos se satisfacen en Él como la suya. Entre el Israel de Dios y el Dios de Israel, hay un afecto y una comunión constantes.

Quienes forman el pueblo de Dios están satis fechos. Esto ya es mucho. Pocos son los hombres que viven satisfechos, cualquiera que sea su suerte; han tragado la sanguijuela, la cual clama continuamente: «¡Trae, trae!» Sólo las almas santificadas se hallan satisfechas. Dios es el que puede convertirnos y saciarnos.

¿No es de maravilla que el pueblo de Dios esté saciado con el bien del Señor? Aquí tenemos bienes sin mezcla de males, liberalidad sin límites, misericordia sin repulsa, amor sin variación, auxilio sin reservas. Si la bondad de Dios no nos sacia ¿quién nos saciará? ¡Cómo! ¿aún gemimos? Ciertamente, perverso será el deseo de nuestro corazón si la bondad de Dios no puede satisfacerlo.

Señor, saciado estoy. ¡Bendito sea tu nombre!

***La Biblia** en un año:*

- *Jer. 51 - 52*
- *Hebreos 9*

"He aquí no se adormecerá ni dormirá el que guarda a Israel."

Salmos 121:4

13 Noviembre

Mis notas:

Jehová es el que «guarda a Israel». Nunca se halla inconsciente, ni se adormece, ni duerme; nunca deja de guardar la casa y el corazón de su pueblo. Esta es una razón suficiente para que podamos descansar en perfecta paz. Alejandro dijo que dormía porque su amigo Parmenio velaba; con mayor motivo podemos descansar nosotros cuando es Dios el que nos guarda.

La frase «He aquí» está puesta para llamar nuestra atención hacia esta verdad tan consoladora. Israel durmió aunque tenía una piedra por almohada; pero su Dios estaba despierto y se le apareció a su siervo. Cuando estamos descansando sin defensa, Jehová mismo cubrirá nuestra cabeza.

El Señor guarda a su pueblo como un rico guarda su tesoro, como un capitán la ciudad guarnecida, como un centinela a su soberano. Nadie podrá dañar a los que están guardados. Confiemos nuestra alma en sus manos queridas. Él nunca se olvida de nosotros, nunca deja de cuidarnos eficazmente, ni se siente incapaz de guardarnos.

¡Oh, Señor mío! Guárdame, no sea que me desvíe y caiga y perezca. Guárdame para que guarde tus mandamientos. Guárdame diligentemente de dormir como el perezoso, y de perecer como los que duermen el sueño de la muerte.

***La Biblia** en un año:*

- *Lam. 1 - 2*
- *Hebreos 10:1 - 18*

14

Noviembre

Juan 14:14

"Si algo pidiereis en mi nombre, yo lo haré."

Mis notas:

¡Qué gran promesa! «¡Algo!» Todas mis necesidades, grandes y pequeñas, están incluidas en la palabra «algo». Ven, alma mía, con libertad delante del propiciatorio y escucha a tu Señor, que dice: «Ensancha tu boca, y henchirla he».

¡Qué promesa tan sabia! Siempre debemos pedir en el nombre de Jesús. Esto que nos anima a nosotros, le honra a Él; es una recomendación continua. A veces hay circunstancias en que nos parece negado todo auxilio, aun aquél que se apoya sobre nuestras relaciones con Dios, o sobre la experiencia que hemos hecho de su gracia; pero, en tales ocasiones, el nombre de Jesús es tan poderoso delante del trono de Dios, que podemos invocarlo con la seguridad de ser socorridos.

¡Qué promesa tan rica de enseñanzas! Nada debo pedir si antes Cristo no pone sobre ello su mano y su sello. Nunca osaría servirme de su nombre para una petición egoísta u obstinada; sólo puedo poner el nombre de mi Señor en las oraciones que Él utilizaría si se hallara en mi caso. Gran privilegio es estar autorizado a pedir en nombre de Jesús como si Él mismo pidiese; pero nuestro amor hacia Él nunca nos permitirá poner su nombre donde Él no lo ha puesto.

¿Pido lo que Jesús aprobaría? ¿Me atrevo a poner su sello en mi oración? Entonces ya tengo todo aquello que busco del Padre.

***La Biblia** en un año:*

- *Lam. 3 - 5*
- *Hebreos 10:19 - 39*

"Mi Dios, pues, suplirá todo lo que os falta conforme a sus riquezas en gloria en Cristo Jesús."

Filip. 4:19

15 Noviembre

Mis notas:

El Dios de Pablo es nuestro Dios y suplirá todo lo que nos haga falta. Pablo no dudaba de esto en cuanto a los Filipenses, y nosotros estamos ciertos por lo que a nosotros se refiere. Dios proveerá como es propio de Él hacerlo: nos ama, se complace en bendecirnos y, obrando así, será glorificado. Su misericordia, poder, amor y fidelidad, nos prestarán ayuda para que no padezcamos hambre.

¿De qué medida se sirve el Señor? «Conforme a sus riquezas en gloria en Cristo Jesús». Grandes son las riquezas de su gracia, pero ¿qué diremos de las riquezas de su gloria? Sus «riquezas en gloria en Cristo Jesús», ¿quién podrá medirlas? Según esta medida inconmensurable, Dios llenará el abismo inmenso de nuestras necesidades. Su Hijo Jesús es el recipiente y al mismo tiempo el canal de su plenitud, y, por tanto, nos hace participantes, en el más alto grado, de los tesoros de su amor. ¡Aleluya!

El autor de estas líneas sabe qué cosa es ser probado en el trabajo del Señor. La fidelidad ha sido recompensada con ira, y ha visto cómo generosos suscriptores han cortado su liberalidad; mas aquél a quien quisieron oprimir no ha sido por ello más pobre; al contrario, se ha visto enriquecido, porque esta promesa se ha cumplido: «Mi Dios suplirá todo lo que os falta». Los fondos de Dios son más seguros que el Banco de Inglaterra.

La Biblia *en un año:*

- *Eze. 1 - 2*
- *Hebreos 11:1 - 19*

16
Noviembre

Isaías 54:17

"Ninguna arma fojada contra ti prosperará, y condenarás toda lengua que se levante contra ti en juicio."

Mis notas:

En las fraguas y forjas del enemigo, hay mucho ruido. Allí se fabrican herramientas con las cuales tratan de herir a los santos. Ni siquiera esto podrían hacer si el Señor de los Santos no lo permitiera, porque Él es el que ha criado al herrero que sopla las ascuas del fuego. Mirad cuán diligentemente trabajan, y cuántas espadas y lanzas fabrican. Poco importa, porque sobre la hoja de cada espada se puede leer esta inscripción: «No prosperará».

Y escuchad ahora otro ruido: el murmullo de las lenguas. La lengua es un instrumento más terrible que los que se forjan con martillos y yunques, y el mal que pueden hacer hiere más profundamente y se extiende con mayor rapidez. ¿Qué será ahora de nosotros? La calumnia, la mentira, las insinuaciones, la burla..., son como flechas venenosas, ¿y quién las resistirá? El Señor nos promete que si no podemos hacerlas callar, por lo menos no podrán arruinarnos. Por el momento nos condenan, pero nosotros las condenaremos al fin y para siempre. La boca de los que hablan mentiras será cerrada, y sus engaños contribuirán a enaltecer a los justos que por ellos han sufrido.

***La Biblia** en un año:*

- *Eze. 3 - 4*
- *Hebreos 11:20 - 40*

"Porque no abandonará Jehová a su pueblo, ni desamparará su heredad."

Salmos 94:14

17 Noviembre

Mis notas:

Dios no dejará ni siquiera a uno de ellos. Los hombres tienen sus desamparados; Dios no tiene ninguno, porque su elección es inmutable y su amor eterno. Nadie podrá encontrar una sola persona que haya sido abandonada por Dios después de haberse revelado a ella para ser su salvación.

Esta verdad se menciona en el Salmo para regocijo de las almas afligidas. El Señor castiga a los suyos, pero no los desampara. El resultado de esta doble acción de la ley de la vara es nuestra enseñanza, y fruto de ésta es un espíritu tranquilo y un espíritu sensato que producen descanso. Los impíos quedan solos hasta que sea cavada la fosa en la que caerán y serán tomados; mas los justos serán llevados a la escuela con el fin de que se hallen preparados para los gloriosos destinos que les esperan. El juicio volverá y acabará la obra de la justicia en los rebeldes, pero también volverá para justificar a los sinceros y piadosos. Por tanto, podemos sufrir la vara del castigo con sumisión tranquila, porque es señal de amor y no de ira.

***La Biblia** en un año:*

- *Eze. 5 - 7*
- *Hebreos 12*

18 Noviembre

Zacarías 12:8

"En aquel día Jehová defenderá el morador de Jerusalén; el que entre ellos fuere débil, en aquel tiempo será como David; y la casa de David como Dios, como el ángel de Jehová delante de ellos."

Mis notas:

Uno de los medios más a propósito con que Dios cuenta para defender a su pueblo es fortalecerle con el poder interior de que Dios les llena. Los hombres son mejores que las murallas, y la fe es más fuerte que los castillos.

El Señor puede tomar el más flaco de entre nosotros y hacerle como a David, campeón de Israel. ¡Señor, haz esto conmigo! Infúndeme tu poder y lléname de santo valor para que pueda hacer frente al gigante con honda y piedra y confiando en el Señor.

El Señor puede hacer que sus mejores campeones sean todavía más fuertes de lo que son; David puede ser como un ángel, el ángel de Jehová. Esto sería ciertamente una manifestación maravillosa, pero posible, porque Dios lo dice: ¡Señor, obra así con nuestros más poderosos testigos! Muéstranos lo que puedes hacer, es decir, elevar a tus fieles siervos a una altura de gracia y santidad tan grande que claramente se vea que es sobrenatural. Cumple en este día tu promesa con toda la iglesia, por amor a Jesucristo. Amén.

***La Biblia** en un año:*

- *Eze. 8 - 10*
- *Hebreos 13*

"Mas desde este día os bendeciré."

Hageo 2:19

19 Noviembre

Mis notas:

Desconocemos el futuro; sin embargo, aquí tenemos un espejo donde podemos ver los días venideros. El Señor dice: «Desde este día daré bendición».

Vale la pena tener en cuenta las circunstancias en que se hizo esta promesa. Las cosechas habían sido malas a causa del tizón y del granizo por el pecado del pueblo. Pero el Señor vio que los así castigados comenzaban a obedecer su palabra y a reconstruir su templo; por eso les dice: «desde el día que se echó el cimiento al templo de Jehová; poned vuestro corazón. Desde este día daré bendición». Si hasta el presente hemos vivido en el pecado y el Espíritu Santo nos induce a separarnos de él, podemos contar con la bendición del Señor. Su sonrisa, su Espíritu, su gracia y la revelación más amplia de su verdad, todo nos manifiesta una espléndida bendición. Tal vez sufriremos una mayor oposición de los hombres a causa de nuestra fidelidad, pero entraremos en una comunión más íntima con Dios y en una visión más clara de que hemos sido aceptados por Él.

Señor, quiero ser más fiel y más exacto en obedecer tu doctrina y según tus preceptos, te ruego, pues, por el Señor Jesucristo, que aumentes la bendición de mi vida cotidiana desde ahora y para siempre.

***La Biblia** en un año:*

- *Eze. 11 - 13*
- *Santiago 1*

20 Noviembre

Salmos 107:9

"Porque sacia el alma menesterosa, y llena de bien al alma hambrienta."

Mis notas:

Bueno es tener deseos, y cuanto más fervientes sean, mejor. El Señor saciará los deseos del alma, por grandes que sean, y por mucho que nos preocupen. Deseamos muchos y Dios dará en abundancia. Nuestro estado de ánimo nunca estará en equilibrio mientras estemos contentos con nosotros mismos y nos sintamos libres de deseos. Esta sed de mayores gracias, estos gemidos indecibles, señales son de crecimiento, y nuestro anhelo debería ser sentirlos con mayor intensidad. ¡Espíritu bendito, haz que suspiremos y clamemos por cosas mejores!

El hambre no es una sensación agradable. Sin embargo, son bienaventurados los que tienen hambre y sed de justicia. Estas almas no sólo serán aliviadas, sino también saciadas. No se saciarán con un alimento ordinario, sino que su comida será digna de su Señor, porque serán saciadas por el mismo Dios.

Venid, no os entristezcáis porque haya heladas y venga el hambre. Oigamos la voz del Salmista cuando desea y ansía ver a Dios engrandecido. «Alaben la misericordia de Jehová, y sus maravillas para con los hijos de los hombres».

***La Biblia** en un año:*

- *Eze. 14 - 15*
- *Santiago 2*

"Mirad a mí, y sed salvos, todos los términos de la tierra; porque yo soy Dios, y no hay más."

Isaías 45:22

21 Noviembre

Mis notas:

Esta es una de las más grandes promesas y el fundamento de nuestra vida espiritual. La salvación viene por una mirada de Aquél que es «Dios justo y Salvador». ¡Cuán sencillo es el mandato! «Mirad a mí». ¡Y cuán razonable la demanda! En verdad, la criatura debe mirar al Creador. Durante mucho tiempo, hemos mirado a otras partes, justo es que miremos a quien nos invita a esperar en Él y nos promete la salvación.

¡_ Solamente una mirada! ¿Por qué no mirar ahora mismo? Nada nuestro debemos traer, sino mirar hacia arriba, a nuestro Señor en su trono al que subió desde la Cruz. Una mirada no requiere ni preparación ni esfuerzo violento; no necesita inteligencia, ni sabiduría, ni riqueza, ni fuerza. Cuanto necesitamos está en el Señor, nuestro Dios, y si a Él sólo miramos, todo será nuestro y seremos salvos.

Todos los que estáis lejos, venid acá y mirad ¡Vosotros, términos de la tierra, volved vuestros ojos! Desde las regiones más lejanas puedan ver los hombres el sol y gozar de su luz; del mismo modo, vosotros que os halláis al borde del infierno podéis con una sola mirada recibir la luz de Dios, la vida del cielo, la Salvación de Jesucristo, que es Dios, y, por lo tanto, puede salvar.

***La Biblia** en un año:*

- *Eze. 16 - 17*
- *Santiago 3*

22 Noviembre

Jeremías 50:20

"En aquellos días y en aquel tiempo, dice Jehová, la maldad de Israel será buscada, y no aparecerá; y los pecados de Judá, y no se hallarán; porque perdonaré a los que yo hubiese dejado."

Mis notas:

¡Extraordinaria promesa! ¡Cuán amplio es el perdón que aquí se ofrece a las naciones pecadoras de Israel y Judá! De tal manera será quitado el pecado que no aparecerá. ¡Gloria al Dios perdonador!

Satanás busca los pecados para acusarnos; nuestros enemigos los buscan para culparnos y nuestra propia conciencia los busca con un deseo morboso. Pero cuando el Señor nos aplica la sangre preciosa de Jesús, ningún temor hemos de tener a ese examen, porque no aparecerán, «no se hallarán». El Señor ha hecho que no existan más los pecados de su pueblo. Él ha puesto fin al pecado y expiado la iniquidad. El sacrificio de Jesús ha hundido todos nuestros pecados en lo profundo del mar, y esto nos inunda de gozo.

Dios mismo es el que otorga el perdón a sus escogidos. Su palabra de gracia es no solamente la de un rey, es la palabra de un Dios. Él da la absolución y somos absueltos. Él es nuestra propiciación, y su pueblo está fuera de todo temor de condenación. ¡Bendito sea el nombre de nuestro Dios que aniquila nuestros pecados!

***La Biblia** en un año:*

- *Eze. 18 - 19*
- *Santiago 4*

"Y Jehová tu Dios echará a estas naciones de delante de ti poco a poco."

Deut. 7:22

23 Noviembre

Mis notas:

No esperemos ganar victorias para el Señor Jesús de un solo golpe. Los principios del mal y los malos hábitos con dificultad se abandonan. En ciertos lugares, se necesitan años de trabajo para extirpar alguno de los muchos vicios que mancillan a sus habitantes. Hemos de continuar la guerra con todas nuestras energías, aun cuando no veamos el resultado.

Nuestro trabajo en este mundo es conquistar para Jesús. Nada de compromisos, sino exterminio total. Tampoco hemos de buscar la popularidad, sino hacer guerra sin cuartel a la iniquidad. La incredulidad, la superstición, la bebida, la impureza, la opresión, la frivolidad, el error; todo debe desaparecer.

Sólo nuestro Dios puede hacerlo. El trabaja para sus fieles servidores, y, bendito sea su nombre, porque ha prometido que así obrará. «Jehová tu Dios echará a estas gentes de delante de ti». Mas lo hará poco a poco para que aprendamos a ser perseverantes, para que aumente nuestra fe, vigilemos constantemente y evitemos toda confianza carnal. Demos gracias a Dios por el más pequeño éxito, y oremos para que nos sean concedidos otros. Nunca enfundemos la espada hasta que toda la tierra sea ganada para Cristo.

¡Ánimo, alma mía! ¡Sigue poco a poco, porque muchos pocos harán un ejército grande!

***La Biblia** en un año:*

- *Eze. 20 - 21*
- *Santiago 5*

24 Noviembre

Salmos 103:9

"No contenderá para siempre, ni para siempre guardará él enojo."

Mis notas:

Dios algunas veces contenderá; de lo contrario, no sería un padre sabio para hijos tan pobres y extraviados como somos nosotros. Su reprensión hace sufrir a los corazones sinceros, porque entonces sienten cuán profundamente le han ofendido, y cuán dignos son de su desagrado. Nosotros sabemos qué significa su reprensión, y nos doblegamos ante su voluntad, lamentando el habernos atraído su enojo.

¡Cuánto consuelo encontramos en estas líneas! «No contenderá para siempre». Si nos arrepentimos y volvemos a Él con corazón quebrantado, decididos a dejar el pecado, Él nos sonreirá inmediatamente. No le place mirar con enojo a los que ama; su gozo es que nuestro gozo sea cumplido.

Venid, busquemos su rastro, sin desesperarnos ni desalentarnos. Amemos al Dios que nos reprende, y pronto cantaremos: «Tu furor se apartó y me has consolado». ¡Fuera tristes presagios, que son como cuervos que turban mi alma! ¡Entrad vosotras, palomas gozosas, esperanzas luminosas, recuerdos gratos! El juez que nos perdonó en otro tiempo, es ahora Padre que nos perdonará de nuevo, y en su amor inefable y eterno nos gozaremos.

***La Biblia** en un año:*

- *Eze. 22 - 23*
- *1Pedro 1*

25 Noviembre

"¿Quién eres tú, oh gran monte? Delante de Zorobabel serás reducido a llanura; él sacará la primera piedra con aclamaciones de: Gracia, gracia a ella."

Zacarías 4:7

Mis notas:

Tal vez, en este momento, encontremos en nuestro camino una montaña de dificultades, miserias, necesidades, y nuestra razón natural no encuentra medio alguno para saltar por encima, cruzarla, o buscar otro camino. Mas si interviene la fe, inmediatamente desaparece la montaña o se convierte en llanura. Mas ante todo la fe ha de oír la palabra del Señor: «No con ejército, ni con fuerza, sino con mi espíritu, ha dicho Jehová de los ejércitos». Esta gran verdad es el secreto que nos hace afrontar las pruebas insuperables de la vida.

Comprendo que nada puedo hacer y toda confianza en los hombres es vanidad. «No con ejército». Comprendo que no se debe confiar en ninguno de los medios visibles, sino en el poder del Espíritu invisiblc. Sólo Dios puede obrar, y no han de contar los medios humanos. Si ciertamente el Dios Todopoderoso cuida de los intereses de su pueblo, entonces los montes desaparecerán. Los mundos son en su mano tan leves como la pelota en manos del niño; Él puede concederme este poder. Si el Señor me manda que traslade los Alpes, podré hacerlo en su nombre. Puede ser una gran montaña, pero aun mi flaqueza podrá reducirlo a llanura, porque el Señor lo ha dicho: ¿De qué temeré si Dios está por mí?

***La Biblia** en un año:*

- *Eze. 24 - 26*
- *1Pedro 2*

26 Noviembre

Juan 16:20

"Vuestra tristeza se convertirá en gozo."

Mis notas:

La tristeza que les embargaba era la muerte de su Señor y Maestro, la cual se trocó en gozo cuando resucitó y se mostró en medio de ellos. Así serán transformadas todas las penas de los santos, aun aquellos que parecen ser manantial perenne de amargura.

Cuanto mayor sea la tristeza, mayor será el gozo. Si tenemos cargas de tristeza, con el poder de Dios pueden convertirse en toneladas de alegría. Por tanto, cuanto más amarga sea la pena, más sabroso será el placer; la oscilación del péndulo a la izquierda, lo hará subir más en la parte derecha. El recuerdo de la pena dará por contraste un sabor más delicioso a las alegrías que seguirán. El brillo del diamante resplandecerá más sobre un fondo negro.

¡Alma mía, esfuérzate! Dentro de poco estaré tan alegre como triste estoy ahora. Jesús me dice que, por una alquimia celestial, mi tristeza se tornará en gozo. Ignoro cómo sucederá esto, pero lo creo, y empiezo a cantar anticipadamente. Esta depresión de espíritu no durará mucho; pronto estaré en el cielo con los que se gozan y alaban al Salvador día y noche, y allí cantaré la misericordia que me liberó de mis aflicciones.

***La Biblia** en un año:*

- *Eze. 27 - 29*
- *1Pedro 3*

27 Noviembre

"Y él dijo: Mi presencia irá contigo, y te daré descanso."

Éxodo 33:14

Mis notas:

¡Preciosa promesa! Señor, dame la gracia de apropiármela personalmente. A veces tenemos que salir de nuestra morada, porque no tenemos aquí ciudad permanente. Con frecuencia sucede que cuando nos sentimos más felices en un lugar, somos repentinamente llevados a otra parte. Para este mal tenemos un antídoto seguro: el Señor nos acompañará. Su rostro es su favor, su presencia, cuidado y poder siempre estarán con nosotros en cada paso de nuestra vida. Esto significa más de lo que dice; porque realmente Él lo es todo. Si Dios está con nosotros, poseemos el cielo y la tierra. ¡Ven conmigo, Señor, y envíame adonde te plazca!

Empero buscamos un lugar de reposo. El texto lo promete. Tendremos descanso que Él sólo nos da, que procede de Él y en el cual nos guarda. Su presencia nos hará descansar aun cuando estemos de camino, aun en medio de la batalla. ¡Descanso! Palabra bendita. ¿Pueden disfrutar de él los mortales? Sí, aquí está la promesa y por fe podemos pedir su cumplimiento. El descanso viene del Consolador, del Príncipe de Paz y del Padre glorioso que al séptimo día descansó de sus obras. Estar con Dios es descansar en el más amplio sentido de la palabra.

***La Biblia** en un año:*

- *Eze. 30 - 32*
- *1Pedro 4*

28 Noviembre

Deut. 28:8

"Jehová te enviará su bendición sobre tus graneros, y sobre todo aquello en que pusieres tu mano."

Mis notas:

Si obedecemos al Señor, nuestro Dios, Él bendecirá todo lo que nos da. Las riquezas, cuando son bendecidas por Dios, no serán una maldición Cuando los hombres, por tener más de lo que necesitan, empiezan a guardar en sus graneros, pronto cunde la podredumbre de la avaricia o el tizón de la dureza del corazón. Mas no sucede así en los dones de Dios. La discreción administra los ahorros, la generosidad dirige los gastos, la gratitud mantiene la consagración, y la alabanza aumenta el gozo. ¡Cuán bueno es tener la bendición de Dios sobre la caja de nuestros caudales y sobre todas nuestras cuentas corrientes!

¡Cuán favorecidos somos con esta última frase! «Enviará Jehová la bendición a todo aquello en que pusieres tu mano». Jamás pondríamos nuestra mano sobre cosa alguna que no fuera digno de la bendición de Dios, ni tampoco la emprenderíamos sin oración y fe.

¡Qué privilegio poder esperar la ayuda del Señor en cada empresa! Hablamos de personas con buena suerte; la bendición de Dios es mejor que la buena suerte. Nada es la protección de los grandes comparada con el favor de Dios. Bien está la confianza en nosotros mismos, pero la bendición de Dios vale infinitamente más que todos los éxitos del talento, del ingenio o del buen tacto.

***La Biblia** en un año:*

- *Eze. 33 - 34*
- *1Pedro 5*

"El que creyere, no se apresure."

Isaías 28:16

29 Noviembre

Mis notas:

Se apresurará a guardar los mandamientos del Señor, pero no con impaciencia ni de un modo impropio.

No se apresurará a huir porque no le dominará el temor que causa pánico. Cuando otros huyan desatinadamente de acá para allá, el creyente permanecerá tranquilo y reposado, y así podrá obrar con sabiduría en la hora de la prueba.

No se apresurará en sus esperanzas deseando en el acto lo bueno que apetece, sino que esperará hasta que Dios lo quiera. Algunos se desazonan e impacientan por tener el pájaro en la mano, porque creen que la promesa del Señor es como el buitre volando, y que no la alcanzarán. Los creyentes saben esperar.

No se apresurará en lanzarse al mal o a cometer actos dudosos. La incredulidad siempre es activa y acarrea la ruina; pero la fe sólo tiene prisas en aquello que puede proporcionarle éxitos, y por eso no siente la necesidad de tornar al camino que siguió imprudentemente.

¿Qué hago yo? ¿Creo y, por tanto, guardo el paso del creyente que es andar con Dios? Descansa en el Señor y espera en Él! ¡Alma mía, hazlo así inmediatamente!

***La Biblia** en un año:*

- *Eze. 35 - 36*
- *2Pedro 1*

30

Noviembre

Deut. 31:8

"Y Jehová va delante de ti; él estará contigo, no te dejará, ni te desamparará; no temas ni te intimides."

Mis notas:

He aquí una declaración que si tenemos en perspectiva una empresa o una lucha peligrosa, nos infundirá valor para acometerla. Si Jehová va delante de nosotros, estaremos seguros siguiéndole. ¿Quién puede oponerse a nuestro paso si el mismo Señor va a la vanguardia? ¡Compañeros de armas, avanzad con decisión! ¿Por qué dudamos cuando la victoria es nuestra?

El Señor no sólo va delante: está con nosotros. Arriba, debajo, alrededor y dentro, está el Omnipotente, el Omnisciente. En todo tiempo y por la eternidad, estará con nosotros como lo ha estado hasta el presente. ¡Qué fuerza no debe imprimir a nuestro brazo este pensamiento! ¡Levantaos con intrepidez, soldados de la Cruz, porque Jehová de los ejércitos es con nosotros!

Porque va delante de nosotros y con nosotros, nunca cesará de ayudarnos. Él no puede faltar a su palabra y jamás faltará; seguirá prestándonos su ayuda según nuestra necesidad, hasta el fin. Tampoco nos desamparará. Siempre será poderoso para darnos fuerza y ayuda hasta que hayan terminado los días de la lucha.

No nos intimidemos; porque Jehová de los ejércitos irá con nosotros a la batalla, soportará el ardor de la lucha y nos dará la victoria.

***La Biblia** en un año:*

- *Eze. 37 - 39*
- *2Pedro 2*

"El que camina en integridad anda confiado."

Prov. 10:9

1 Diciembre

Mis notas:

Su andar será lento, pero seguro. El que se afana por ser rico no será inocente ni estará seguro; mas aquel que permanece firme en la integridad y persevera en ella, si no consigue riquezas, ciertamente tendrá paz. Cuando hacemos lo que es justo y bueno, somos como el que anda sobre la peña, porque estamos seguros de que nuestros pies se apoyan en terreno sólido. En cambio, el más grande éxito alcanzado por medios ilícitos, siempre será incierto y engañador. Quien así lo ha obtenido, de continuo andará temeroso de que llegue el día de las cuentas y pierda todas sus ganancias.

Sigamos el camino de la verdad y la justicia, y con la gracia de Dios, imitemos a nuestro Señor y Maestro en cuya boca jamás hubo engaño. No temamos a la pobreza ni el ser tratados con menosprecio. Nunca realicemos acto alguno que nuestra conciencia no pueda justificar.

Si perdemos nuestra paz, perdemos una cuantiosa fortuna. Siguiendo el camino trazado por Dios, y no apartándonos jamás de los dictámenes de nuestra conciencia, nuestro camino estará al abrigo de cualquier accidente. «¿Quién es aquel que os podrá dañar, si vosotros seguís el bien?» Tal vez seremos llamados necios si nos mantenemos íntegros; empero donde se pronuncia un juicio infalible, seremos tenidos por cuerdos.

***La Biblia** en un año:*

- *Eze. 40 - 41*
- *2Pedro 3*

2 Diciembre

Salmos 16:8

"A Jehová he puesto siempre delante de mí; porque está a mi diestra no seré conmovido."

Mis notas:

Tal es la mejor manera de vivir. Teniendo siempre a Dios delante de nuestros ojos, gozaremos de la más sublime compañía, del consuelo mas dulce y de la más poderosa influencia. Este ha de ser nuestro propósito: «Ha puesto» y mantenido con decisión. Mirar siempre el ojo del Señor y oír su voz, tal debe ser la posición normal del hombre piadoso. Su Dios está cerca de Él, llenando su horizonte, trazando el camino de su vida y ofreciéndole tema para sus meditaciones. ¡Cuantas locuras y pecados evitaríamos, cuántas virtudes practicaríamos, y de cuántos goces disfrutaríamos si siempre tuviéramos al Señor delante de nosotros! ¿Y por qué no?

Este es el secreto de nuestra seguridad. Con el Señor siempre a nuestro lado, nos sentimos seguros porque le tenemos cerca. Está a nuestra diestra para guiarnos y ayudarnos, por tanto, no nos espanta ni el temor, ni la violencia, ni el engaño, ni la ligereza de los hombres. Cuando Dios se mantiene a nuestra diestra, nos mantenemos derechos. ¡Venid, enemigos de la verdad! Lanzaos contra mí como furiosa tempestad. Dios me sostiene; Dios está conmigo. ¿De quién he de atemorizarme?

***La Biblia** en un año:*

- *Eze. 42 - 44*
- *1Juan 1*

"Y estableceré con ellos pacto de paz, y quitaré de la tierra las fieras; y habitarán en el desierto con seguridad, y dormirán en los bosques."

Ezeq. 34:25

3 Diciembre

Mis notas:

Es una gracia extraordinaria que Dios condescienda en establecer un pacto con el hombre, criatura débil, pecadora y mortal. Pero el Señor ha quedado así comprometido por medio de un solemne contrato, del cual no se apartará jamás. En virtud de este pacto, estamos seguros. Así como los leones y lobos son ahuyentados por los pastores, así también huirán las influencias perniciosas. El Señor nos guarda de todo lo que pueda dañarnos o destruirnos; las malas bestias serán exterminadas de la tierra. ¡Oh, Señor, haz que esta promesa se cumpla entre nosotros!

El pueblo de Dios gozará de la seguridad en los sitios de mayor peligro; los desiertos y los bosques se trocarán en pastos y rediles para la manada de Cristo. Si el Señor no mejora nuestro sitio, nos mejorará a nosotros en Él. El desierto no es un lugar habitable, pero el Señor puede poblarlo; en los bosques no podemos dormir tranquilos, mas en ellos Dios dará a sus hijos el sueño reparador. Nada, ni de fuera ni de dentro, debe espantar al hijo de Dios. Por fe, el desierto puede convertirse en jardín del cielo, y los bosques en la puerta de la gloria.

***La Biblia** en un año:*

- *Eze. 45 - 46*
- *1Juan 2*

4 Diciembre

Salmos 91:4

"Con sus plumas te cubrirá, y debajo de sus alas estarás seguro; escudo y adarga es su verdad."

Mis notas:

¡Qué símil tan placentero! Como la gallina protege a sus polluelos debajo de sus alas, así el Señor defenderá a su pueblo y le permitirá refugiarse en Él. ¿No hemos visto a los polluelos asomarse por debajo de las alas de su madre? ¿No hemos oído su piar gozoso? Refugiémonos en Dios y sentiremos una paz soberana sabiendo que Él nos guarda.

Mientras nos cubre el Señor, tenemos confianza. Sería extraño que no fuera así. ¿Cómo podemos desconfiar de Dios cuando Él mismo es casa y hogar, refugio y descanso para nosotros?

Siendo así, bien podemos lanzarnos en su nombre a la guerra estando seguros de su guarda. Necesitamos escudo y adarga, y cuando, como el polluelo, confiamos plenamente en el Señor, sabemos que su verdad nos arma de pies a cabeza. Dios no puede mentir; ha de ser fiel a su pueblo y su promesa se cumplirá. Esta verdad es el único escudo que necesitamos. Detrás de Él, podemos desafiar todos los dardos del enemigo.

¡Ven, alma mía! Escóndete bajo sus alas, que son tan grandes, y desaparece entre sus plumas, que son tan suaves! ¡Qué contenta estás!

***La Biblia** en un año:*

- *Eze. 47 - 48*
- *1Juan 3*

"Éste habitará en las alturas; fortaleza de rocas será su lugar de refugio; se le dará su pan, y sus aguas serán ciertas."

Isaías 33:16

5 Diciembre

Mis notas:

El hombre que ha recibido de Dios la gracia de ser intachable en su vida vive en la más completa seguridad.

Habita en las llanuras, por encima del mundo, fuera de los tiros del enemigo y cerca del cielo. Siente generosos deseos y se inspira en elevados móviles; se regocija en los montes, del amor eterno donde mora.

Fortalezas de rocas serán su refugio, porque lo más consistente en el universo son las promesas y los propósitos del Dios inmutable, y éstos son la defensa del creyente sumiso.

«Se les dará su pan». De este modo será sustentado por una gran promesa. El enemigo no puede escalar el castillo, ni derribar la muralla, de suerte que la fortaleza no pueda ser tomada ni por asalto, ni por el hambre. El Señor que hizo llover el maná en el desierto guardará a su pueblo con cuantiosas reservas, aun cuando se vea cercado de enemigos que quisieran rendirlos por el hambre.

¿Y si falta agua? Imposible, porque «sus aguas serán ciertas». Dentro de la fortaleza inexpugnable, hay un manantial perenne. El Señor se cuida de que nada falte. Nadie podrá tocar al ciudadano de la verdadera Sión. Por fiero que el enemigo sea, el Señor guardará a sus escogidos.

***La Biblia** en un año:*

- *Daniel 1 - 2*
- *1Juan 4*

6 Diciembre

Isaías 43:2

"Cuando pases por las aguas, yo estaré contigo; y si por los ríos, no te anegarán. Cuando pases por el fuego, no te quemarás, ni la llama arderá en ti."

Mis notas:

No hay puente; forzosamente hemos de pasar por las aguas y sentir el ímpetu de los ríos. En la inundación, la presencia de Dios es mejor que una barca. Seremos probados, mas saldremos victoriosos, porque el mismo Dios, más poderoso que las muchas aguas, estará con nosotros. Si por algún tiempo parece que está lejos de nosotros, es indudable que siempre estará con su pueblo, en medio de las dificultades y peligros. Las tristezas de la vida pueden llegar a su colmo, pero el Señor presta su ayuda adecuada según las necesidades.

Los enemigos del Señor pueden sembrar nuestro camino de peligros: persecuciones crueles, que para nosotros son como un horno ardiente, ¿qué? Andaremos sobre las ascuas. Si Dios está con nosotros, no nos quemaremos; ni siquiera se percibirá en nosotros el olor del fuego.

¡Qué maravillosa seguridad tiene el peregrino nacido del cielo y que al cielo va! Muchas aguas no le ahogarán, ni el fuego le consumirá. Tu presencia, oh Señor, es la protección de tus santos contra los múltiples peligros del camino. Haz que con fe me entregue a ti, y mi espíritu entrará en reposo.

***La Biblia** en un año:*

- *Daniel 3 - 4*
- *1Juan 5*

"Jehová dará poder a su pueblo; Jehová bendecirá a su pueblo con paz."

Salmos 29:11

7 Diciembre

Mis notas:

David acaba de oír la voz del Señor en una tormenta y ha visto su poder en la tempestad descrita en este Salmo; ahora, en la calma que sigue a la tormenta, es prometido ese poder sobrenatural, por el que son sacudidos el cielo y la tierra, para fortaleza de los escogidos. El que dispara su arco certero dará a sus redimidos alas de águila, el que estremece la tierra con su voz, espantará los enemigos de sus siervos, y dará paz a sus hijos. ¿Por qué somos tan apocados cuando contamos con una fortaleza divina? ¿Por qué nos turbamos cuando estamos en posesión de la paz del Señor? Jesús, el Dios fuerte, es nuestra fortaleza, revistámonos de Él para emprender el trabajo que nos manda. Jesús, bendito Señor, es también nuestra paz; descansemos en Él hoy, y cesarán nuestros temores. ¡Qué bendición tenerle por fortaleza nuestra, por nuestra paz, desde ahora y para siempre!

El mismo Dios, que anda sobre la tempestad en los días de tormenta, dominará también nuestras tempestades y tribulaciones y nos mantendrá en paz. Tendremos fortaleza para resistir tormentas, y canciones para el tiempo de bonanza. Cantemos ahora a Dios, nuestra fortaleza y nuestra paz. ¡Arrojemos los pensamientos sombríos! ¡Levántese la fe y la esperanza!

***La Biblia** en un año:*

- *Daniel 5 - 7*
- *2Juan*

8 Diciembre

Juan 12:26

"Si alguno me sirve, sígame; y donde yo estuviere, allí también estará mi servidor. Si alguno me sirviere, mi Padre le honrará."

Mis notas:

La imitación constituye el servicio más elevado. Si quiero ser un siervo de Cristo, he de seguirle. Hacer lo que hizo Jesús es el medio más seguro de glorificar su nombre. Todos los días debo tener ante los ojos este propósito.

Si imito a Jesús, tendré su compañía, y si me parezco a Él, estaré con Él. A su tiempo me llevará consigo a sus moradas, si yo me preocupo de seguirle en la tierra. El Señor llegó a su trono después de haber sufrido; y, después de haber sufrido durante algún tiempo con Él en esta vida, llegaremos a la gloria. El resultado de la vida del Señor, dará el fruto de la nuestra; si le acompañamos en la humillación, gozaremos con Él en la gloria. Anímate, alma mía, y pon tu pie en las huellas ensangrentadas de tu Señor.

Nunca olvide yo que el Padre honrará a los que siguen a su Hijo. Si ve que le soy fiel, me dará muestras de su favor y me honrará por amor a su Hijo. Ningún honor puede compararse con éste. Los príncipes y emperadores sólo pueden dar honores fugaces; la sustancia de la verdadera gloria viene del Padre. Por lo tanto, sigue tú, alma mía, al Señor Jesús más de cerca que nunca.

***La Biblia** en un año:*

- *Daniel 8 - 10*
- *3Juan*

"Jesús le dijo: Si puedes creer, al que cree todo le es posible."

Marcos 9:23

9 Diciembre

Mis notas:

La incredulidad es el mayor obstáculo en nuestro camino; en realidad, es el único impedimento en nuestra vida espiritual. El Señor puede hacerlo todo; mas cuando Él establece la norma que conforme a nuestra fe será hecho, nuestra incredulidad ata las manos de su omnipotencia.

Con sólo creer se disiparán todos los aliados del mal. La verdad humillada levantará cabeza si confiamos en el Dios de la verdad. Con nuestra carga de sufrimientos, podremos cruzar sin menoscabo las olas del dolor, si sabemos ceñir nuestros lomos con el cinturón de la paz, el cual es ajustado por las manos de Dios.

¿Que no podemos creer? ¿Todo es posible menos creer en Dios? No obstante, El siempre es verdadero. ¿Por qué no creemos en Él? Siempre es fiel a su palabra. ¿Por qué no confiamos? Cuando nuestro corazón es sano, la fe no nos cuesta esfuerzo alguno; entonces nos parece tan natural apoyarnos en Dios, como a un niño confiar en su padre.

Lo más lamentable es que podemos creer en Dios en todo tiempo, menos en la prueba actual. Esto es una torpeza. Sacude, alma mía, este pecado, y confía en Dios en la prueba presente. Hecho esto, todo lo demás corre de su cuenta.

***La Biblia** en un año:*

- *Daniel 11 - 12*
- *Judas*

10
Diciembre

Éxodo 23:22

"Pero si en verdad oyeres su voz e hicieres todo lo que yo te dijere, seré enemigo de tus enemigos y afligiré a los que te afligieren."

Mis notas:

Cristo, el Señor, debe ser reconocido y obedecido en medio de su pueblo. El es el vicario de Dios, y habla en nombre del Padre; a nosotros nos toca hacer inmediatamente lo que Él manda. Si despreciamos su precepto, perderemos el fruto de la promesa.

¡Cuán grande es la bendición de una obediencia perfecta! El Señor establece con su pueblo una alianza ofensiva y defensiva. Bendecirá a los que nos bendicen y maldecirá a los que nos maldicen. Dios estará con todo su corazón al lado de su pueblo, y en todas sus situaciones le mostrará la más viva simpatía. ¡Qué protección nos promete! No nos preocupemos de nuestros adversarios cuando sabemos que son los adversarios de Dios. Si Jehová se ha encargado de nuestra defensa, podemos dejar en sus manos a nuestros enemigos.

Por lo que a nuestros intereses respecta, no tenemos enemigos; pero por causa de la verdad y la justicia, tomamos nuestras armas y salimos al combate. En esta guerra santa somos aliados del Dios eterno, y si diligentemente obedecemos su ley, Él promete emplear todo su poder en nuestro favor. Por tanto, a nadie temeremos.

***La Biblia** en un año:*

- *Oseas 1 - 4*
- *Apoc. 1*

"Confía en Jehová, y haz el bien; y habitarás en la tierra, y te apacentarás de la verdad."

Salmos 37:3

11 Diciembre

Mis notas:

Creer y obrar son inseparables en el orden establecido por el Espíritu Santo. Deberíamos tener fe y esa fe debería obrar. La fe en Dios nos hace obrar santamente; confiamos en Dios para el bien, y obramos lo que es bueno. No permanecemos inactivos porque confiamos, sino que nos despertamos y esperamos que el Señor obrará por medio de nosotros. No es nuestra condición acongojarnos y hacer mal, sino esperar y hacer bien; no podemos confiar sin obrar, ni obrar sin confiar.

Nuestros enemigos, si pudieran, tratarían de desarraigarnos, pero confiando y obrando bien, viviremos en la tierra. No iremos a Egipto, sino que permaneceremos en la tierra de Enmanuel, la providencia de Dios, Canaán del pacto de amor. Los enemigos de Dios no podrán tan fácilmente deshacerse de nosotros, ni echarnos fuera, ni quebrantarnos. Donde Dios nos ha dado un nombre y un lugar, allí permaneceremos.

¿Y qué decir de la provisión para nuestras necesidades? El Señor ha puesto la palabra «en verdad» en esta promesa. Tan cierto como el Señor es verdadero, así su pueblo será alimentado. A ellos les pertenece esperar y hacer bien, y el Señor obrará conforme a su fe. Si no son mantenidos por los cuervos o por un Abdías, ni por una viuda, lo cierto es que serán alimentados. ¡Fuera todo temor!

***La Biblia** en un año:*

- *Oseas 5 - 8*
- *Apoc. 2*

12
Diciembre

Isaías 30:15

"En quietud y en confianza será vuestra fortaleza."

Mis notas:

Siempre será una debilidad acongojarse y preocuparse, desconfiar y cavilar. ¿Qué provecho sacamos de esto? ¿Qué conseguimos con la duda y el enojo?

¿Acaso no nos incapacitamos para la acción y turbamos nuestro espíritu de suerte que no seamos capaces de tomar una decisión prudente? Nos hundimos con nuestros esfuerzos cuando podíamos salir a flote por la fe.

¡Quién tuviera la gracia de permanecer tranquilo! ¿Por qué corremos de casa en casa para contar la triste historia que nos aflige cada vez más que la repetimos? Y si nos quedamos en nuestra casa, ¿por qué lloramos angustiosamente pensando en cosas que tal vez no se realizarán? Bueno sería refrenar la lengua, pero mejor sería conservar el corazón tranquilo. ¡Ojalá pudiéramos estar sosegados y conocer que Jehová es Dios!

¡_ Quién pudiera tener la gracia de confiar en Dios! El Santo de Israel tiene que defender y librar a los suyos; no puede volverse atrás de sus compromisos. Ciertos podemos estar de que cada palabra suya permanecerá, aunque se moviesen los montes. Él es digno de nuestra fe, y si confiamos en Él, podremos ser tan felices como los espíritu delante de su trono.

Vuelve, alma mía, a tu reposo, y reclina tu cabeza en el pecho de tu Señor Jesús.

***La Biblia** en un año:*

- *Oseas 9 - 11*
- *Apoc. 3*

"Sucederá que al caer la tarde habrá luz."

Zacarías 14:7

13 Diciembre

Mis notas:

Esto es sorprendente, porque todo indica que, al atardecer, oscurece. Dios acostumbra a obrar de un modo tan distinto a como obramos nosotros, tan por encima de nuestros temores y esperanzas, que nos quedamos sorprendidos y obligados a adorar su gracia soberana. No acontecerá con nosotros según los augurios de nuestro corazón: la oscuridad no llegará a ser como la noche, sino que repentinamente se esclarecerá como el día. Nunca desmayemos. En los tiempos más adversos, confiemos en el Señor, porque Él cambia la oscuridad de la muerte en la claridad de la mañana. Cuando el trabajo de fabricar ladrillos se dobló entonces es cuando apareció Moisés, y cuando abunda la tribulación, es señal de que nos acercamos al final.

Esta promesa debe ayudarnos a ser pacientes. Tal vez la luz no amanecerá del todo hasta que nuestras esperanzas estén totalmente agotadas esperando todo el día en vano. Para el impío el sol se pone cuando aún es de día; para el justo se levanta cuando casi es de noche. ¿No podemos esperar con paciencia aquella luz divina, que tal vez tarde en llegar, pero que es digna de ser esperada?

Y ahora, alma mía, acepta esta palabra y canta al que te bendecirá en vida y en muerte, de modo que sobrepujará todo lo que tú has visto y esperado en tus mejores días.

***La Biblia** en un año:*

- *Oseas 12 - 14*
- *Apoc. 4*

14 Diciembre

Apoc. 21:5

"Y el que estaba sentado en el trono dijo: He aquí, yo hago nuevas todas las cosas."

Mis notas:

¡Gloria sea dada a su nombre! Todas las cosas necesitan ser renovadas, porque desgraciadamente están rotas y gastadas por el pecado. Tiempo es ya de que el vestido viejo sea arrollado y desechado, y de que la creación entera se vista de fiesta. Pero nadie, sino el Señor que las creó, puede hacer nuevas todas las cosas, porque tanto poder se necesita para sacar algo del mal, como de la nada. El Señor Jesús ha emprendido la obra y es capaz de ejecutarla. Él ya ha comenzado y durante siglos ha perseverado en renovar los corazones y el orden de la sociedad. Pronto renovará por completo la constitución del gobierno de los hombres, y la humana naturaleza será transformada por la gracia. Día llegará en que el cuerpo será hecho de nuevo y resucitará a la semejanza de su cuerpo glorioso.

¡Qué gozo pertenecer a un reino en el cual todo se está renovando por el poder de su Rey! No morimos, sino que avanzamos hacia una vida más gloriosa. A pesar de la oposición de los agentes del mal, nuestro glorioso Jesús está realizando su propósito haciéndonos «nuevos», y haciendo «nuevas» todas las cosas que nos rodean, y tan llenas de hermosura como cuando al principio salieron de las manos de su Creador.

***La Biblia** en un año:*

- *Joel*
- *Apoc. 5*

"Y volverán sus espadas en rejas de arado, y sus lanzas en hoces; no alzará espada nación contra nación, ni se adiestrarán más para la guerra."

Isaías 2:4

15 Diciembre

Mis notas:

¡Ojalá hubiesen llegado estos felices tiempos! Actualmente, las naciones están armadas hasta los dientes y cada día aparecen nuevos inventos, cada vez más mortíferos, como si la gloria principal del hombre fuera destruir por millares a sus semejantes. Sin embargo, la paz prevalecerá algún día, de suerte que los instrumentos de destrucción serán transformados en objetos muy distintos y para usos más provechosos.

¿Cómo se efectuará esto? ¿Por el comercio, la civilización, o el arbitraje? No lo creo. Las experiencias pasadas nos impiden confiar en medios tan poco adecuados. La paz solamente será establecida por el Príncipe de la Paz. Él debe enseñar al pueblo por su Espíritu, renovar los corazones con su gracia y reinar con la soberanía de su poder. Entonces los hombres cesarán de herir y matar. El hombre, cuando se enfurece, es un monstruo; sólo el Señor Jesús puede trocar el león en cordero. Con sólo transformar su corazón, desaparecerán sus sanguinarios instintos. Que cada lector de este libro ore hoy, sobre todo, al Señor y dador de la paz para que ponga fin a las guerras, y restaure la paz en el mundo.

***La Biblia** en un año:*

- *Amós 1 - 3*
- *Apoc. 6*

16 Diciembre

Josué 17:18

"Tú arrojarás al cananeo, aunque tenga carros herrados, y aunque sea fuerte."

Mis notas:

Estar seguro de la victoria es un estímulo del valor, porque entonces el hombre sale confiado a la guerra, y se muestra valiente cuando todo incitaría al temor. Nuestra lucha se desencadena contra el mal dentro de nosotros y alrededor nuestro y debiéramos estar persuadidos de que podemos vencer y que en el nombre de Jesús, venceremos. No estamos para caer, sino para vencer: el triunfo será nuestro. La omnipotente gracia de Dios se nos concede para que destruyamos el mal en todas sus formas; de aquí viene la seguridad de la victoria.

Ciertos pecados nuestros encuentran en nuestro temperamento, en nuestros hábitos inveterados y en nuestras mismas ocupaciones, verdaderos carros blindados. No obstante, debemos vencerlos. Son poderosos, y ante ellos nos sentimos débiles; pero, en el nombre de Dios, los destruiremos. Si un pecado nos domina, no somos siervos libres del Señor. Aunque el hombre esté preso con una sola cadena, no por eso deja de ser un cautivo. No podemos entrar en el cielo siendo esclavos de un solo pecado, porque el Señor ha dicho a los santos: «El pecado no se enseñoreará de vosotros». Levántate y mata al cananeo, y haz pedazos cada carro herrado. Jehová de los ejércitos es con nosotros, ¿y quién podrá resistir su poder vencedor contra el pecado?

***La Biblia** en un año:*

- *Amós 4 - 6*
- *Apoc. 7*

"Y así estaremos siempre con el Señor."

1 Tesal. 4:17

17 Diciembre

Mis notas:

Mientras estemos aquí, el Señor está con nosotros, y cuando seremos llamados, estaremos con Él. El creyente no puede estar separado de su Salvador. Son una cosa y siempre lo serán. Jesús no puede estar sin su pueblo; de lo contrario, sería una cabeza sin cuerpo. Ora seamos arrebatados en el aire, ora descansemos en el paraíso, o moremos aquí, siempre estamos con Jesús. ¿Quién nos apartará de Él?

¡Qué inmenso gozo!, nuestro honor supremo, nuestro descanso, nuestro consuelo y gozo son estar con el Señor. Nada podemos soñar que pueda exceder, ni siquiera igualar, esta divina compañía. Por una santa comunión, debemos estar con Él en su humillación y sufrimiento, para que podamos estar con Él en la gloria. Pronto descansaremos en Él en su sabiduría, en su esperanza, y en su manifestación gloriosa. Compartiremos las mismas pruebas y gozaremos del mismo triunfo.

Oh, mi Señor, si he de estar eternamente contigo, mi destino es incomparable. Ni a los mismos arcángeles envidiaré, porque mi ideal supremo es estar con el Señor. Ni las arpas de oro, ni las coronas inmarcesibles, ni la luz sin nubes, constituyen mi dicha; sólo Jesús, y yo siempre con Él en la más íntima comunión, será mi verdadera gloria.

***La Biblia** en un año:*

- *Amós 7 - 9*
- *Apoc. 8*

18 Diciembre

Isaías 31:5

"Como las aves que vuelan, así amparará Jehová de los ejércitos a Jerusalén."

Mis notas:

Con rápido vuelo se apresura el ave a socorrer a sus polluelos. No malgasta el tiempo en el camino cuando viene a darles de comer o a librarles del peligro. Así acudirá el Señor, con alas de águila para defender a sus escogidos; volará sobre las alas del viento.

La madre extiende sus alas para cubrir en el nido a sus pequeños. Los esconde interponiendo su propio cuerpo. La gallina comunica su propio calor a sus pollos y de sus alas hace casa donde moran contentos. Así obra Jehová para proteger a sus escogidos. Él mismo es su refugio, su morada, su todo.

Como aves que vuelan y como aves que protegen (la palabra tiene ambos significados), así hará el Señor con nosotros, y esto lo repetirá con éxito muchas veces. Seremos amparados y guardados de todo mal: el Señor, que se compara a las aves, no será como ellas en su debilidad, porque es Jehová de los ejércitos. El amor eterno será pronto para defender y seguro en su protección. Sea este nuestro consuelo. Las alas de Dios son más rápidas y solícitas que las del ave, y nosotros confiaremos a su sombra desde ahora y para siempre.

***La Biblia** en un año:*

- *Abdías.*
- *Apoc. 9*

"Él guarda todos sus huesos; ni uno de ellos será quebrantado."

Salmos 34:20

19 Diciembre

Mis notas:

Esta promesa, según el contexto, se refiere al justo muy afligido: «Muchos son los males del justo; mas de todos ellos lo librará Jehová». Podrá ser herido, pero no sufrirá grandes daños: «ni uno solo de sus huesos será quebrantado».

Gran consuelo es este para los hijos de Dios en la prueba, consuelo que puedo yo aceptar, por que hasta el presente, no he sufrido perjuicio alguno por mis aflicciones. No he perdido ni la fe, ni la esperanza, ni el amor. Al contrario, estas gracias, que son la fuerza del carácter, han ganado en intensidad y energía. Tengo más conocimiento, más experiencia, más paciencia y mas firmeza de lo que tenía antes de la prueba. Ni siquiera mi gozo ha sido destruido. La enfermedad, el luto, el abatimiento, la calumnia y la contradicción me han producido muchas contusiones; pero éstas han sanado, y no hubo fractura doble ni sencilla de hueso. La razón es fácil de comprender. Si confiamos en el Señor, Él guarda todos nuestros huesos, y si Él los guarda, podemos estar seguros de que ni uno solo sera quebrantado.

Corazón mío, no te entristezcas. Estás resentido, pero los huesos no son quebrantados. Sufre trabajos y desafía al temor.

***La Biblia** en un año:*

- *Jonás.*
- *Apoc. 10*

20
Diciembre

Isaías 51:12-13

"Yo, soy vuestro consolador. ¿Quién eres tú para que tengas temor del hombre, que es mortal, y del hijo del hombre, que es como heno? Y te has olvidado de Jehová tu Hacedor, que extendió los cielos y fundó la tierra; y todo el día temiste continuamente del furor del que aflige cuando se disponía para destruir. ¿Pero en dónde está el furor del ue aflige?"

Mis notas:

Tomemos este mismo versículo como la porción de hoy. No es preciso amplificarlo. Tú, que tiemblas, léelo, créelo, nútrete de él, y pide al Señor su cumplimiento. Después de todo, a quien temes es un mero hombre; mas el que promete confortarte es Dios, tu Hacedor, el Creador del cielo y de la tierra. Su consuelo infinito sobrepuja un peligro limitado.

«¿En dónde está el furor del que aflige?»: en la mano del Señor. Se trata del furor de un hombre mortal, que termina como el soplo de sus narices. ¿Por qué, pues, estamos atemorizados de un hombre que es tan débil como nosotros? No deshonremos a nuestro Dios haciendo del hombre apocado un Dios. Podemos hacer del hombre un ídolo, ora para temerle, ora para rendirle un amor exagerado. Tratemos a los hombres como hombres y a Dios como Dios, y entonces seguiremos pacíficamente la senda del deber, temiendo al Señor, y no temiendo a los hombres.

***La Biblia** en un año:*

- *Miqueas 1 - 3*
- *Apoc. 11*

"Él volverá a tener misericordia de nosotros; sepultará nuestras iniquidades, y echará en lo profundo del mar todos nuestros pecados."

Miqueas 7:19

21 Diciembre

Mis notas:

Dios jamás abandona su amor, pero deja pronto su ira. El amor a sus escogidos está en conformidad con su carácter; su ira con su deber; ama porque es amor, se enoja porque es necesario para nuestro bien. Él volverá al lugar donde su corazón descansa, es decir, al amor a los suyos, y, por tanto, tendrá compasión de nuestros dolores y les pondrá fin.

¡Qué promesa tan magnífica! «Él sujetará nuestras iniquidades». Las vencerá. Procuran esclavizarnos, pero el Señor nos dará la victoria con su diestra. Como los cananeos, serán vencidas, dominadas y, finalmente destruidas.

Y cuán gloriosamente es quitada la culpabilidad de nuestros pecados! «Todos nuestros pecados», sí, por numerosos que sean, los «echará» (sólo un brazo omnipotente podría obrar tal maravilla) «en lo profundo del mar», donde se hundieron Faraón y sus carros. No los echará a flor de agua, de donde podrían salir con la marea, sino que serán precipitados «en lo profundo del mar». Han desaparecido todos. Como piedras descendieron a las profundidades. ¡Aleluya! ¡Aleluya!

***La Biblia** en un año:*

- *Miqueas 4 - 5*
- *Apoc. 12*

22 Diciembre

Salmos 46:1

"Dios es nuestro amparo y fortaleza, nuestro pronto auxilio en las tribulaciones."

Mis notas:

Una ayuda que no llega cuando la necesitamos vale poco. El áncora abandonada en casa de nada vale para el marinero en el momento de la tormenta; el dinero que en otro tiempo poseyó el deudor para nada vale cuando se ha extendido contra él una demanda judicial. Pocas ayudas terrenales pueden llamarse «prontas»: de ordinario se hallan lejos cuando hay que buscarlas, cuando se utilizan, y todavía más lejos después de utilizarlas. Empero nuestro Dios es «pronto» cuando le buscamos; «pronto» cuando le necesitamos, y «pronto» cuando hemos experimentado su ayuda.

Viene en nuestro auxilio antes que pueda llegar el amigo más cercano, porque durante la prueba está en nosotros; más presente de lo que estamos nosotros en nosotros mismos, porque a veces carecemos de presencia de ánimo. Él está siempre presente, totalmente presente, eficazmente presente, simpáticamente presente, totalmente presente. Está presente ahora si es un tiempo sombrío; descansemos en Él. Es nuestro refugio: escondámonos en Él; es nuestra fortaleza: revistámonos de Él; es nuestro amparo: apoyémonos en Él; nuestro pronto auxilio: descansemos ahora mismo en Él. No es preciso que pasemos ansiedad ni temor. «Jehová de los ejércitos es con nosotros; nuestro refugio es el Dios de Jacob».

***La Biblia** en un año:*

- *Miqueas 6 - 7*
- *Apoc. 13*

"A José dijo: Bendita de Jehová sea tu tierra, con lo mejor de los cielos, con el rocío, y con el abismo que está abajo."

Deut. 33:13

23 Diciembre

Mis notas:

Podemos ser enriquecidos con los mismos bienes que los prometidos a José y en un sentido más amplio todavía. Oh, si tuviéramos «los regalos de los cielos». El poder de Dios desplegado en nuestro favor, y la manifestación del poder de lo alto, son cosas preciosas. La bendición de las tres divinas Personas, de amor, gracia y comunión, la estimamos más que el oro fino. Las cosas de la tierra son nada comparadas con las cosas del cielo.

«El rocío», ¡cuán precioso es esto! ¡Cómo oramos y adoramos cuando tenemos el rocío! ¡Qué refrigerio, qué crecimiento, qué perfume y qué vida hay en nosotros cuando el rocío está a nuestro alrededor! Somos plantas del jardín formado por la diestra del Señor, y necesitamos el rocío de su Santo Espíritu.

«El abismo que abajo yace». Esto, sin duda, se refiere al océano invisible, que alimenta todos los manantiales que alegran la tierra. ¡Oh, qué bendición sacar agua de las fuentes eternas! Ésta es una dádiva inefable que ningún creyente descansa hasta poseerla. La completa suficiencia de Jehová es nuestra para siempre. Recurramos a ella ahora mismo.

***La Biblia** en un año:*

- *Nahúm .*
- *Apoc. 14*

24 Diciembre

Deut. 33:29

"Tus enemigos serán hallados mentirosos."

Mis notas:

El diablo, nuestro mortal enemigo, es mentiroso desde el principio; sin embargo, se explica que creamos en él, como creyó nuestra madre Eva. Nosotros hemos podido comprobar que es mentiroso.

Dice que perderemos la gracia, que deshonraremos nuestra profesión y pereceremos en el juicio de los apóstatas. Pero confiando en el Señor Jesús, proseguiremos nuestro camino y experimentaremos que Jesús no pierde a ninguno de los que le confió su Padre. Nos dice que nuestro pan faltará y que nosotros y nuestros hijos perecerán de hambre; pero el que alimenta a los cuervos, nunca nos olvida, sino que adereza mesa para nosotros en presencia de nuestros angustiadores.

Nos susurra al oído que el Señor no nos sacará de la prueba que vislumbramos, y nos amenazará con que la prueba nos quebrantará. ¡Qué mentiroso es!, porque sabemos que el Señor jamás nos desamparará. «Líbrale ahora si le quiere!», clama el enemigo mortal; pero el Señor cerrará su boca viniendo en nuestro auxilio.

Se complace en decirnos que la muerte será demasiado para nosotros. «¿Cómo harás en la hinchazón de Jordán?» Pero también veremos que es mentiroso, y cruzaremos el río cantando salmos de gloria.

***La Biblia** en un año:*

- *Habacuc .*
- *Apoc. 15*

25 Diciembre

"Este mismo Jesús, que ha sido tomado de vosotros al cielo; así vendrá como le habéis visto ir al cielo."

Hechos 1:11

Mis notas:

Muchos celebran hoy la primera venida de nuestro Señor, pensemos nosotros en la promesa de su segundo advenimiento. La segunda venida es tan cierta como la primera. Su certidumbre proviene, en gran parte, de ella. El que vino a servir, vendrá a recoger la recompensa de su servicio. El que vino a sufrir, vendrá también a reinar.

Esta es nuestra esperanza gloriosa, porque participaremos de su gozo. Hoy somos desconocidos y humillados, como vivió Cristo cuando estuvo en la tierra; mas cuando Él venga, será nuestra manifestación, y al mismo tiempo su revelación. Los santos que han muerto vivirán a su venida. Los calumniados y despreciados resplandecerán como el sol en el reino de su Padre. Los suyos aparecerán como reyes y sacerdotes, y los días de su luto se acabarán. El largo descanso y el esplendor incomparable del reino milenario recompensarán con abundancia los largos años de testimonio y de luchas.

¡Venga presto el Señor! ¡Él viene! Está ya de camino y viene de prisa ¡El ruido de sus pasos debería ser como música en nuestros corazones! ¡Sonad gozosas, campanas de esperanza!

***La Biblia** en un año:*

- *Sofonías .*
- *Apoc. 16*

26 Diciembre

Mateo 26:33

"Respondiendo Pedro, le dijo: Aunque todos se escandalicen de ti, yo nunca me escandalizaré."

Mis notas:

Dirá alguien: «Esto no es una promesa de Dios». Cierto, fue promesa de hombre y, por tanto, no se realizó. Pedro pensaba que podría llevar a cabo su propósito; empero una promesa que no tiene otro fundamento que la fuerza humana cae por tierra. En efecto, tan pronto como surgió la tentación, Pedro negó a su Maestro y juró para confirmar su negación.

¿Qué es la palabra del hombre? Un vaso de barro que se quiebra al primer golpe. ¿Qué son nuestras resoluciones? Una flor que con la ayuda de Dios fructificará; pero, abandonada a sí misma, cae a tierra al primer soplo del viento que agita la rama.

No confíes en la palabra del hombre, porque poco puede hacer.

No cuentes con tus propias resoluciones. Cuenta con la promesa de Dios ahora y en la eternidad, en este mundo y en el otro, para lo tuyo y lo de tus seres queridos.

Este volumen es un libro de cheques para los creyentes, y esta página es un aviso relativo a la caja a la cual se dirigen y a la firma que deben aceptar. Cuenta en todo con el Señor. No te fíes de ti mismo, ni de ningún nacido de mujer más de lo justo; confía únicamente y en todas las cosas en el Señor.

***La Biblia** en un año:*

- *Hageo .*
- *Apoc. 17*

"Porque los montes se moverán, y los collados temblarán; pero no se apartará de ti mi misericordia, ni el pacto de mi paz se quebrantará, dijo Jehová, el que tiene misericordia de ti."

Isaías 54:10

27 Diciembre

Mis notas:

Una de las más preciosas cualidades del amor divino es su carácter permanente. Los pilares de tierra pueden ser removidos de su sitio; pero la alianza de gracia del Dios misericordioso jamás se apartará de su pueblo. ¡Qué satisfecha está mi alma de tener una fe tan grande en esta declaración inspirada! El año toca a su fin y los años de mi vida van disminuyendo, mas el tiempo no cambia a mi Señor. Nuevos inventos sustituyen o mejoran a los antiguos: Dios es el mismo. La fuerza puede trastornar los montes, mas no existe poder alguno capaz de afectar al Dios eterno. Ni lo pasado, ni lo presente, ni lo futuro puede hacer que cambie la benevolencia de Dios para conmigo.

Alma mía, descansa en la eterna misericordia de tu Señor, que te trata como a pariente cercano. Acuérdate también del pacto eterno. Dios siempre lo tiene presente; no lo olvides tú. En Cristo Jesús, Dios se ha comprometido a ser tu Dios y considérate como a uno de su pueblo. Misericordia y pacto están aquí unidas como dos cosas seguras y duraderas, que ni la misma eternidad te podrá arrebatar.

***La Biblia** en un año:*

- *Zac. 1 - 4*
- *Apoc. 18*

28 Diciembre

Hebreos 13:5

"Porque él dijo: No te desampararé ni te dejaré."

Mis notas:

En varias ocasiones se repiten estas palabras en las Escrituras y las han repetido para darnos una doble seguridad. No abriguemos duda alguna. En el texto griego hay cinco negaciones; en todas ellas se excluye la posibilidad de que el Señor pueda abandonar a su pueblo, aun cuando éste con justicia pudiera creerse abandonado. Este precioso pasaje no nos promete inmunidad de penas, pero nos asegura que no seremos abandonados de Dios. Podemos ser invitados a pasar por caminos tortuosos y extraños, pero siempre tendremos la compañía, el socorro y la protección de nuestro Señor. No hay por qué codiciar, porque siempre tendremos a nuestro Dios, y Dios vale más que el oro, y su favor es una verdadera fortuna.

Deberíamos contentarnos con lo presente, porque quien a Dios posee, posee el mundo entero. ¿Qué más podemos tener que al Infinito? ¿Qué más podemos desear que la bondad del Omnipotente?

Ven, alma mía; si Dios dice que no te desamparará, ni te dejará ora sin cesar para que te dé la gracia de que no abandones al Señor y dejes un momento su camino.

***La Biblia** en un año:*

- *Zac. 5 - 8*
- *Apoc. 19*

"Y hasta la vejez yo mismo, y hasta las canas os soportaré yo: yo hice, yo llevaré, yo soportaré y guardaré."

Isaías 46:4

29 Diciembre

Mis notas:

El año envejece, y esta promesa se dirige a nuestros queridos ancianos, y a todos nosotros cuando lleguemos a la vejez. Si Dios prolonga nuestros años, nos cubriremos de canas. Por tanto, bien podemos gozarnos de esta promesa por medio de la fe.

Cuando lleguemos a la vejez, Dios será: «Yo soy el que soy», que siempre permanece el mismo. Las canas pregonan nuestra decadencia, pero Dios no decae. Cuando ya no podamos soportar la carga, ni podamos sostenernos, el Señor nos llevará. Así como en nuestra infancia nos llevó en su seno como corderos, así lo hará también en los años de nuestra debilidad.

Él nos hizo y Él nos cuidará. Cuando para nuestros amigos y para nosotros mismos seamos una pesada carga, el Señor no nos desamparará sino que nos levantará y nos llevará mejor que nunca. Dios, muchas veces, da a sus siervos una larga y apacible noche. Trabajaron mucho durante el día y se cansaron en el servicio de su Maestro, el cual les dijo: «Ahora descansad con anticipación del sábado eterno que yo os he preparado». No temamos la vejez. Que nuestra vejez nos sea grata, ya que el mismo Señor está con nosotros con toda la plenitud de su gracia.

***La Biblia** en un año:*

- *Zac. 9 - 12*
- *Apoc. 20*

30 Diciembre

Juan 13:1

"Como había amado a los suyos que estaban en el mundo, los amó hasta el fin."

Mis notas:

He aquí un hecho que es una auténtica promesa: lo que nuestro Señor era, sigue siéndolo todavía, y lo que fue para aquellos con quienes convivió en la tierra, lo será para sus hijos mientras el mundo dure.

«Habiendo amado»: He aquí un milagro. ¡Que hubiese amado a los hombres, tal como son, es una maravilla! ¿Qué halló en sus discípulos para que les amara? ¿Y qué hay en mí?

Mas ya que Jesús comenzó a amar, lógico es que continúe amando. El amor hizo de los santos «los suyos». ¡Qué título tan preclaro! Los compró con su sangre y vinieron a ser su tesoro. Siendo los suyos, no los perderá, siendo sus amados, no cesará de amarlos!

«Hasta el fin». Aun hasta su muerte fue el amor a los suyos la pasión dominante de Jesús. También significa hasta lo sumo. No podía amarles más; se dio a sí mismo por ellos. Algunos leen hasta la perfección. Verdaderamente derramó sobre ellos un amor perfecto, en el cual no había ni exaltación, ni tacha alguna, ni imprudencia, ni deslealtad, ni reserva.

Tal es el amor de Jesús a cada uno de sus hijos. Cantemos una canción a nuestro amado.

***La Biblia** en un año:*

- *Zac. 13 - 14*
- *Apoc. 21*

"Me has guiado según tu consejo, y después me recibirás en gloria."

Salmos 73:24

31 Diciembre

Mis notas:

De día en día, y de año en año, mi fe confía en su sabiduría y en el amor de Dios, y sé que mi confianza no será vana. Ninguna palabra suya de bondad ha faltado jamás, y seguro estoy de que nunca faltará.

En sus manos me pongo para ser dirigido. Ignoro el camino que debo seguir, mas el Señor elegirá mi heredad. Necesito consejo, porque mis obligaciones son complicadas y mi situación embarazosa. Me acerco al Señor, como el Sumo Sacerdote en otro tiempo miraba el Urim y el Thummim. Busco el consejo del Dios infalible con preferencia a mi propio juicio, o a los juicios y consejos de mis amigos. ¡Glo rioso Jehová, Tú me guiarás!

Pronto llegará el fin: unos pocos años más, y saldré de esta vida para ir al Padre. El Señor estará cerca de mi lecho. Me recibirá a la puerta del cielo: me dará la bienvenida en la gloria. No seré un extraño en el cielo: mi propio Dios y Padre me recibirá en la bienaventuranza eterna.

GLORIA SEA DADA
A AQUEL QUE ME GUIARÁ AQUÍ
Y ME RECIBIRÁ ALLÍ.
AMÉN.

***La Biblia** en un año:*

- *Malaquías*
- *Apoc. 22*

ÍNDICE DE CITAS DE LA ESCRITURA

Antiguo Testamento

GÉNESIS

1-3 1/1
3:15 1/1
4-6 2/1
7-9 3/1
9:14 11/1
10-12 4/1
13-15 5/1
13:14-15 12/2
16-17 6/1
17:7 1/8
18-19 7/1
20-22 8/1
23-24 9/1
25-26 10/1
27-28 11/1
28:13 3/1
28:15 30/1
29-30 12/1
31-32 13/1
32:12 28/5
33-35 14/1
36-38 15/1
39-40 16/1
41-42 17/1
43-45 18/1
46-48 19/1
48:21 1/7
49:19 11/5
49-50 20/1
50:24 2/10

ÉXODO

1-3 21/1
3:12 17/1
4-6 22/1
4:12 2/8
7:5 21/1
7-8 23/1
8:23 29/10
9-11 24/1
11:7 5/6
12-13 25/1
12:13 5/2
14-15 26/1
16-18 27/1
21-22 29/1
23-24 30/1
23:22 10/12
23:25 26/5
23:28 4/4
25-26 31/1
27-28 1/2
29-30 2/2
31-33 3/2
33:14 27/11
34-35 4/2
36-38 5/2
39:40 6/2

LEVÍTICO

1:4 23/1
1-3 7/2
4-5 8/2
4:7 9/10
6-7 9/2
8-10 10/2
11-12 11/2
13 12/2
14 13/2
15-16 14/2
17-18 15/2
19-20 16/2
21-22 17/2
22:11 3/8
23-24 18/2
25 19/2
26-28 20/2

NÚMEROS

1-2 21/2
3-4 22/2
5-6 23/2
7-8 24/2
6:24 4/8
9-11 25/2
12-14 26/2
15-16 27/2
15:25 28/10
17-19 28/2
20-22 1/3
21:8 10/4
23:9 26/9
23:23 26/1
23-25 2/3
26-28 3/3
29-31 4/3
32-34 5/3
35-36 6/3

DEUTERONOMIO

1:21 6/8
1-3 7/3
4-6 8/3
7-9 9/3
7:22 23/11
10-12 10/3
12:28 29/1
13:17 7/5
15:18 26/4
16-18 12/3
19-21 13/3
20:4 17/6
22-24 14/3
25-27 15/3

28:2-3 6/2
28:3 13/2
28:5 8/3
28:6 10/9
28:8 28/11
28:10 7/4
28:12 25/5
28:13 28/3
28-29 16/3
30:3 5/5
30:6 12/10
30-31 17/3
31:8 30/11
32-34 18/3
33:12 18/9
33:13 23/12
33:18 12/3
33:25 19/7
33:28 12/6, 13/9
33:29 24/12

JOSUÉ

1:5 18/4
1:7 7/8
1-3 19/3, 27/3
4-6 20/3, 28/3
7-8 29/3
7-9 21/3
9-10 30/3
10-12 22/3
11-12 31/3
13-15 23/3, 1/4
16-18 24/3, 2/4
17:18 16/12
19-21 25/3, 3/4
22-24 26/3
23:10 24/5

JUECES

4:9 21/6
6:14 28/6
13:23 25/9

RUT

1-4 4/4

1 SAMUEL

1-3 5/4
2:7 10/8
2:9 24/1
2:30 4/3
4-6 6/4
7-9 7/4
10-12 8/4
12:22 14/6
13-14 9/4
15-16 10/4
17:37 22/2
17:47 11/3
17-18 11/4
19-21 12/4
22-24 13/4
25-26 14/4
27-29 15/4
30-31 16/4

2 SAMUEL

1-2 17/4
3-5 18/4
5:24 3/5
6-8 19/4
7:29 22/10
9-11 20/4
12-13 21/4
14-15 22/4
16-18 23/4
19-20 24/4
21-22 25/4
22:29 12/8
23-24 26/4
23:5 30/8

1 REYES

1-2 27/4
3-5 28/4
6-7 29/4
8-9 30/4
10-11 1/5
11:39 14/8
12-13 2/5
14-15 3/5
16-18 4/5
19-20 5/5
21-22 6/5

2 REYES

1-3 7/5
3:16-17 4/11
4-6 8/5
6:16 17/8
7-9 9/5
10-12 10/5
13-14 11/5
15-16 12/5
17-18 13/5
19-21 14/5
19:32 23/6
22:19 ¾
22-23 15/5
24-25 16/5

1 CRÓNICAS

1-3 17/5
4-6 18/5
7-9 19/5
10-12 20/5
13-15 21/5
16-18 22/5
19-21 23/5
22-24 24/5
25-27 25/5
28:9 18/8
28-29 26/5

2 CRÓNICAS

1-3 27/5
4-6 28/5
7-9 29/5
7:14 13/10
10-12 30/5
13-14 31/5
15:7 17/2
15-16 1/6
17-18 2/6
19-20 3/6
20:17 5/9
21-22 4/6
23-24 5/6
25-27 6/6
25:9 24/6
28-29 7/6
30-31 8/6
32-33 9/6
34-36 10/6

ESDRAS

1-2 11/6
3-5 12/6
6-8 13/6
9-10 14/6

NEHEMÍAS

1-3 15/6
4-6 16/6
7-9 17/6
10-11 18/6
12-13 19/6

ESTER

1-2 20/6
3-5 21/6
6-8 22/6
9-10 23/6

JOB

1-2 24/6
3-4 25/6
5-7 26/6
5:19 20/8
8-10 27/6
11-13 28/6
14-16 29/6
17-19 30/6
20-21 1/7
22:23 7/2
22-24 2/7
25-27 3/7
28-29 4/7
30-31 5/7
32-33 6/7
33:27-28 25/1
34-35 7/7
36-37 8/7
38-40 9/7
41-42 10/7

SALMOS

1-3 11/7
4-6 12/7
6:9 6/5
7-9 13/7
9:18 15/1
10-12 14/7
13-15 15/7
16-17 16/7
16:8 2/12
16:10 3/3
17:15 3/10
18:28 27/9
18-19 17/7
20-22 18/7
23:4 20/6
23:6 29/2
23-25 19/7
26-28 20/7
27:14 6/9
29:11 7/12
29-30 21/7
30:5 21/8
31-32 22/7
32:10 14/2
33:21 9/5
33-34 23/7
34:7 8/7
34:20 19/12
35-36 24/7
37:3 11/12
37:4 6/11
37:31 5/8
37-39 25/7
40-42 26/7
41:1 22/1
41:3 26/3
43-45 27/7
46-48 28/7
46:1 22/12
47:4 14/4
48:14 3/7
49-50 29/7
50:15 31/7
51-53 30/7
52:22 14/7
54-56 31/7
55:16 28/8
57-59 1/8
58:11 19/8
60-62 2/8
62:1 11/8
63-65 3/8
66-67 4/8
68-69 5/8
81-83 11/8
70-71 6/8
72:12 23/5
72-73 7/8
73:24 31/12
74-76 8/8
76:10 22/8
77-78 9/8
79-80 10/8

81:10 30/9
84:11 19/3, 2/11
84-86 12/8
87-88 13/8
89-90 14/8
91:4 4/12
91:14 15/5
91-93 15/8
92:12 17/9
94:14 17/11
94-96 16/8
97:11 23/10
97-99 17/8
100-102 18/8
101:6 9/7
102:13-14 10/7
103:9 24/11
103-104 19/8
105-106 20/8
107-109 21/8
107:9 20/11
110:3 20/9
110-112 22/8
111:5 1/10
112:7 27/2
113-115 23/8
115:12 15/2
115:13 21/2
116-118 24/8
118:17 31/10
119:1-88 25/8
119:80 19/6
119:89-176 26/8
119:165 9/4
120:122 27/8
121:3 10/11
121:4 13/11
123-125 28/8
126:5 18/10
126-128 29/8
127:2 2/7
128:5 15/6
129-131 30/8
132-134 31/8
135-136 1/9
137-139 2/9
138:7 22/5
138:8 27/4
140:13 27/6
140-142 3/9
143-145 4/9
145:19 18/2
146:7 7/3
146:8 22/4
146-147 5/9
148-150 6/9

PROVERBIOS

1-2 7/9
3-5 8/9
3:23 21/3
3:24 25/3
3:25-26 31/3
3:33 5/3
6-7 9/9
8-9 10/9
8:17 23/8
10-12 11/9
10:9 1/12
10:24 15/4
10:27 22/6
11:25 9/1, 10/1
12:19 26/2
13:13 17/10
13-15 12/9
15:8 18/3
16:7 17/4
16-18 13/9
19:17 21/4
19-21 14/9
20:7 25/4
20:22 29/4
22-24 15/9
23:17-18 6/5
25-26 16/9
27:18 12/5
27-29 17/9
28:10 17/5
28:13 16/8
28:14 9/9
30-31 18/9

ECLESIASTÉS

1-3 19/9
4-6 20/9
7-9 21/9
10-12 22/9
11:1 1/6
11:3 21/5

CANTAR DE LOS CANTARES

1-3 23/9
4-5 24/9
6-8 25/9

ISAÍAS

1-2 26/9
2:4 15/12
3-4 27/9
5-6 28/9
7-8 29/9
9-10 30/9
11-13 1/10
14-16 2/10
17-19 3/10
20-22 4/10
23-25 5/10
26-27 6/10
27:3 13/6
28:16 29/11
28-29 7/10
30:15 12/12
30-31 8/10
31:5 18/12

32:2 15/9
32-33 9/10
33:10 18/6
33:16 5/12
33:21 22/9
34-36 10/10
35:8 1/4
37-38 11/10
39-40 12/10
41:10 5/1, 6/1, 8/2
41-42 13/10
42:3 8/9
42:16 23/3
43:2 6/12
43-44 14/10
44:3 11/2
44:21 5/4
45:2 20/5
45:22 21/11
45-46 15/10
46:4 29/12
47-49 16/10
48:10 27/8
49:13 7/7
50:7 8/8
50-52 17/10
51:12-13 20/12
53:10 18/1
53-55 18/10
54:4 11/6
54:10 27/12
54:17 16/11
55:12 1/5
56-58 19/10
57:16 5/11
58:11 20/2
59-61 20/10
60:22 21/10
61:6 25/2
62:4 8/10
62-64 21/10
65:24 13/8
65-66 22/10
66:5 1/3
66:13 14/3

JEREMÍAS

1-2 23/10
1:6-7 13/3
1:8 17/3
3-5 24/10
6-8 25/10
12-14 27/10
9-11 26/10
15-17 28/10
15:19 19/5
15:20 24/10
18-19 29/10
20-21 30/10
22-23 31/10
24-26 1/11
27-29 2/11
29:7 9/3
30:11 19/10
30-31 3/11
31:12 29/8
31:14 12/11
31:34 11/4, 12/4
32-33 4/11
33:3 29/6
34-36 5/11
37-39 6/11
39:17 5/7
39:18 13/7
40-42 7/11
43-45 8/11
46-47 9/11
48-49 10/11
50 11/11
50:20 22/11
51-52 12/11

LAMENTACIONES

1-2 13/11
3:27 11/9
3:31 12/1

EZEQUIEL

1-2 15/11
3-4 16/11
5-7 17/11
8-10 18/11
11-13 19/11
11:16 15/3
14-15 20/11
16:60 30/6
16-17 21/11
18-19 22/11
20:43 27/1
20-21 23/11
22-23 24/11
24-26 25/11
27-29 26/11
30-32 27/11
33-34 28/11
34:11 19/4
34:15 25/8
34:22 26/8
34:25 3/12
34:30 9/11
35-36 29/11
36:25 30/10
37:13 3/9
37-39 30/11
40-41 1/12
42-44 2/12
45-46 3/12
47:9 24/9
47-48 4/12

DANIEL

1-2 5/12
3-4 6/12
5-7 7/12
8-10 8/12
11:32 17/7
11-12 9/12
12:3 21/7
12:13 25/7

OSEAS

1-4 10/12
1:7 4/9
1:10 7/9
2:14 18/7
2:18 4/1
2:16-17 26/7
2:19-20 22/7
5-8 11/12
6:1 14/5
6:3 2/9
9-11 12/12
11:9 16/2
12-14 13/12
14:3 6/3

JOEL

1-3 14/12
2:25 18/5
2:32 16/1

AMÓS

1-3 15/12
4-6 16/12
7-9 17/12
9:9 23/9

ABDÍAS

1 18/12

JONÁS

1-4 19/12

MIQUEAS

1-3 20/12
4-5 21/12
5:7 5/10
6-7 22/12
7:7 31/1
7:8 4/5
7:19 21/12

NAHUM

1-3 23/12
1:12 19/2
1:13 2/6

HABACUC

1-3 24/12
2:3 3/11
3:19 3/6

SOFONÍAS

1-3 25/12
3:12 9/6
3:13 10/6
3:15 29/7
3:17 19/9
3:19 16/7

HAGEO

1-2 26/12
2:19 19/11

ZACARÍAS

1-4 27/12
4:7 25/11
5-8 28/12
9-12 29/12
10:12 11/10
12:8 18/11
13:9 9/2
14:7 13/12
14:9 6/4
14:20 16/4

MALAQUÍAS

1-4 31/12
3:10 24/4
3:17 4/6
4:2 1/2, 2/2

Nuevo Testamento

MATEO

1 1/1
1:21 10/10
2 2/1
3 3/1
4 4/1
4:4 4/7
5:1-26 5/1
5:4 15/7
5:7 16/5
5:8 8/1
5:27-58 6/1
6:1-18 7/1
6:3-4 2/3
6:19-34 8/1
6:30 20/3
6:33 25/10
7 9/1
8:1-17 10/1
8:18-34 11/1
9:1-17 12/1
9:18-38 13/1
10:1-20 14/1
10:21-42 15/1
10:32 14/10
10:42 16/9

11 16/1
11:28 14/1
12:1-23 17/1
12:24-50 18/1
13:12 16/6
13:1-30 19/1
13:31-58 20/1
14:1-21 21/1
14:22-36 22/1
15:1-20 23/1
15:21-39 24/1
16 25/1
17 26/1
18:1-20 27/1
19 29/1
20:1-16 30/1
20:7 8/5
20:17-34 31/1
21:1-22 1/2
21:23-46 2/2
22:1-22 3/2
22:23-46 4/2
23:1-22 5/2
23:23-39 6/2
24:1-28 7/2
24:22 26/10
24:29-51 8/2
25:1-30 9/2
25:31-46 10/2
26:1-25 11/2
26:26-50 12/2
26:33 26/12
26:64 30/5
26:51-75 13/2
27:1-26 14/2
27:27-50 15/2
27:51-66 16/2
28 17/2

MARCOS

1:1-22 18/2
1:17 29/5
1:23-45 19/2
2 20/2
3:1-19 21/2
3:20-35 22/2
4:1-20 23/2
4:21-41 24/2
5:1-20 25/2
5:21-43 26/2
6:1-29 27/2
6:30-56 29/2
7:1-13 1/3
7:14-37 2/3
8 3/3
9:1-29 4/3
9:23 9/12
9:30-50 5/3
10:1-31 6/3
10:32-52 7/3
11:1-18 8/3
11:19-33 9/3
12:1-27 10/3
13:1-20 12/3
13:21-37 13/3
14:1-26 14/3
14:27-53 15/3
14:54-72 16/3
15:1-25 17/3
15:26-47 18/3
16 19/3
16:7/10

LUCAS

1:1-20 20/3
1:21-38 21/3
1:39-56 22/3
1:57-80 23/3
2:1-24 24/3
2:25-52 25/3
3 26/3
4:1-30 27/3
4:31-44 28/3
5:1-16 29/3
5:17-39 30/3
6:1-26 31/3
6:27-49 1/4
7:1-30 2/4
7:31-50 3/4
8:1-25 4/4
8:26.56 5/4
9:1-17 6/4
9:18-36 7/4
9:37-62 8/4
10:1-24 9/4
10:25-42 10/4
11:1-28 11/4
11:29-54 12/4
12:1-31 13/4
12:32-59 14/4
13:1-22 15/4
13:23-35 16/4
14:1-24 17/4
14:25-35 18/4
15:1-10 19/4
15:11-32 20/4
16 21/4
17:1-19 22/4
17:20-37 23/4
18:1-23 24/4
18:14 7/11
18:24-43 25/4
19:1-27 26/4
19:28-48 27/4
20:1-26 28/4
20:27-47 29/4
21:1-19 30/4
21:20-38 1/5
22:1-30 2/5
22:31-46 3/5
22:47-71 4/5
23:1-25 5/5
23:26-56 6/5
24:1-35 7/5
24:36-53 8/5

JUAN

1:1-28 9/5
1:29-51 10/5
1:50 7/1
1:51 25/6
2 11/5
3:16 6/7
3:1-18 12/5
3:19-36 13/5
4:1-30 14/5
4:31-54 15/5
5:1-24 16/5
5:25-47 17/5
6:1-21 18/5
6:22-44 19/5
6:37 13/1
6:45-71 20/5
6:57 15/10
7:1-27 21/5
7:28-53 22/5
8:1-27 23/5
8:28-59 24/5
9:1-23 25/5
9:24-41 26/5
10:1-23 27/5
10:24-42 28/5
10:28 7/6
11:1-29 29/5
11:26 11/7
11:30-57 30/5
12:1-26 31/5
12:26 8/12
12:27-50 1/6
12:32 4/10
12:46 10/3
13:1 30/12
13:1-20 2/6
13:21-38 3/6
14 4/6
14:13 15/8
14:14 14/11
14:18 4/2
14:19 16/10
15 5/6
15:2 9/8
15:7 23/2, 24/2
15:10 1/9
16 6/6
16:13 6/10
16:14 29/9
16:20 26/11
16:22 30/7
16:33 31/5
17 7/6
18:1-18 8/6
18:19-40 9/6
19:1-22
19:23-42 11/6
20 12/6
21 13/6

HECHOS

1:11 25/12
1 14/6
2:1-21 15/6
2:22-47 16/6
3 17/6
4:1-22 18/6
4:23-37 19/6
5:1-21 20/6
5:22-42 21/6
6 22/6
7:1-21 23/6
7:22-43 24/6
7:44-60 25/6
8:1-25 26/6
8:26-40 27/6
9:1-21 28/6
9:22-43 29/6
10:1-23 30/6
10:24-48 1/7
11 2/7
12 3/7
13:1-25 4/7
13:26-52 5/7
13:34 27/7
14 6/7
15:1:21 7/7
15:22-41 8/7
16:1-21 9/7
16:22-40 10/7
16:31 12/9
17:1-15 11/7
17:16-34 12/7
18 13/7
18:10 29/3
19:1-20 14/7
19:21-41 15/7
20:1-16 16/7
20:17-38 17/7
21:1-17 18/7
21:18-40 19/7
22 20/7
22:15 10/2
23:11 8/4
23:1-15 21/7
23:16-35 22/7
24 23/7
25 24/7
26 25/7
27:1-26 26/7
27:27-44 27/7
28 28/7

ROMANOS

1 29/7
1:17 20/4
2 30/7
3 31/7
4 1/8
5 2/8
5:3 21/9
6 3/8
6:14 11/11
7 4/8
8:1-21 5/8
8:22-39 6/8
8:32 3/2
9:1-15 7/8
9:16-33 8/8

10 9/8
10:9 19/1
11:1-18 10/8
11:19-36 11/8
12 12/8
13 13/8
14 14/8
15 1-13 15/8
15:14-33 16/8
16:20 2/1
16 17/8

1 CORINTIOS

1:19 24/8
1 18/8
2 19/8
3 20/8
4 21/8
5 22/8
6 23/8
7:1-19 24/8
7:20-40 25/8
8 26/8
9 27/8
10:1-18 28/8
10:19-33 29/8
11:1-16 30/8
11:17-34 31/8
12 1/9
13 2/9
14:1-20 3/9
14:21-40 4/9
15:1-28 5/9
16 7/9

2 CORINTIOS

1 8/9
2 9/9
3 10/9
4 11/9
5 12/9
6 13/9
6:16 28/4
7 14/9
8 15/9
9 16/9
10 17/9
11:1-15 18/9
11:16-33 19/9
12 20/9
12:9 8/11
13 21/9

GÁLATAS

1 22/9
2 23/9
3 24/9
4 25/9
5 26/9
6 27/9
6:8 2/5

EFESIOS

1 28/9
2 29/9
3 30/9
4 1/10
5:1-16 2/10
5:17-33 3/10
6 4/10

FILIPENSES

1 5/10
2 6/10
3 7/10
3:21 13/4
4 8/10
4:6-7 30/3
4:9 16/3
4:19 15/11

COLOSENSES

1 9/10
2 10/10
3 11/10
4 12/10

1 TESALONICENSES

1 13/10
2 14/10
3 15/10
4 16/10
4:17 17/12
5 17/10
5:24 1/11

2 TESALONICENSES

1 18/10
2 19/10
3 20/10
3:3 24/3

1 TIMOTEO

1 21/10
2 22/10
3 23/10
4 24/10
4:15 2/4
5 25/10
6 26/10

2 TIMOTEO

1 27/10
2 28/10
3 29/10
4 30/10

TITO

1 31/10
2 1/11
3 2/11

FILEMÓN

1 3/11

HEBREOS

1 4/11
2 5/11
3 6/11
4 7/11
4:9 28/9
5 8/11
6 9/11
7 10/11
8 11/11
9 12/11
9:28 20/7
10:1-18 13/11
10:17 23/7
10:19-39 14/11
10:34 28/2
11:1-19 15/11
11:20-40 16/11
12 17/11
13 18/11
13:5 28/12
13:6 10/5

SANTIAGO

1 19/11
1:5 8/6
1:12 14/9
2 20/11
3 21/11
4 22/11
4:6 22/3
4:8 27/3
5 23/11
5:8 26/6

1 PEDRO

1:25 31/8
1 24/11
2 25/11
3 26/11
4 27/11
5:6 28/7
5 28/11

2 PEDRO

1 29/11
1:8 27/5
2 30/11
2:9 12/7
3 1/12

1 JUAN

1 2/12
2 3/12
3 4/12
4 5/12
5 6/12

2 JUAN

1 7/12

3 JUAN

1 8/12

JUDAS

1 9/12

APOCALIPSIS

1 10/12
2 11/12
2:7 20/1
2:11 23/4
2:17 30/4
2:28 13/5
3 12/12
3:5 24/7
3:8 10/10
4 13/12
5 14/12
6 15/12
7 16/12
8 17/12
9 18/12
10 19/12
11 20/12
12 21/12
13 22/12
14 23/12
15 24/12
16 25/12
17 26/12
18 27/12
19 28/12
20 29/12
21:4 28/1
21:5 14/12
22 31/12
23:3-4 27/10